Hervé Fillipetti / Janine Trotereau

Zauber, Riten und Symbole

Magisches Brauchtum im Volksglauben

Hervé Fillipetti / Janine Trotereau

Zauber, Riten und Symbole

Magisches Brauchtum im Volksglauben

BAUER

Verlag Hermann Bauer · Freiburg im Breisgau

CIP-Kurztitelaufnahme der Deutschen Bibliothek

Fillipetti, Hervé:
Zauber, Riten und Symbole : mag. Brauchtum im Volksglauben / Hervé Fillipetti ; Janine Trotereau. [Ins Dt. übertr. von Dagmar Türck]. – 2. Aufl. – Freiburg im Breisgau : Bauer, 1987.
Einheitssacht.: Symboles et pratiques rituelles dans la maison paysanne traditionelle <dt>
ISBN 3-7626-0318-9
NE: Trotereau, Janine:

Die französische Originalausgabe erschien 1978 unter dem Titel
Symboles et pratiques rituelles
dans la maison paysanne traditionelle
bei Éditions Berger Levrault, Paris.

Ins Deutsche übertragen von Dagmar Türck.

2. Auflage 1987
ISBN 3-7626-0318-9

Gesamtherstellung: Druckerei Welsermühl AG, Wels.
Printed in Austria.

Vorwort

Die bäuerliche Architektur, von Wissenschaftlern lange vernachlässigt, trifft seit einigen Jahren sowohl in der breiten Öffentlichkeit wie bei Fachleuten wieder auf wachsendes Interesse. Die Architekten, die ihr lange Zeit hindurch kaum Aufmerksamkeit schenkten, haben sie inzwischen als eine Quelle immer neuer Anregungen entdeckt. Dieser Gesinnungswandel hat eine Bauform vor dem endgültigen Vergessen bewahrt, von der schon sehr viele Beispiele für immer verschwunden sind; er hat im übrigen aber keineswegs zu einem größeren Verständnis für diese traditionelle Wohnform geführt: Heutzutage sieht man in den alten Bauernhäusern letztlich nichts anderes als »eine Sache, die in vollkommener Übereinstimmung mit ihrer natürlichen Umgebung steht«, »ein technologisches Produkt, bei dem der Einfallsreichtum die unzulänglichen Mittel vergessen macht«, »ein Meisterwerk der Ausgewogenheit und des guten Geschmacks«. Mit einem Wort: eine etwas altmodische Angelegenheit, jedoch sehr reizvoll und handwerklich untadelig.

Wir wollen diese Auffassungen in keiner Weise abwerten, doch glauben wir, daß sie der Ergänzung bedürfen. Wir sind der Überzeugung, daß man in der menschlichen Wohnung mehr als eine Schlafstelle sehen muß, im Menschen mehr als nur ein Wesen, das einzig und allein mit seinem materiellen Wohlstand und seinem physischen Wohlbefinden beschäftigt ist. Wenn die alten Bauernhäuser uns heutzutage so unglaublich komplex erscheinen, so liegt das nicht zuletzt daran, daß sie einer ganzen Reihe von Gesetzen unterliegen, die den engen Rahmen der materiellen Bedürfnisse weit übersteigen. Das Bauernhaus ist in allererster Linie das Erzeugnis eines bestimmten Kulturkreises und spiegelt somit nicht nur die technischen Fertigkeiten einer Gesellschaft wider, sondern vor allem deren grundlegende Einstellung zum Universum, deren Vorstellungen und Ängste.

Man könnte die traditionellen bäuerlichen Hausformen natürlich auch innerhalb des beschränkten Rahmens einer mehr oder weniger wissenschaftlichen Typologie untersuchen, doch bestünde hierbei die nicht geringe Gefahr, daß man darüber die Menschen vergißt, die sie geschaffen haben. Ohne die Berechtigung einer technischen Analyse der bäuerlichen Architektur in Frage stellen zu wollen, haben wir doch mit diesem Buch einen anderen Zweck verfolgt: Wir wollten einen tieferen Einblick vermitteln, der gewiß zufälliger ist, weil er sich dem Zwang einer wissenschaftlichen Darstellung entzieht, dafür aber dem Bauernhaus seine eigentliche geistige Dimension zurückgibt. Durch die gesamte Geschichte hindurch zeigt sich bei der bäuerlichen Gesellschaft eine enge und kontinuierliche Wechselbeziehung zwischen dem Menschen und seiner Umwelt. Diese ist in keinem Augenblick ein Bereich, der ausschließlich der Nutzung durch die Menschen dient, sondern eine Sphäre, in der diese einen ganz bestimmten Platz einnehmen und eine klar umrissene Funktion ausüben, unter anderen Kräften und in Übereinstimmung mit ihnen.

Der Baum, der Erträge bringt, das Tier, das Arbeit leistet, sind nicht bloße Produktionswerkzeuge, sondern sie haben teil am Leben der gesamten Gemeinschaft. Die Produkte, die man anbaut, die Rohstoffe, die man bearbeitet, sind niemals auf reine Passivität beschränkt, selbst wenn sie aus ihrer natürlichen Umgebung herausgenommen und umgestaltet worden sind: Sie reagieren auch weiterhin, im Guten oder im Bösen, je nachdem, ob man fähig war oder nicht, sie genauso zu verwenden, wie es die strengen, ungeschriebenen Regeln verlangen. Auf diese Weise wird die Natur niemals beraubt, sondern es findet ein unablässiger Austausch statt, ein freiwilliges Geben und Nehmen. Nur so und nicht anders darf man den immerwährenden Dialog auffassen, der zwischen dem Menschen und den Dingen und Wesen stattfindet, die ihn umgeben. Der Mensch muß seine Umwelt immer neu befragen, um die Reaktionen all der Kräfte begreifen zu können, die sie beleben. Zum Zwiegespräch mit dem Pferd oder dem Ochsen, die man antreibt und denen man dankt, kommt das Zwiegespräch mit den Bäumen, die man schüttelt oder die man mit Bändern schmückt. Der Respekt, den man dem Brot zollt oder dem Backtrog, der den Teig enthält, steht in direkter Beziehung zu der symbolischen Verwendung, der gewisse Gegenstände zugeführt werden. Die Gegenstände oder die Tiere sind nie etwas anderes als sie selbst: Die Per-

sönlichkeit, die man ihnen beimißt, macht sie zu Repräsentanten von Kräften, die man respektieren und fürchten muß, um sie sich besser nutzbar machen zu können. Man wirft nicht den Kesselhaken als häuslichen Gegenstand gen Himmel, um das Unwetter zu vertreiben, sondern man wirft ihn als die Kraft, die von dem Familienzusammenhalt ausgeht, den er symbolisiert. Es ist nicht der Besen an sich, den man umdreht, um den bösen Blick abzuwenden, sondern er ist es als ein häusliches Symbol, das die allgegenwärtige Wachsamkeit gegenüber den Angriffen des Teufels und der Dämonen bezeugt.

Diese Weltauffassung verbietet es uns, das traditionelle Bauernhaus einzig und allein als eine Ansammlung von mehr oder weniger »edlen« Materialien zu betrachten, als eine mehr oder weniger kunstvolle Ansammlung von Holzstücken und Steinen, von Erde und Stroh, als eine mehr oder weniger bizarre Nebeneinandersetzung von offenem und umbautem Raum. Die enge Vertrautheit des Bauern mit seinem Haus unterscheidet sich in nichts von der, die ihn mit seinem gesamten Betrieb verbindet, einschließlich der Tiere und Gegenstände. Das traditionelle Bauernhaus stellt weit mehr als einen »Unterschlupf« dar, es ist ein soziales Gefüge und mehr noch eine kosmogonische Einheit, Ausdruck der geistigen Beziehungen zwischen dem Menschen und all jenen Kräften, die die Ordnung der Dinge bestimmen. Doch in keinem Augenblick befinden sich Mensch oder Tier dort in völliger Sicherheit, zumindest nicht mehr und nicht weniger als »draußen«, wenn man hier überhaupt zwischen einem Innen und einem Außen mit klar erkennbaren Grenzen unterscheiden kann.

Es sind nicht die Bestandteile des Bauwerkes selbst, die den Menschen und sein Eigentum beschützen, denn das Haus an sich ist »transparent«, sondern ein »magischer Schild« aus Zeichen, Markierungen, symbolischen Gegenständen garantiert diesen Schutz und bezeichnet die eigentlichen Grenzen der Wohnung. Zeichen, Markierungen bildeten früher eine regelrechte Sprache, die dazu bestimmt war, die Stellung oder den gesellschaftlichen Rang, die Probleme, die Ängste und die Hoffnungen der derzeitigen Bewohner zu verdeutlichen: Wohlstand, Armut, ein Todesfall, eine Hochzeit, eine Geburt, das Warten auf Fruchtbarkeit, die Furcht vor dem Teufel, Besitzerstolz, Angst vor Unwetter und Huldigung an die wohlwollende Natur. Diese Informationen werden uns alle zugleich und in lokkerer Mischung vom traditionellen Bauernhaus geliefert. Es liegt an uns, diese Zeichen zu entziffern und zu lesen und den Menschen darin zu finden.

Es könnte der Verdacht aufkommen, daß hier der Versuch unternommen wird, eine bereits Geschichte gewordene Gesellschaftsform mit Hilfe steinerner Zeugen wiederaufleben zu lassen, die von der Zeit mehr oder weniger verschont geblieben sind. Doch geht es uns in keiner Weise darum. Die unglaubliche Zähigkeit der Vorstellungen, Riten, Verhaltensweisen zeigt sich in überlieferten Bräuchen, die, selbst wenn sie nicht mehr in den gleichen Motivationen verwurzelt sind, selbst wenn sie Dinge und Erscheinungen anders deuten und verstehen, dennoch weiterhin lebendig sind: mehr oder weniger lokal, mehr oder weniger geheim. Es sind nicht so sehr die Vorstellungen des Menschen, die sich in Reaktion auf die Phänomene, die ihn umgeben, weiterentwickelt und verändert haben, als die visuelle Umsetzung dieser Vorstellungen: Die Kultgegenstände sind zum Teil andere geworden, aber die Vorstellungen sind geblieben, selbst wenn sie sich nicht mehr ganz so offensichtlich manifestieren. So ist es auch unsinnig, wenn manche Leute gewichtig erklären: »In früheren Zeiten pflegte die Landbevölkerung dieser Gegend den Brauch ...« In früheren Zeiten? Es genügen einige Nachforschungen an Ort und Stelle und man findet diese Bräuche völlig intakt wieder, von denen manche Leute behaupten, daß sie »gegen Ende des vergangenen Jahrhunderts« oder »nach dem Zweiten Weltkrieg« verschwunden seien. Die Naturreligionen sind zäh: Der einzige Erfolg, den die Kirche mit ihren unablässigen Angriffen gegen die kultische Verehrung des Wassers, der Steine und der Bäume im Laufe der Jahrhunderte erzielen konnte, besteht darin, daß die zutiefst heidnisch gebliebenen Vorstellungen und Bräuche einen leicht orthodoxen Anstrich erhielten.

Die Vorstellungen und Riten, die sich auf das Bauernhaus beziehen, bilden dabei keine Ausnahme. Denn das Haus ist nur ein bewohnter und beängstigender

Raum unter anderen; die Aktivitäten, die sich dort abspielen, sind nur Teile eines größeren Komplexes, der weit über die Grenzen der Gebäude hinausreicht. In diesem Sinne dürfen wir das traditionelle Bauernhaus nicht als einen homogenen, geschützten, sicheren Ort betrachten. Er ist es nicht mehr und nicht weniger als jeder andere Bereich, und es ist genauso wichtig, daß man an seiner Schwelle Schutzzeichen anbringt wie an den vier Ecken der bebauten Felder. Somit brauchen auch der Mensch und sein Haus das ganze Jahr hindurch ableitende Riten. Zwischen dem Lebensrhythmus, der durch die natürlichen Abläufe bestimmt ist, zwischen dem Steigen der Säfte und den großen Ereignissen im häuslichen Bereich besteht eine unmittelbare Osmose. Tatsächlich ist das Haus nichts als eine Anordnung von lebendigen Materialien, die aus der Natur hervorgegangen sind, die ihr noch immer angehören und die noch immer von den gleichen Mächten heimgesucht werden: für den Menschen ist dies nur ein Zwischenaufenthalt, ein Zwischenaufenthalt voller angsterfüllter Vorstellungen. Er fühlt sich verzweifelt nackt in seiner Schale.

Hervé Fillipetti / Janine Trotereau

Das Erbe der Antike im Denken und in den Riten der traditionellen bäuerlichen Welt

Die Ackerriten und -feste.
Die bäuerliche Vorstellungswelt.

Es geht uns hier in keiner Weise darum, die Denkmuster und Rituale der bäuerlichen Welt des Altertums erschöpfend zu behandeln. Selbst wenn wir auf die bei den Griechen und Römern üblichen Bräuche und Symbole näher eingehen, wird es uns kaum gelingen, die Ursprünge der in der heutigen bäuerlichen Welt gängigen Vorstellungen zu begreifen, die weit vor diesem Zeitraum liegen. Doch wird es uns leichter fallen zu erkennen, wie wenig sich seit damals die Einstellung des Menschen zu seiner Umgebung verändert hat. Die meisten Ackerrituale, Vorstellungsmuster und kultischen Handlungen, magischen Gegenstände und Mittel, die wir im weiteren Verlauf dieses Buches aus der Kenntnis der Gegenwart heraus beschreiben, existieren bereits seit der Zeit der Griechen und Römer. Sie wurden manchmal unverändert übernommen. Man hat Angst vor den gleichen Elementen, bewundert die gleichen Kräfte, verwendet die gleichen Symbole, die im Laufe der Zeit nur leicht an die im Augenblick gerade gültigen kultischen Regeln angepaßt werden. Äußere Formen oder Bezeichnungen ändern sich, aber der Kern bleibt der gleiche. Vom Baumkult der Griechen, die die Eiche des Zeus verehrten, bis hin zu den kultischen Handlungen, die das ganze französische Mittelalter hindurch und noch später bis ins neunzehnte Jahrhundert hinein den Bäumen erwiesen wurden, von den Opfern, die die Römer bei Beginn oder bei Abschluß eines Bauwerks darbrachten, bis hin zu ähnlichen Ritualen, die noch in unserer Zeit existieren, zeigt sich im Denken der ländlichen Bevölkerung eine erstaunliche Kontinuität. Es wäre deshalb unsinnig, wollte man die Einstellung der Bauern zu ihrer unmittelbaren Umgebung und besonders zu ihren Häusern innerhalb eines streng gegenwartsgebundenen Zusammenhangs und nur beschränkt auf den nationalen Bereich hin untersuchen. Jede einzelne Vorstellung, jedes einzelne verwendete Symbol beruht bis in unsere Zeit hinein auf einem allen gemeinsamen atavistischen Urgrund. Der Übergang von der griechischen Theogonie zur römischen, der Übergang vom antiken Polytheismus zum christlichen Monotheismus, haben die Grundhaltungen nur wenig verändern können, die ursprünglich aus

Heutige Vorstellungen, die sich auf die magischen Kräfte gewisser Pflanzen beziehen, gehen ebenso auf die alten keltischen Kulte wie auf die Pflanzenverehrung der nordischen Völker, der Griechen oder der Römer zurück. Vom Mistelsammeln der Druiden, das in die »historische Folklore« des vorrömischen und römischen Gallien einging, berichtet Plinius in seiner »Naturgeschichte«. Während heutzutage die glückbringende Mistel zum Neuen Jahr vom Baum genommen werden kann, wurde bei den Kelten nur die seltenste verehrt, nämlich jene, die auf der Steineiche wuchs.

Folgende Doppelseite:

Der Baumkult hat mit Sicherheit für die ländliche wie für die städtische Bevölkerung die allergrößte Bedeutung gehabt: verbreitet bei allen Völkern der Antike, wurde er ständig von der Kirche bekämpft – allerdings vergebens. Dem alleinstehenden Baum oder dem Baum im Wald galten durch das ganze Mittelalter hindurch Opfergaben und Prozessionen. Die letzten Spuren der Baumverehrung zeigen sich noch im zwanzigsten Jahrhundert in Europa in den Bräuchen des »Maibaums«, des Baums, den man zum Gedenken eines bestimmten Ereignisses pflanzt, oder des Weihnachtsbaums.

einer Naturreligion herrühren, die in die offiziellen Anschauungen eingeflossen ist, aber keine neuen Anregungen daraus geschöpft hat.

Die lange Kette von Festen und Zeremonien, die das bäuerliche Leben das ganze Jahr hindurch von der Aussaat bis zur Ernte begleiten, scheint im Ursprung eindeutig auf sehr gleichartige Bräuche zurückzugehen, die sich bereits zu Zeiten der Griechen und Römer finden. Die Lektüre von Plinius, Ovid, Plutarch, Pausanias oder Strabon ermöglicht uns einen gewissen Vergleich. Die von der traditionsgebundenen bäuerlichen Gesellschaft den Sommer- und Wintersonnenwenden zugemessene große Bedeutung zeigt sich ebenso stark in den Festlichkeiten, mit denen in der Antike diese Ereignisse begangen wurden, wie in den mehr oder weniger christianisierten Festen unserer Zeit.

Die Wintersonnenwende, die die Rückkehr des Lichts anzeigt, die letzte große Nacht des Jahres, ist seit der Spätantike Anlaß eines Sonnenkults. Im alten Rom feierte man am 25. Dezember »Natalis Invicti Solis«, die Wiedergeburt der unbesiegten Sonne, die, nachdem sie erfolgreich die Schatten durchdrungen hat, wiederkehrt, um die Menschen zu wärmen. Zu dieser Jahreszeit opferten die Römer Saturn, dem Sohn des Himmels und der Erde, dem Schöpfer der Landwirtschaft. Im Verlaufe dieser Saturnalien wurden Wachskerzen als Opfer an die Sonne abgebrannt. Dies war zugleich eine Zeit der hemmungslosen Ausgelassenheit, in der alle sozialen Unterschiede aufgehoben waren. Der König wurde ausgelost mit Hilfe einer Bohne, die in einen Kuchen eingebacken war; man kannte diesen Brauch übrigens auch im alten Persien. Das christliche Fest der Heiligen Drei Könige überlagerte somit nur bereits vorher vorhandene Grundelemente. Die Woge der totalen Zügellosigkeit, die zu Jahresende Bevölkerung und Klerus erfaßte, bekam man erst sehr spät in den Griff: Gegen Ende des fünfzehnten Jahrhunderts unternahmen die Kirchenväter noch verzweifelte Anstrengungen, diese tollen Feste abzuschaffen, an denen der Klerus selbst einen nicht geringen Anteil nahm, zum Beispiel die Feste des Esels, bei denen man das Tier vor den Altar führte, damit es mit seinen Schreien an der heiligen Messe teilnahm. Noch im achtzehnten Jahrhundert finden sich einige Spuren dieser Feste, aber nur ganz am Rande der Kirchen.

So scheint die Zeit der Wintersonnenwende eine sehr starke Bedeutung für die Bevölkerung besessen zu haben, die darin sowohl das Symbol für die sterbende Sonne sah – die durch ihren Tod die festgefügte Ordnung des Universums erschüttert – wie das Symbol für die wiederauferstandene Sonne, die zugleich die ganze Natur miterweckt. Der Sonnenkult und der Feuerkult finden ihre symbolische Entsprechung in den Kerzen der Römer, in der lichtergeschmückten Tanne der nordischen Völker wie beim christlichen Weihnachtsscheit. Der Opfergedanke findet sich ebenso in den Kuchen, die die Athener Hekate darbrachten, wie in jenen, die die Römer nach dem Bild der Götter gestalteten, wie in den »pains cornabœufs«,

Die Opferung eines Tieres zu Ehren der Götter, deren Wohlwollen man sich sichern will, ist im Leben der römischen Gesellschaft der Antike ein Muster, das sich täglich wiederholt. In mehr oder weniger abgemilderter Form war dieser Brauch in ländlichen Gegenden noch bis vor kurzem in den Ritualen, die den Bau eines neuen Hauses begleiteten, lebendig. Wurde bei der Grundsteinlegung oder bei der Einweihung eines Gebäudes ein Huhn, ein Hahn oder eine Ente geschlachtet, so war der tiefere Sinn der, sich die Mächte der Finsternis geneigt zu machen.

Die Tiere galten als die bevorzugten Vermittler zwischen den Göttern und den Menschen; deshalb befragte man sie unablässig in ihren Bewegungen, in ihrem Verhalten und bis in ihre Eingeweide hinein und bemühte sich, die Informationen zu interpretieren, für deren Träger man sie hielt. Zwischen den Praktiken der Vogelflug- und Eingeweidebeschauer der Antike und den noch heute im Volk lebendigen Vorstellungen, die sich mit dem Flug der Elster, dem Schrei des Käuzchens oder dem Lauf der Wiesel verbinden, besteht tatsächlich kein erkennbarer Unterschied.

jenen Ochsenhörnern nachgeformten Broten, die man bis ins vergangene Jahrhundert hinein zu Weihnachten im Berry den Armen zum Geschenk machte (der Ochse war bei den Galliern das Attribut der Sonne). Wir sollten auch jenen Brauch nicht vergessen, der noch bis vor sehr kurzer Zeit in manchen Gegenden wie in der Normandie bestand, nämlich am Heiligen Abend in den Dörfern große Feuer anzuzünden.

Wir werden noch sehen, welch große Bedeutung dem Weihnachtsscheit in den prophylaktischen Bräuchen der traditionellen bäuerlichen Welt zukommt. Seine Bedeutung ist nur vergleichbar mit der des Scheits, das man bei den Sommersonnenwendfesten aus der Glut zieht, wobei die Johannisfeuer das genaue Gegenstück zu den Wintersonnenwendfeuern sind. Die ununterbrochene Tradition dieser heidnischen Feste wird in den Johannisfeuern auf hervorragende Weise erkennbar. Diese noch in unserer Zeit lebendigen Feuerfeste, bei denen sich an einer höhergelegenen Stelle oder auf dem Dorfplatz die gesamte Jugend versammelt, um einen riesigen Holzhaufen mit einem aufgerichteten Baum in der Mitte aufzubauen, der in der Johannisnacht angezündet wird, gehen tatsächlich auf die frühesten Zeiten der Menschheit zurück. Die Anhänger der alten Sonnenkulte mußten diesen letzten großen Tag der Sonne preisen, die auf dem Höhepunkt ihrer Kraft ganz allmählich den von Tag zu Tag dichter werdenden Schatten weicht, und durch ihren langsamen Tod die Fruchtbarkeit der Erde gewährleistet.

Wie weit man auch in die Geschichte zurückgeht, immer wieder trifft man auf Zeugnisse dieser Sommersonnenwendfeuer, der letzten Huldigung der Menschen an die Sonne. Die Gallier, die ihren Gott Bel mit der Sonne gleichsetzten, errichteten zu diesem Zeitpunkt Holzhaufen auf Hügeln und Bergen. Ebenfalls um die Zeit der Sommersonnenwende feierten die Römer ihre Palien, zu Ehren der Göttin Pales, der Schutzpatronin der Hirten. Man zündete Feuer an, von denen man sich eine reinigende Wirkung erwartete. Im IV. Buch seiner *Fasti* beschreibt uns Ovid diese Festlichkeiten folgendermaßen: »Sehr oft sprang ich am Tag der Palien über dreireihig liegende Glut, besprengte sehr oft mit dem Zweige des Lorbeers den Altar mit reinigendem Wasser ... Tut es mir nach, ihr jungen Schäfer, entzündet das Feuer, springt, edle Jünglinge, schnell über glühende Haufen knisternden Strohs! Für den Rest des Jahres wird Göttin Pales euch Gnade erzeigen; fruchtbar seien euch eure Schafe, stark eure Widder ...«

Ähnliche Feuerfeste findet man das ganze Mittelalter hindurch sowohl in den Städten wie auf dem Land, manchmal noch mit Überbleibseln von Opferriten, von denen man Rückschlüsse auf die Art der Opfer ziehen kann, die früher dem Sonnengott dargebracht wurden. Die Vorstellung, daß das Feuer, das man mit einem Satz überspringt, reinigende Wirkung hat, ergibt sich aus dem Glauben, daß das Feuer die Dämonen zerstört, die den Körper be-

wohnen. Noch bis zur Französischen Revolution bestand der öffentliche Brauch, bei diesem Anlaß eine schwarze Katze zu opfern, was sehr gut zeigt, daß man sich von diesen brennenden Scheiterhaufen die Zerstörung der bösen Kräfte erwartete, die durch ein solches Tier symbolisiert wurden.

Bei den großen Feuerfesten der Kelten wurden sowohl Menschen als auch Tiere geopfert, um die Erde zu befruchten und alle Wohltaten der Götter auf sie herabzubeschwören. Die großen Puppen aus Weidengeflecht und Gras, in denen die Opfer, die man ins Feuer warf, eingeschlossen waren, symbolisierten die Pflanzengeister, die ihr Vorhandensein in den üppigen Ernten unter Beweis gestellt hatten. Die riesigen Figuren aus Weidengeflecht, die man noch immer während der Sommerfeste im Norden Frankreichs verbrennt, die ähnlich gestaltete überlebensgroße Figur, die man einst im Brie in der Johannisnacht verbrannte, dürften ebenso wie die riesigen Karnevalsmasken noch Überbleibsel der uralten Kulte sein.

Das Feuer, das reinigt, ist zugleich das Feuer, das befruchtet. Die Verbindung zwischen Johannisfeuer und Fruchtbarkeitsriten wird offensichtlich, wenn man weiß, daß die jungen Mädchen, die über die Flammen sprangen, sich davon die Ehe erhofften und die jungverheirateten Frauen baldige Mutterschaft.

Die große Bedeutung, die diese Sonnenkulte einst hatten, erklärt, weshalb sie sich in mehr oder weniger abgemilderter Form bis in unsere Zeit hinein erhalten konnten. Der Kirche, die seit ihren Anfängen mit tatkräftiger Hilfe ihrer Kanzelprediger und Kirchenfürsten versuchte, sie auszurotten, gelang es dabei nur, die alten heidnischen Riten mit einem christlichen Mantel zu bekleiden (1).

Das Geburtsdatum Johannes des Täufers, das mit der Sommersonnenwende zusammenfällt, ist deshalb ebensowenig ein Zufall, wie die Tatsache, daß das von Christus mit der Wintersonnenwende zusammenfällt. Wenn auch die tiefere Bedeutung der Riten im Laufe der Zeit verlorengegangen ist, hat sich doch die Verehrung, die ihren Attributen gilt, bis in unsere heutige Zeit erhalten. Bis zum Anfang dieses Jahrhunderts und zum Teil auch noch darüber hinaus schreiben die Landbewohner wie in der Vergangenheit den Weihnachtsscheiten und den Johannisscheiten, der Asche aus diesen Feuern und dem Feuer selbst reinigende, befruchtende und beschützende Kräfte zu. Wir werden noch sehen, daß die Bedeutung, die diesen Elementen in den häuslichen Kulten zukommt, auf ein Erbe zurückgeht, das so alt ist wie die Geschichte der Menschheit.

Ähnliches gilt für die anderen großen Augenblicke des Jahres wie die Feste, mit denen man das Ende des Winters feiert, die Frühlingsfeste und die Maifeiern.

Das allmähliche Erwachen der Natur aus dem Winterschlaf wurde in alten Zeiten mit dem Kampf der Kräfte des Guten gegen die Kräfte der Nacht gleichgesetzt. Es ging darum, diese

1. Zu Beginn des 7. Jahrhunderts schrieb der heilige Eligius: »Findet euch nicht zusammen zur Feier der Sonnenwende; keiner von euch sollte am Tag des heiligen Johannes um das Feuer tanzen oder springen oder Lieder singen; diese Lieder sind des Teufels.«

Die kultischen Handlungen, die Dionysos oder Bacchus galten, dem Gott des Weins, waren dermaßen schwer zu bekämpfen, daß die Kirche die Tage, die ihm in der Antike geweiht waren, zu Ehren von Saint Bacque und des heiligen Dionysius wiederaufnahmen. Anbetungsriten von eindeutig heidnischem Charakter hielten sich in den Weingegenden bis zum Ende des 19. Jahrhunderts.

Schattenkräfte endgültig dazu zu bringen, die Felder, die Obstgärten und die Menschen zu verlassen. Die Karnevalsmasken symbolisieren eindeutig die unheilvollen Kräfte, die in die Flucht geschlagen werden müssen (in der Provence heißt »masque« soviel wie Hexe). Aber die Reinigung der Felder garantiert vor allem das Feuer, die seit jeher anerkannte läuternde Kraft. In noch nicht allzu lange vergangener Zeit ging man am ersten Fastensonntag mit brennenden Fackeln über die Äcker und Obstfelder, um die Dämonen zu vertreiben, die man mit den Nagetieren und den Unkräutern gleichsetzte. In römischer Zeit fanden an diesem Tag ebenfalls Zeremonien statt, die die Natur und die zukünftigen Ernten schützen sollten. »Götter unseres Landes«, schreibt der lateinische Dichter Tibull, »wir läutern unsere Felder, läutern unsere Früchte. Duldet nicht, daß anstatt des versprochenen Korns gieriges Unkraut die Sensen der Schnitter täuscht.« Trotz des unablässigen Kampfes der Kirche, diese Bräuche zum Verschwinden zu bringen, hat sich die Feueranbetung bis in unsere heutige Zeit erhalten. Die Flammenräder, die man am »Brandsonntag«, noch bis vor dem Zweiten Weltkrieg, die Abhänge hinunterrollte, die Fackelzüge, die üppige Ernten garantieren sollten, zeigen sehr gut, wie tief diese Anschauungen verwurzelt sind und auf welche Schwierigkeiten die Kirche treffen mußte, als sie sie abstellen oder überformen wollte. Trotz vieler Blutzeugen ist das durch viele Jahrhunderte hindurch verfolgte Heidentum lebendig geblieben. Schon Libanius hielt in seiner an den Kaiser Theodosius den Großen gerichteten »Oratio pro templis« ein flammendes Plädoyer zugunsten der alten Kulte und der traditionellen Zeremonien, die von der siegreichen Kirche verboten worden waren:

»Was ist das für ein Leben, das Überliefertes der Ächtung preisgibt? Es gab einen alten Brauch, sich in den Feldern der Gemeinde nach dem Opfergang zu einem feierlichen Festmahl zu versammeln. Und dieser Brauch hielt sich solange, solang die Opfer üblich waren ... Diese Flurfeierlichkeiten fanden an bestimmten, durch den Brauch festgelegten Tagen und an bestimmten Orten statt.«

Fünfzehn Jahrhunderte nach Libanius sind die Riten noch immer lebendig; die geweihten Buchsbaumzweige, die am Palmsonntag in die Äcker, Wiesen und Weinberge gesteckt werden, die Bittprozessionen für Heu, Getreide und Wein, bei denen man Kreuze (2) aufstellt, die mit denen aus römischer Zeit völlig identisch sind, was sind sie anderes als die überlebenden Zeugnisse uralter Kulte, von römischen Feldumgängen, von Prozessionen zu Ehren der Göttin Ceres? (3) Ein entsprechender Brauch in der Franche-Comté (4) ist ebenfalls sehr typisch: Anläßlich der Bittprozessionen in dieser Provinz klebt der Pfarrer kleine Wachskreuze auf runde Kiesel, die er dann in die Felder wirft. Man nennt sie »fumier de curé«, Pfarrersdung, womit bereits deutlich auf die befruchtende Wirkung angespielt wird, die man sich davon erwartet.

2. Manche von diesen Kreuzen waren bis zu 1,50 m hoch. Man hoffte, daß das Korn, der Hanf, der Hafer bis zur Höhe des Kreuzes emporwachsen würden. Die kleineren Kreuze, die der Schnitter später unter seiner Sense fand, wurden ehrfurchtsvoll als geweihte Gegenstände aufbewahrt.

3. Es besteht im übrigen nicht der geringste Grund, daran zu zweifeln, denn man weiß, daß die Bittage im 5. Jahrhundert vom heiligen Mamertus als Ersatz für die heidnischen Kulte eingeführt wurden, die zu dieser Zeit des Jahres üblich gewesen waren.

4. Vgl. Charles Beauquier: *Les mois en Franche-Comté*, Paris 1900.

Der Glaube an die Gottheiten, die den Lebensrhythmus der Pflanzen und die Uppigkeit der Ernten bestimmen, ist niemals ganz erloschen. Der alte Kult zu Ehren von Ceres, der Göttin der Feldfrüchte, wurde in gewisser Weise bis ins 20. Jahrhundert hinein in den zahlreichen Riten fortgesetzt, mit denen man den Abschluß der Getreideernte feierte.

a qui chose souillee de pechie ne pourroit
estre aggreable createur du ciel et de la terre
laquelle chose est necessaire a lesperit
chevalereux. Si comme dit le premier arti
cle de la foy que dist monseigneur saint
pierre. Credo in deum patrem omnipotentem
creatorem celi et terre.

Texte xxiiij.

De la deesse ceres ressemble
Qui les bles donne et a nul nemble
Ainsi doit estre abandonnez
Bon chevalier bien ordonnez

Die heidnischen Riten der Frühlingsfeiern haben sich in den Maibräuchen mit ähnlicher Beständigkeit erhalten. Die Tradition, am 1. Mai Bäume aufzustellen, die man zuvor im Triumphzug durch die Straßen des Ortes getragen hat, läßt sich ebensogut in Verbindung bringen mit den Floralia der Römer, die zum gleichen Zeitpunkt stattfanden, wie mit dem alten, von den Griechen gefeierten Majakult. Wie der Feuerkult hat sich auch die Pflanzenanbetung auf Grund ihrer existentiellen Bedeutung, trotz immer wiederholter Angriffe der Kirche, bis in unsere Zeit hinein erhalten. Obwohl 585 das Konzil von Auxerre die Bräuche zur Verehrung von Quellen, Büschen und Bäumen verboten hatte, mußte 1579 das Provinzialkonzil von Mailand das Verbot erneuern, »Bäume mit ihren Ästen zu fällen, sie durch die Straßen und über die Wegkreuzungen zu tragen und sie, begleitet von verrückten und lächerlichen Zeremonien, aufzustellen« (5). Der Monat Mai, in dem die Feste zu Ehren der Natur gefeiert wurden, nahm im antiken Kalender einen bedeutsamen Platz ein. In diesem Monat war Arbeiten untersagt, waren Eheschließungen unmöglich. Dieses Verbot war auf dem Land bis zum Anfang dieses Jahrhunderts gültig. Der Monat Mai, der im Römischen Reich der Göttin Maja geweiht war, der Mutter der Natur, der Tochter des Atlas, ist seit dem Sieg der Kirche der Monat Marias, der Mutter des Heilands, des Lichts der Welt.

5. Vgl. Deroy, Berger, Delplanque...: *Les traditions populaires dans le Nord de la France.*

Der Eierkult, der bei den Frühlingsfesten der Römer eine besondere Bedeutung hatte, wie im übrigen auch bei den Hebräern oder den Phöniziern, findet sich in ähnlicher Form in den heutigen Osterbräuchen wieder.

Die Kultübungen, die religiösen Zeremonien, die noch bis vor kurzem und sogar bis in unsere Zeit hinein dem Leben auf dem Land seinen Rhythmus gaben, gemäß dem Lauf der Sonne und dem Stand der Vegetation, haben somit ihre Wurzeln in einer sehr fernen historischen Vergangenheit und beruhen letztlich zweifellos auf der Reaktion des prähistorischen Menschen auf die jahreszeitlichen Veränderungen der Natur. Aber die noch vorhandenen Spuren beschränken sich nicht nur auf öffentliche Bekundungen, die von der christlichen Religion mehr oder weniger übernommen worden sind; sie finden sich auch in Bräuchen, die im Alltagsleben lebendig geblieben sind und in Vorstellungen, die sich auf die glückbringenden oder unheilvollen Eigenschaften von Pflanzen, Tieren und Gegenständen beziehen, sie kehren wieder im täglichen Leben der Menschen und zeichnen sich ab in der Architektur der Häuser. Um sich gegen Zauberer, Menschen mit bösem Blick und Dämonen zu schützen, die Ernte und Eigentum gefährden, aber auch um über die Felder des Nachbarn Verwüstung zu bringen, bedient man sich noch heute der gleichen magischen Hilfsmittel wie in der Antike. Die Bedeutung der Hexerei in römischen Zeiten ist durch Autoren wie Plinius (6), Seneca (7) oder später durch den heiligen Augustin (8) belegt, die ausführlich die Verfolgungen und die Unterdrückung beschrieben haben, denen die Zauberer ausgesetzt waren.

6. Plinius d. Ä.: *Naturalis Historia.*

7. Seneca: *Naturales Quaestiones.*

8. Heiliger Augustinus: *De civitate Dei.*

Die griechische Religion, die in jedem Baum eine Gottheit sah und die bestimmten Göttern die Erschaffung der verschiedenen Pflanzenarten zuschrieb, war der Ausgangspunkt für die heute noch gültigen Vorstellungen bezüglich der magischen Kräfte der Pflanzen. Wiederaufgenommen von den Römern, vermischt mit keltischem, germanischem und skandinavischem Vorstellungsgut, hat sich die antike Pflanzenverehrung bis in die alltäglichen Bräuche der heutigen bäuerlichen Welt erhalten. So kann man noch heute die Verehrung von Bäumen, wie Eiche, Lorbeer, Zypresse, Nußbaum, von Sträuchern, wie Weißdorn, Holunder, von Pflanzen, wie Mistel, Beifuß, Knoblauch, Distel, finden. Die Eiche ist bei den Griechen Zeus geweiht, bei den Römern Jupiter, bei den Germanen Thor, bei den Kelten Esus; sie ist im wahrsten Sinne des Wortes der heilige Baum, Symbol des Gottes des Donners und des Blitzes. Der Lorbeer dagegen ist der Baum Apollons, er wendet den Blitz ab und vertreibt die Krankheit. Er ist, so sagte Plinius, »der schönste Baum des Parnaß«, Symbol des Lebens und der Heiterkeit, er schützt vor Hexerei. So wie der Lorbeerbaum Symbol des Lebens ist, ist die Zypresse Symbol des Todes und der Ewigkeit. Man pflanzt sie seit der Zeit der Griechen auf Friedhöfen und macht Särge aus ihrem Holz; bei den Römern ist sie der Baum Plutos, des Totengottes.

Die Symbole, die mit den verschiedenen Baumarten während der Antike verknüpft worden waren, haben sich bis in unsere Epoche erhalten. Selbst wenn man heute unter den heiligen Bäumen keine Altäre mehr errichtet, sind die Vorstellungen weiterhin gültig, die sich mit den verschiedenen Arten verbinden. Die Zypresse ist noch immer das Wahrzeichen der Friedhöfe; der prophylaktischen und bösen Zauber abwehrenden Eigenschaften des Lorbeerbaums bedient man sich bis in unsere Tage. Die Bewohner unserer Landgegenden benützen Lorbeerzweige auf die gleiche Weise und erwarten die gleichen Dienste von ihnen wie die Griechen und Römer, die anläßlich der Feste zu Ehren Apollons an ihren Haustüren Lorbeerzweige anbrachten, die ihnen Glück bringen und sie das ganze Jahr hindurch beschützen sollten. Lorbeer wird noch heute bei Hochzeitsbräuchen oder zum Schutz des Hauses verwendet. Der Nußbaum dagegen, der bei den Römern als »arbor infelix« galt, hat sich bis heute seinen Ruf als unheilbringender Baum bewahrt.

Die Kontinuität des Volksglaubens ist in bezug auf den Weißdorn noch frappierender. Die Alten schrieben ihm eine magische Kraft gegen Blitz, Krankheit und Hexerei zu, an die heute noch geglaubt wird. Er wurde bei den Römern den Hochzeitszügen vorangetragen; man verwendet seit dieser Zeit den Weißdornzweig, um sich gegen Hexerei zu schützen oder um Unwetter vom Haus abzuwehren. Wir werden sehr bald sehen, welch bedeutende Rolle dieser Strauch früher in der bäuerlichen Gesellschaft in bezug auf den Schutz von Häusern, Menschen und Ernte einnahm. In gleicher Weise mißt man dem Holunder die Kraft bei,

Der Weißdorn nimmt unter den Pflanzen, die mit besonderen Kräften ausgestattet sein sollen, einen hervorragenden Platz ein. Von der »Alba spina« glaubten schon die Römer, daß sie bösen Zauber, Unwetter und Krankheit abwenden könne. Diese Vorstellung hat sich in vielen ländlichen Gegenden bis heute erhalten.

Schlangen zu vertreiben und kranke Tiere zu heilen. Schon die Römer führten ihn in ihrem Arzneibuch als Tierheilmittel an.

Ähnlich offensichtliche Verbindungen sind festzustellen zwischen der magischen Mistel der Kelten, die von der Steineiche abgenommen wurde – und die laut Plinius dazu diente, kranke Tiere zu heilen oder sie fruchtbar zu machen – und der Art, wie diese Pflanze bis ins neunzehnte Jahrhundert hinein verwendet wurde (ganz abgesehen von der glückbringenden Eigenschaft, die man ihr immer noch zuschreibt). Die gleichen Verbindungen lassen sich herstellen in bezug auf den Beifuß, den Plinius und Apulejus als Mittel gegen die Müdigkeit empfehlen. Beifuß ist seit jeher bekannt als menstruationsförderndes Mittel. Schon der Name »Artemisia vulgaris« erinnert an die Göttin Artemis, die die Frauen früher während des Gebärens anriefen.

Ähnliches gilt für das Johanniskraut oder den Knoblauch, der seit der Spätantike (9) den Ruf genießt, Dämonen zu vertreiben, und den man heute noch an den Stalltüren aufhängt; schließlich für die Distel, der Apulejus die Kraft zuschreibt, denjenigen zu beschützen, der sie am Körper trägt. Sie wird heute noch als Glücksbringer verwendet, den man über dem Haus- oder am Stalleingang annagelt.

9. Im Sanskrit heißt der Knoblauch Chûtagna, »Töter der Ungeheuer«. Vgl. dazu A. L. Mercier, »La Flore populaire de l'Ile de France« im *Bulletin Folklorique de l'Ile de France,* Paris 1953.

Auch die glückbringenden oder dämonischen Eigenschaften, die man Tieren zuschreibt, gehen auf uralte Vorstellungen zurück. Die Deutung des Vogelflugs, die Bedeutung, die dem Zusammentreffen mit dem oder jenem Tier zugemessen wird, die schutzbringenden Eigenschaften, die man gewissen Arten zuschreibt, finden sich in der Tat schon in alten Texten. So trug man den Hirschkäfer, diesen vierflügeligen Käfer mit Zangen, die wie Hörner geformt sind, zur Römerzeit als Amulett. Im Berry tat man das gleiche bis ins neunzehnte Jahrhundert hinein. Der Brauch, das abgezogene Fell eines wilden Tiers an die Haustür zu nageln, um sich gegen Verhexung zu schützen, findet sich ebenso bei den Römern, von denen Plinius erzählt, daß sie zur Abwehr des Bösen ein »rostrum lupi« an ihr Haus hängten, wie bei unseren

Eiche und Blitz standen im Volksglauben lange Zeit hindurch in engster Verbindung. Bei den Römern ist die Eiche der Baum Jupiters, des Göttervaters, des Herrn der Blitze. Diese Vorstellung mag sich aus der von den Landbewohnern beobachteten Tatsache erklären, daß die Eiche häufiger als andere Bäume vom Feuer des Himmels getroffen wird. Dieser Baum hat im Volksglauben seine ganze vielschichtige Bedeutung behalten: Die prophylaktische Kraft des Eichen-

Zeitgenossen, die Wildschweinläufe oder einen Käuzchenbalg an die Scheune oder ans Haus nageln. Ganz zu schweigen von der Opferung des Schweines, die ihren rituellen Charakter behalten hat. So kann auch die Tatsache, daß man sich die Unterweltsgöttin Hekate immer von Hunden begleitet vorstellte, die teuflischen Eigenschaften verständlich machen, die im Volksglauben dem schwarzen Hund zugeschrieben werden. Das erklärt auch, daß man ihn opferte, um ein Haus von bösen Geistern zu befreien. Die Schwalbe wiederum, von der der griechische Schriftsteller Älianus (10) berichtet, daß sie den Penaten geopfert wurde, hat bis in unsere Zeit ihren Ruf als Glücksbringer bewahrt. Wenn man zudem noch weiß, daß Plinius dem Ei die Kraft zugesteht, dem Feuer Einhalt zu gebieten und daß man diesen Glauben noch heute in manchen ländlichen Regionen findet, so begreift man, welche Auswirkungen die alten Kulte noch heute auf das Verhalten des Menschen haben.

10. Älianus: *Über die Natur der Tiere.*

Auch manche Gegenstände, die zum magischen Arsenal der Alten gehörten, haben ihre schutzbringenden Eigenschaften über die Zeitalter hinweg bewahrt. Dem Nagel, den man einschlägt, um Krankheit oder Hexerei zu bannen, wird schon von Titus Livius und von Plinius, die seine Verwendung beschreiben, magischer Wert beigemessen. Plinius fügt hinzu, daß ein Nagel, den man aus einem Sarg entfernt und in den Türstock eingeschlagen hat, böse Geister mit Sicherheit vertreibt; man weiß, daß der Nagel zu ähnlichen Zwecken zur Heilung oder zum Schutz bis in unsere Zeit verwendet wurde. Auf noch umfassendere Weise werden dem Eisen im Altertum magische Kräfte zugestanden. Wir werden im folgenden noch sehen, welchen Stellenwert es in den auf das Haus bezogenen Vorstellungen und Riten noch heute hat. Schließlich, und das ist von nicht geringer Bedeutung, zeigt sich in der Zauberkraft, die man seit der Antike bis heute dem Hufeisen oder der Steinaxt beimißt, die enge Verbindung, die man zwischen den Vorstellungen jener Epochen und denen der traditionsgebundenen französischen Gesellschaft feststellen kann.

blattes, die geweihte Eiche, beliebtes Motiv in den Volkssagen, die Wahrsagungen, die auf Grund der genauen Untersuchung der Eichengalle gemacht werden, vermitteln ein Bild von der Fülle der Kulte, die ihr einst galten. Als es der Kirche nicht gelang, die Überreste dieser heidnischen Anbetung auszurotten, münzte sie sie zu ihrem Vorteil um: Heutzutage richten sich die Gebete nicht mehr an den Baum, sondern an die Jungfrau Maria, die man daruntergestellt hat.

Volksglaube und Riten des Mittelalters in Konzilen, Kapitularien und Hexenprozessen

---

Verbot des Heidentums.
Von den Göttern der Antike zu den Dämonen.
Der Kampf der Kirche gegen die volkstümlichen Kulte.
Die Verehrung des Wassers, des Feuers und der Bäume
in den Konzilen und Kapitularien.
Von den Dämonen zum Teufel: die Hexenprozesse.
Der Fortbestand der alten Riten und Vorstellungen
in der traditionsgebundenen ländlichen Gesellschaft.

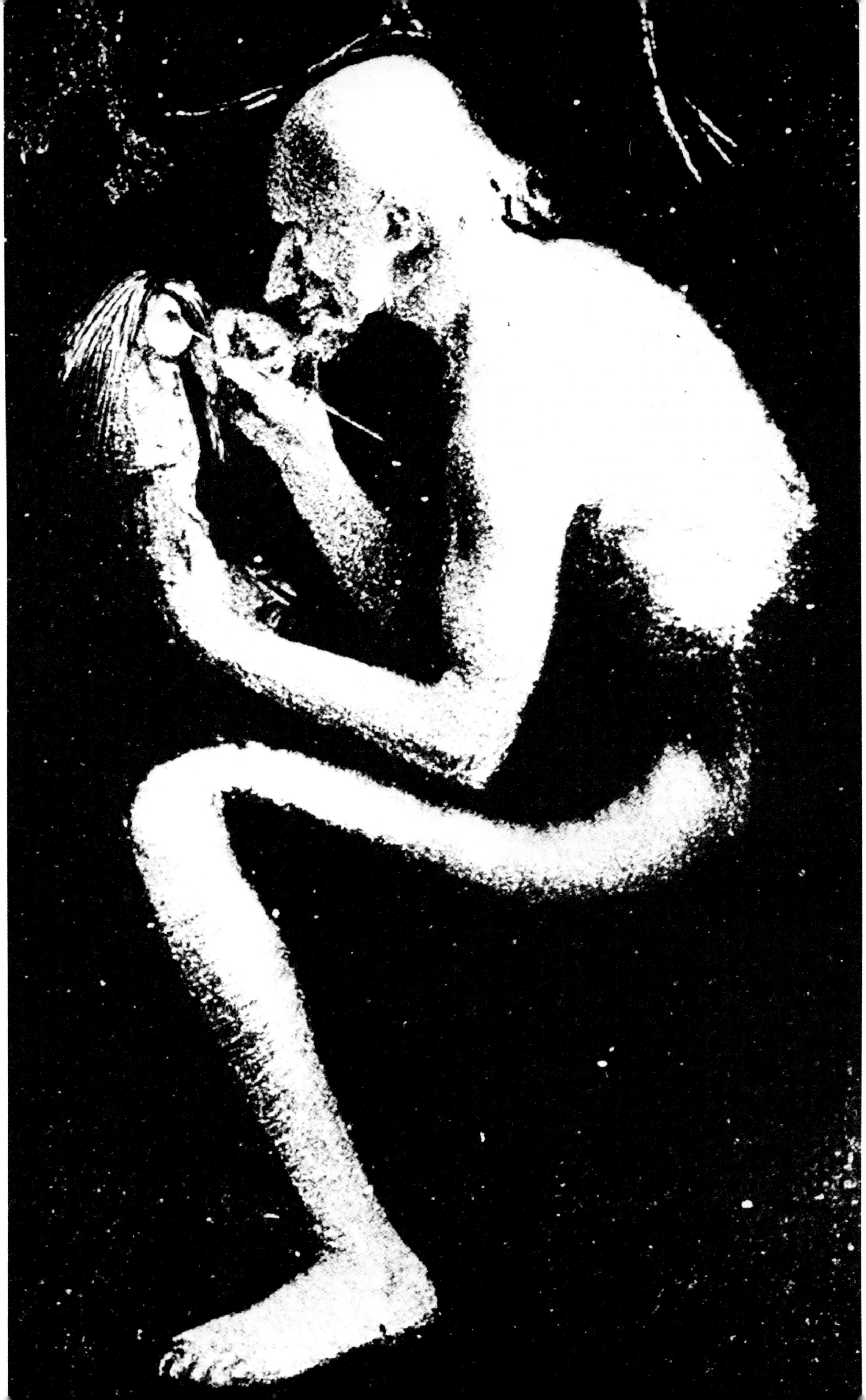

Wehe der armen Frau, die ihren Fuß in die Folterkammer gesetzt hat. Sie kommt nicht eher wieder heraus, als bis sie alles gesagt hat, was man von ihr hören wollte. Einmal unter der Folter, ist es um sie geschehen; sie muß sterben. Oft habe ich zu mir selbst gesagt, daß, wenn nicht alle Menschen Hexer sind, es einzig und allein daran liegt, daß nicht alle Menschen dies durchmachen mußten. Das ist so wahr, wie vor kurzem erst der Inquisitor eines großen Herrschers auszusprechen wagte, daß, wenn ihm der Papst in die Hände fiele und dann unter die Folter käme, er ihn zwingen würde zuzugeben, daß er ein Hexer sei.

Friedrich von Spee, Cautio criminalis contra sagas, *Rhintel 1631 (1).*

1. Vgl. dazu Jules Baissac, *Les grands jours de la sorcellerie,* Paris 1890.

Die meisten der im Altertum wurzelnden Riten und Vorstellungen haben sich im bäuerlichen Lebenskreis weit über den Niedergang des Römischen Reiches hinaus erhalten. Die früher offiziell üblichen, den Göttern des Parnaß geltenden Kultübungen wurden auch nach ihrem Verbot in mehr oder weniger versteckter Form, vor allem von den Bewohnern ländlicher Gegenden, das ganze Mittelalter hindurch beibehalten.

Die Hinwendung der römischen Welt zum Christentum hatte also keineswegs zur Folge, daß die Riten, die die Basis der römischen Gesellschaft gebildet hatten, auf der Stelle und endgültig verschwanden. Mit tatkräftiger Unterstützung der Herrscher und der Bischöfe drängte die Kirche die althergebrachten Kulte immer mehr in den Hintergrund, stellte sie als gegen das göttliche Gesetz gerichtet dar und verdammte sie schließlich als Werke des Teufels. Vom Ende des vierten Jahrhunderts an bestimmte Kaiser Theodosius der Große den Ton: »Einem jeden – welcher Art auch seine Familie, seine Stellung, seine Würde sein mögen, ob er nun öffentlichen Einfluß oder öffentliche Ämter innehat oder nicht, ob seine Geburt, sein Stand oder sein Vermögen beträchtlich oder bescheiden sind – ist hiermit auf das strengste untersagt, an welchem Ort, in welcher Stadt auch immer, den Götzen zu dienen oder zu opfern, im Inneren seines Hauses Weihegeschenke darzubringen, sei es, indem er ein Feuer zu Ehren der Laren anzündet, sei es, indem er Wein zu Ehren des Genius vergießt, sei es, indem er für die Penaten Räucherstäbchen abbrennt; er darf auch kein Licht auf ihren Altar stellen, keinen Weihrauch darauf verbrennen und ihn nicht mit Blumengirlanden schmücken. Wer auch immer es wagt, ein Tieropfer zu bringen oder die Eingeweide von frisch getöteten Tieren zu befragen, macht sich des Verbrechens der Majestätsbeleidigung schuldig. Ein jeder hat das Recht, ihn anzuzeigen, und man wird über ihn die Strafe verhängen, die im Gesetz dafür vorgesehen ist, selbst wenn man ihn nicht wegen Verschwörung gegen Sicherheit und Leben des Herrschers anklagt. Denn um sich des Verbrechens der Majestätsbeleidigung schuldig zu machen, genügt es, die Regeln des Naturrechtes zu verletzen,

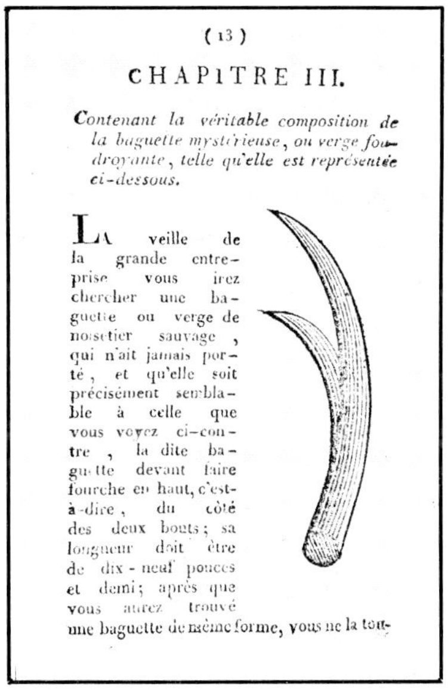
(13)

CHAPITRE III.

Contenant la véritable composition de la baguette mystérieuse, ou verge foudroyante, telle qu'elle est représentée ci-dessous.

La veille de la grande entreprise vous irez chercher une baguette ou verge de noisetier sauvage, qui n'ait jamais porté, et qu'elle soit précisément semblable à celle que vous voyez ci-contre, la dite baguette devant faire fourche en haut, c'est-à-dire, du côté des deux bouts; sa longueur doit être de dix-neuf pouces et demi; après que vous aurez trouvé une baguette de même forme, vous ne la tou-

Die Landbewohner lebten durch ihre ganze Geschichte hindurch in der Angst vor bösem Zauber. Krankheit von Tier und Mensch, Zerstörung der Ernten und Versiegen der Brunnen, ausgelöst durch Hexerei, waren ebenso Grund zur Furcht wie zum Beispiel Menschen mit bösem Blick.

unerlaubten Nachforschungen nachzugehen, geheime Angelegenheiten aufzudecken, zu tun, was verboten ist, zu versuchen, der Gesundheit anderer zu schaden oder ihnen nach dem Leben zu trachten.

Wenn jemand Weihrauch Götzenbildern opfert, die von der Hand des Menschen stammen und verdammt sind, oder wenn er es wagt, eitle Bilder zu verehren, indem er einen Baum mit Bändern behängt oder im Freien einen Altar errichtet, so macht er sich damit, selbst wenn er eine Kultübung ausführt, nichtsdestoweniger einer Beleidigung gegen die Religion und eines Sakrilegs schuldig.« (2)

2. Vgl. Alfred Manry, *La magie et l'astrologie dans l'Antiquité et au Moyen-Age ou étude sur les superstitions païennes qui se sont perpétuées jusqu'à nos jours,* Paris 1864.

Die Götter des Altertums werden auf diese Weise nach und nach mit bösen Geistern gleichgesetzt, die Kultübungen mit Zauberei, die religiösen Feiern mit Hexensabbaten. Die alte Religion weicht aufs Land zurück, ihre Anhänger werden zu Heiden und ihre Priester zu Zauberern. Die Kirche läßt Tempel niederreißen, verurteilt die Prozessionen, zerstört die geweihten Plätze.

443 faßt die zweite Synode den Beschluß: »Ein Bischof darf in seiner Diözese nicht zulassen, daß die Ungläubigen Fackeln anzünden und Bäume, Quellen oder Felsen verehren. Unterläßt er es, diese Bräuche auszurotten, macht er sich des Sakrilegs schuldig.« 567, beim Konzil von Tours, wird es noch einmal gesagt: »Alle, die an dem Unglauben festhalten, an irgendwelchen Steinen, Bäumen oder Quellen, also an Plätzen, deren Verbindung mit dem Heidentum wohlbekannt ist, kultische Handlungen zu begehen, die mit den kirchlichen Regeln unvereinbar sind, sollen aus der heiligen Kirche ausgeschlossen werden und es soll ihnen untersagt werden, sich dem heiligen Altar zu nähern.«

Trotz allem halten sich diese Vorstellungen; die Kirchenheiligen treten an die Stelle der alten Gottheiten, übernehmen ihre Attribute und manchmal sogar ihre Namen (3). Die Statuen der Heiligen Jungfrau und die Kreuze werden vor die Bäume und die heiligen Quellen gestellt. An den Kreuzwegen, an denen sich einst Diana zeigte, werden Kalvarienberge aufgebaut, und das auf Empfehlung des heiligen Augustin selbst hin: »Man rotte die Heiden nicht aus, man bekehre sie; man fälle die heiligen Bäume nicht, man weihe sie Jesus Christus.« Oder später Gregorius der Große: »Man hüte sich davor, die Tempel der Götzen zu zerstören; man zerstöre nur die Idole, weihe dann Wasser, besprenge die Tempel damit, errichte Altäre darin und stelle Reliquien darin auf.« Das Konzil von Toledo im Jahre 693 verlangt erneut, daß die Bischöfe, die Priester und die Richter sich bemühen müssen, die Reste des Heidentums auszutilgen, die darin bestehen, Steine, Bäume und Quellen zu verehren, Fackeln anzuzünden und der Zauberei nachzugehen.

3. So wurden zum Beispiel die Bacchus/Dionysos geweihten Tage zu denen des Saint Bacque am 7. Oktober und des heiligen Dionysius am 9. Oktober.

Aber im achten Jahrhundert opfern die Anhänger der alten Religion, die vom Konzil des Jahres 743 aufs schärfste verurteilt worden waren, noch immer Jupiter und Merkur, verfer-

Die Hexe, die sich zum Sabbat aufmacht, war stets ein Thema, das Künstler aller Richtungen angeregt hat. Im Bild der Hexe, die sehr viel häufiger dargestellt wurde als ihr männliches Gegenstück, drückt sich in sehr plastischer Weise die Woge des Frauenhasses aus, der im 16. und 17. Jahrhundert zahllose Frauen zum Opfer fielen. Häßlichkeit, Lüsternheit, Grausamkeit waren bis auf wenige Ausnahmen wesentliche Eigenschaften, die man der Hexe zuschrieb. Der Besen war dabei immer ihr unerläßliches Zubehör. Es ist in diesem Zusammenhang interessant festzustellen, daß dieses Haushaltsutensil bei zahlreichen kultischen Handlungen der Landbevölkerung – vor allem bei jenen, die sich auf die Eheschließung beziehen – verwendet wird.

Die Inquisitoren und ihre Scharfrichter schickten zahllose unglückliche Frauen, die aufgrund der erlittenen Foltern in den Wahnsinn getrieben worden waren, an den Galgen oder aufs Schafott.

Die Frage, ob die Hexensabbate tatsächlich stattgefunden haben oder nicht, hat die Geschichtsschreiber des Mittelalters sehr stark beschäftigt. Für manche von ihnen bestand nicht der geringste Zweifel daran, daß diese großen Versammlungen von zahllosen Menschen – man spricht von Tausenden – abseits der Wohngebiete abgehalten wurden, so widersprüchlich sie in ihrem Erscheinungsbild auch gewesen sein müssen (Leute aus dem Volk mischten sich mit hochgestellten Persönlichkeiten), und daß sie einem tiefverwurzelten Bedürfnis nach Massenversammlungen entgegenkamen. Für andere existierten diese Sabbate einzig und allein in der Phantasie einiger Verrückter oder von solchen Menschen, deren Geist durch Drogen verwirrt war, die euphorische oder bedrohliche Delirien oder Halluzinationen hervorriefen. Wie dem auch sei, in jedem Fall hat dieses Phänomen die Gemüter stets sehr stark beschäftigt. Von spontanen Verleumdungen bis hin zu den Geständnissen, die mit Hilfe der Folter erpreßt wurden, findet man beinahe identische Beschreibungen von Huldigungen, die dem Gott Pan erwiesen wurden, von ausschweifenden Festgelagen und zügellosen Orgien.

Die Katze, vor allem die schwarze, häufig als Inkarnation des Teufels oder seiner Zauberer angesehen, wurde bei vielen Anlässen geopfert: Lebendig eingegraben in den Fundamenten der Häuser, verbrannt im Johannisfeuer, war sie auch das Opfertier der »foires aux chats« im Norden Frankreichs. Die Katzen, die in irdenen Töpfen gefangen waren, die an quer über die Straßen gespannten Stricken hingen, wurden aus ihren Gefängnissen erst von den Turnierkämpfern befreit, die, zu Pferde oder auf Wagen sitzend, die irdenen Käfige zerschlugen und sodann den Tieren die Bänder herunterrissen, mit denen sie herausgeputzt waren.

tigen sie noch immer Götzenbilder. 789 stellt das Konzil von Aachen erneut die Forderung auf: »Man muß diesem Mißbrauch ein Ende setzen, an Bäumen, Felsen oder Quellen Fakkeln zu entzünden, ebenso müssen alle anderen Äußerungen des Aberglaubens ausgetilgt werden.« In den Kapitularien Karls des Großen aus dem gleichen Jahr findet man ebenfalls: »Was nun die Bäume, Steine oder Quellen angeht, vor denen manche Toren Fackeln anzünden oder andere kultische Handlungen ausführen, so verlangen wir, daß diese Bräuche, die die schlimmsten von allen sind und verabscheuungswürdig vor Gott, allerorten abgeschafft und ausgerottet werden.«

In ihrer Ohnmacht, der heidnischen Bräuche Herr zu werden, versucht die Kirche, sie unter Kontrolle zu bekommen. Aber gerade die orthodoxe Rechtfertigung, die sie ihnen gibt, ist die beste Gewähr für ihr Fortbestehen. Die alten Prozessionen werden durch die Bittgänge ersetzt; die Wallfahrtsorte bleiben ebenso bestehen wie die Opfergaben und die Kultübungen, die man ihnen darbringt, nur die Götzenbilder werden ausgewechselt. Die Sommersonnwendfeuer werden unter die Schirmherrschaft des heiligen Johannes gestellt; das Weihwasser tritt an die Stelle des heiligen Wassers, das in der Antike der Reinigung diente.

Aber manche Riten sind unausrottbar. Sie bestehen weiter, ohne daß es der Kirche gelänge, sie zu unterdrücken oder zu christianisieren. Anläßlich der Synode von Tours im Jahre 567 wird es deutlich ausgesprochen: »Manche, die immer noch altem Irrglauben folgen, feiern den 1. Januar. Die Priester müssen diesen heidnischen Aberglauben zerstören«, und wieder im Jahre 578 beim Konzil von Auxerre: »Am 1. Januar darf sich keiner wie die Heiden als Kuh oder als alte Frau oder als Hirsch verkleiden oder zum Jahreswechsel dem Teufel geweihte Geschenke machen.«

Die römische Synode im Jahre 743 erneuert diese Aufforderung: »Niemand darf auf heidnische Art und Weise die Kalendae des Januar und die Wintersonnenwende feiern«, und das Konzil von Rouen im Jahre 878: »Die, welche tun, was die Heiden zur Feier der Kalendae des Januars tun, werden mit dem Kirchenbann belegt.« Sechs Jahrhunderte später, im Jahre 1431, ist das vom Konzil zu Nantes ausgesprochene Verbot, »die lächerlichen Zeremonien am 1. Mai, am Tag nach Ostern und zu Karneval weiterhin beizubehalten«, ein deutliches Zeichen für die Schwierigkeiten, mit denen die Kirche zu kämpfen hatte. 1542 verurteilt das Konzil von Mailand erneut den Brauch, am 1. Mai Bäume zu fällen und sie durch die Dörfer zu tragen.

Diese Zähigkeit, die das Heidentum in allen seinen Äußerungen beweist, zeigt sich erneut beim Konzil von Trier im Jahre 1310, wo verlangt wird: »Man darf keine günstigen oder ungünstigen Vorhersagen machen aus dem Flug oder dem Schrei der Vögel oder aus dem Aussehen eines Tieres.« Und immer geht es auch noch um die Götter der Antike, wie ein weiteres

Der Glaube an den Werwolf richtete in den Köpfen der Landbewohner großen Schaden an. Ohne Zweifel war es die Abneigung gegen den Wolf selbst, die diese Angst vor dem Werwolf bewirkte. Die »lupins« in den von George Sand nacherzählten Sagen des Berrichonne lösten genau diese Ängste aus.

Der Brauch, den »Maibaum« als Symbol der Jugend und der Fruchtbarkeit aufzustellen, ein uralter Kult zu Ehren der »Göttin Natur«, war seit Jahrhunderten ein großer Festtag im Jahresablauf der Landgemeinden. Noch heute versammeln sich die jungen Leute des Ortes in der Nacht vom 30. April auf den 1. Mai, um einen sorgfältig ausgewählten riesigen Baum zu fällen, ihn mit Bändern zu schmücken, ihn im Triumphzug durch die Straßen des Ortes zu tragen, um ihn schließlich auf dem Dorfplatz aufzustellen. Dieser gemeinschaftlich herbeigeschaffte Maibaum war oft nicht der einzige, der in dieser Nacht emporwuchs. Vor oder auf jedem Haus, in dem ein heiratsfähiges Mädchen wohnte, ragte ein »Hochzeitsbaum« auf. Man findet die Maibäume heutzutage in vielen Gegenden nicht nur in dieser bedeutendsten aller Nächte, sondern auch anläßlich von Wahlen oder Kirchweihfeiern. Auch die althergebrachte Tradition der Hochzeitsbäume existiert noch. Die Erntebäume findet man trotz fortschreitender Mechanisierung noch immer hier und da auf den Traktoren, die den Rest der Ernte einbringen.

Verbot des gleichen Konzils beweist, das den Dianakult verurteilt. Seit dem achten Jahrhundert, als Gregor III. bereits jene tadelte, die Kultübungen zu Ehren von Jupiter, Baal oder Janus verrichteten, hatten die heidnischen Kulte lediglich einen Rückgang zu verzeichnen. Im neunten Jahrhundert zeigt der Canon Episcopei bereits sehr deutlich die Parallele auf, die zwischen den übriggebliebenen, heidnischen Kulten und einer Satansreligion besteht, deren Existenz die Kirche im Laufe der nun folgenden Jahrhunderte geduldig nachweisen wird: »Man muß noch hinzufügen, daß gewisse ruchlose Frauen, die sich Satan zugewandt haben, verführt von den Täuschungen und Vorspiegelungen des Dämons, glauben und bekennen, daß sie im Dunkel der Nacht mit Diana, der heidnischen Göttin, und einer Unzahl von Frauen auf Tieren reitend in nächtlicher Stille die Lüfte durchqueren und ihren Befehlen gehorchen wie denen einer absoluten Herrscherin. In manchen Nächten ruft Diana sie herbei, damit sie ihr dienen. Wären es doch nur sie allein, die zugrunde gingen an ihrer Gottlosigkeit! Zögen sie nicht noch zahllose Menschen mit sich in den Abgrund des Unglaubens! Aber unglaublich viele Menschen weichen, verführt durch diesen Irrglauben, vom rechten Glauben ab und fallen den heidnischen Irrtümern anheim in der trügerischen Annahme, daß es eine weitere göttliche Macht neben dem einen einzigen Gott gäbe. Wer von uns wird niemals von seinen Träumen irregeführt und sieht nicht im Traum Dinge, die er im Wachen niemals sah? Wer kann so dumm sein zu glauben, der Körper könne die Wirkung von etwas verspüren, das nur im Geist vor sich geht? Man kann es nicht laut genug sagen, daß jeder, der an solche Dinge glaubt, den Glauben verloren hat und nicht mehr Gott, sondern dem Teufel angehört.« Somit erscheint der Sabbat in den kirchlichen Texten zum ersten Mal als eine zu Ehren der Diana veranstaltete Zeremonie.

Das Mittelalter, in dem sich der Konkurrenzkampf von Christentum und Heidentum abspielt, erlebt jedoch keinen Sieger. Vom vierzehnten Jahrhundert an scheint die Energie, mit der die Kirche das Vorhandensein von Hexerei und Sabbat nachzuweisen bestrebt ist, wie der verzweifelte Versuch, endgültig ihre Macht zu etablieren und die letzten heidnischen Bräuche, derer sie nicht Herr werden kann, mit den Farben der Hölle zu überstreichen.

Wenn auch die Massenrituale von nun an unter dem Deckmantel der offiziell sanktionierten Glaubensvorstellungen vor sich gehen, so entziehen sich jene, die das tägliche Leben der Bevölkerung in ihren Häusern und in ihrer unmittelbaren Umgebung angehen, jeder Kontrolle. Durch das ganze Mittelalter hindurch findet man mehr oder weniger die gleichen häuslichen Rituale, die schon im Altertum gängig waren. Um das Haus und seine Bewohner, Ernte und Vieh zu schützen, bedient man sich des gleichen magischen Arsenals, der gleichen

1

2

In den dörflichen Riten vermischen sich ebenso wie bei den von der ländlichen Bevölkerung verwendeten symbolischen Schmuckelementen noch immer zutiefst heidnische Bräuche mit unbestreitbar christlichen Elementen. Wenn am selben Türstock ein Christus am Kreuz mit Sonnensymbolen zusammentrifft, so zeigt sich darin eine Logik, die zutiefst jener verwandt ist, die am selben sakralen Bauwerk Kirchenheilige und höllische Ungeheuer vereinigt. Die Tatsache, daß sich die atavistischen Vorstellungen über so viele Jahrhunderte erhalten haben, erklärt das gleichzeitige Vorhandensein von oft widersprüchlich erscheinenden Elementen.

Der Brauch, eine »Maikönigin« zu erwählen, ein junges Mädchen mit Blumen zu schmücken und für einen Tag zur Göttin zu erheben, muß mit dem alten Kult der Maja in Verbindung gebracht werden, die von den Griechen und den Römern verehrt wurde, während die Kirche den Monat Mai der Jungfrau Maria weihte.

1. Kreuz über einer Haustür in Burgund.
2. Detail aus dem Skulpturenschmuck an einer bretonischen Kirche.

Die sommerlichen Johannisfeuer, die bis auf den heutigen Tag zu den letzten noch übriggebliebenen Beispielen ländlichen Brauchtums gehören, haben ihren Ursprung in den alten Sommersonnwendfeiern, die der Anbetung des Feuers und der Sonne galten. Zu der reinigenden Kraft des Feuers, das man überspringt, kommt die befruchtende Kraft: Junge Frauen, die sich eine baldige Mutterschaft erhofften, versäumten es nie, die Flammen zu überspringen. Hier finden sich die letzten Reste des alten Sonnenkults.

Gegenstände, der gleichen Gesten. Es ist kein Zufall, wenn die Kirchenrichter den magischen Gebrauch der Pflanzen und Tiere, der seit jeher im volkstümlichen Arzneienbuch niedergelegt war, als Teufelswerk bezeichneten. Die Vorstellungen, die sich auf die Eigenschaften der Pflanzen und Tiere bezogen, galten schon für die alten Religionen und sie blieben im übrigen, wie wir noch sehen werden, bis weit über die Zeit des Mittelalters und der Renaissance hinaus lebendig. So erklärt Pierre de Lancre, der im Labourd ein strenges Regiment als Inquisitor führte, 1612 in seiner »Darstellung der Unbeständigkeit der bösen Engel und der Dämonen«: »Mit der Rinde, dem Mark und dem Samen des Seidelbastes und mit Kröten bereitet man zum Sabbat ein sehr wirksames Gift.« Nun ist der Seidelbast seit dem Altertum für seine Zauberkraft bekannt (4). In manchen Regionen ist ihm dieser Ruf bis auf den heutigen Tag erhalten geblieben (5). Der Holunder, der für die Römer schützende Kraft gegen bösen Zauber und Schlangen besaß, hatte diese Eigenschaft noch immer für die ländliche Bevölkerung des Mittelalters, die ihm großen Respekt entgegenbrachte. Das Farnkraut, für die Kelten eine heilige Pflanze, schützt auch im Mittelalter noch vor Krankheit und Hexerei. Auch die Zypresse, von deren Bedeutung für die Welt der Antike wir bereits gesprochen haben, bleibt ein Baum, dem gute Kräfte innewohnen (6).

Weit davon entfernt, den Gebrauch dieses ganzen magischen Herbariums zu verurteilen, gab die Kirche den beliebtesten unter diesen Pflanzen ihren Segen oder machte ihre Wirksamkeit von der Beachtung gewisser religiöser Daten abhängig, an denen man sie sammeln mußte. Sie setzte den liturgischen Kalender an die Stelle der astronomischen Überlegungen, die früher für das Sammeln dieser Pflanzen ausschlaggebend gewesen waren. Ein typisches Beispiel ist die Johannisnacht, in der man den Strauß von »Johanniskräutern« sammelt, der die Häuser sowohl dank der Kraft der Pflanzen als auch der des Heiligen schützt (7).

Das Johanniskraut, das »fuga daemonum«, wendet man auch gegen die Hexen an, bevor man sie foltert, damit sie ihre Verbrechen gestehen.

Die vorherige Segnung der Pflanze wird unter anderem vollzogen, um den ihr innewohnenden Eigenschaften die Kraft des Weihwassers hinzuzufügen. Man findet diesen Brauch besonders bei der Raute und beim Fenchel, die häufig für Zaubertränke verwendet werden.

Nach und nach konsolidiert sich die Auffassung, daß das Sammeln und die Verwendung von Pflanzen, von denen man sich irgendeine günstige Wirkung erwartete, Hexenwerk sei, wenn es außerhalb der von der Kirche festgelegten, sanktionierten Regeln vor sich ging. So verbot zu Ende des sechsten Jahrhunderts das Konzil von Braga die Zaubereien und die rituellen Praktiken der Kräutersammler, und das Konzil von Trier zu Beginn des vierzehnten Jahrhunderts erneuerte diese Verdammung (8). Im fünfzehnten Jahrhundert ging man noch davon aus, daß die Hexen und Zauberer um Mitternacht oder zu Mittag ihre Kräuter sam-

4. Vgl. Jean Bayet, *Croyances et rites de la Rome antique,* Paris 1971.

5. Vgl. James G. Frazer, *Le rameau d'or: Etude sur la magie et la religion,* Paris 1903.

6. Der Zypressenstamm ist eine der verschiedenen Formen, in denen Satan beim Sabbat auftritt.

7. Nachdem das Konzil von Ferrara im Jahre 1612 das Sammeln von Kräutern in der Johannisnacht verurteilt hatte, versuchte es anschließend ohne Erfolg, diesen Brauch völlig auszurotten.

8. »Beim Kräutersammeln dürfen keine Zauberformeln oder andere Formeln aufgesagt werden, es genügt, das Vaterunser und das Glaubensbekenntnis zu sprechen; es darf auch nichts anderes auf die kleinen Kärtchen geschrieben werden, mit denen man diese Kräuter verkauft.«

LA
POULE
NOIRE

An einem eiskalten Tag betrat ein braver Mann das Haus eines reichen französischen Zimmermanns in Montégut. In der warmen Stube war niemand zu erblicken. Aber ein kräftiges Feuer flackerte im Ofen. Unterhalb des Kamins standen zwei Truhen: die eine für das Salz, die andere für den »Mandagot«.

Ohne an irgend etwas Böses zu denken, setzte sich der Mann auf die linke Truhe. Bald darauf betrat der Zimmermann den Raum. Eine gute Stunde lang plauderten die beiden vertraulich miteinander und wärmten sich dabei am Feuer.

Aber als der Mann gehen wollte, gelang es ihm nicht, sich von der Truhe zu erheben.

»Zimmermann, was ist denn nur in dieser Truhe? Ich kann nicht aufstehen.«

»Nichts, mein Freund, gar nichts.«

Und der Zimmermann schlug auf die Truhe und sagte: »Laß ihn gehen, Kleiner, er ist ein Freund des Hauses.«

Sogleich konnte der Mann aufstehen. Er ging verschreckt davon, sagte, daß sich in Wirklichkeit der »Mandagot« in diesem Haus befinde und daß man sich nicht wundern müsse, daß der Hausherr so reich sei.

Jean-François Bladé
Contes populaires de la Gascogne
Paris 1886, Bd. II, S. 340f.

Eine so gut durchgeformte kleine Zauberfigur wie diese ist in der volkstümlichen Magie selten. Meist bedient sich der Zauberer der ganz alltäglichen Gegenstände, wenn er seine Macht wirksam werden läßt: Ei, Milch, Brotkrumen, Rinderherz, Zauberbuch genügen ihm, um Menschen und Dinge zu verhexen und Angst und Haß zu verbreiten.
Das Huhn, im allgemeinen ein eher harmloses Federvieh, wird zum Träger übernatürlicher Kräfte, wenn sein Gefieder völlig schwarz ist. Man bedient sich seiner in den bäuerlichen Zauberbräuchen und schlachtet es als Opfertier anläßlich der Erbauung eines neuen Hauses. Mit seinem Blut besprengt man die Fundamente und den Grundstein. Auch im Verlauf des Rituals zur Inbesitznahme des neu errichteten Gebäudes erwürgt man häufig ein schwarzes Huhn.

melten, und um ihre Aktionsmöglichkeiten einzuschränken – so groß war die magische Bedeutung dieser Augenblicke des Tages –, ließ man zum Beispiel in Lothringen die Glocken um diese Zeit nicht mehr als zwei- oder dreimal läuten (9). Es zeigt sich also in diesem Brauch nur ein oberflächlicher Widerspruch zu der allgemein verbreiteten Auffassung, daß der Ton der Glocken Dämonen und bösen Zauber vertriebe. So bekämpfte man Gewitter und Hagelschlag, die als Werk des Teufels und seiner Dämonen galten, das ganze Mittelalter hindurch und bis in unsere Zeit hinein durch das Läuten von Kirchenglocken: die »tempestarii«, die »Wolkenbringer«, die Karl der Große in seinen Kapitularien beschuldigt und die der heilige Thomas von Aquin im dreizehnten Jahrhundert noch erwähnt, hielt man für fähig, Unwetter und Verwüstung über Dörfer und Ernten zu bringen. Man zwang die Zauberer, die man später auf den Scheiterhaufen der Inquisition hinrichtete, zu bekennen, daß sie das Wasser in Pfützen oder Quellen aufgeschlagen und so Hagelwolken hervorgebracht hätten. Der nun angehende Feldzug, der darauf abzielte, die Zauberei, die man bis dahin zwar bekämpft, aber zugleich geduldet hatte, als eine Verschwörung der Mächte der Finsternis darzustellen, hatte zur Folge, daß die Leute, die ihr nachgingen, bestraft wurden. Zugleich löste er eine regelrechte Hexenverfolgung aus, die bis zum Ende des achtzehnten Jahrhunderts andauerte. Die Stimmung jener Zeit der großen Scheiterhaufen, wie sie uns durch die Hexenprozesse überliefert ist, das Blutbad, dem vor allem die Frauen zum Opfer fielen und das die Inquisitoren der Kirche, wie zum Beispiel Pierre de Lancre im Labourd, Henri Boguet in der Franche-Comté und Nicolas Rémy in Lothringen (10), veranlaßten – die wiederum von Zivilgerichten abgelöst wurden –, versetzten die Bewohner der ländlichen Gegenden in Angst und Schrecken und hatten Angst, Denunziation und Wahnsinn zur Folge. Die Landbewohner, die man auf diese Weise mehr als drei Jahrhunderte hindurch gequält hatte, konnten gar nicht anders, als die Existenz des Teufels zuzugeben, die man ihnen mit Hilfe von Folter und Scheiterhaufen so lebhaft vor Augen geführt hatte.

Man bediente sich also aller zu dieser Epoche bekannten Möglichkeiten, um sich außerhalb des Hauses, auf dem Haus und im Haus gegen die Mächte des Bösen zu schützen. Da die Wirksamkeit der teuflischen Machenschaften öffentlich anerkannt worden war, mußte man wohl oder übel zugeben, daß ein vernünftiger Gebrauch genau derselben Mittel, zu diesem Zweck allerdings von der Kirche sanktioniert, ihnen eine ebenso große Wirkungskraft im Kampf gegen die Mächte des Bösen verleihen mußte. Der Fortbestand so mancher ritueller Bräuche, die bis auf die Antike zurückgehen, und die mit dem keuschen Schleier des Christentums bekleidet wurden, ist zum allergrößten Teil auf die Schreckensgerichte dieser Zeit zurückzuführen.

9. Vgl. Elisée Legros, »Ritus de cueillette des simples et plantes magiques« in *Enquêtes du Musée de la Vie Wallone,* Lüttich 1963.

10. Allein in Frankreich wurden unter der Gerichtsbarkeit Henri Boguets 1500 Hexer verbrannt, unter der des Nicolas Rémy 900. Die Beschreibungen der Foltern, die die Verdächtigen über sich ergehen lassen mußten, vermitteln einen annähernden Begriff von den Schrekken, den die Inquisitoren verbreiteten. Die Darstellung des Claude Caron, Arzt in Annonay *(L'Antechrist demasqué,* Tournon 1589, in Baissac, a. a. O.), gibt einen gewissen Eindruck von den Techniken, deren man sich bediente, um die Gefolterten zu zwingen, ein Bündnis mit dem Teufel einzugestehen: »So wie die Köche das Schwein am Spieß rösten, damit es Farbe bekommt, ebenso wurde dieser Unglückliche gebraten. So stark und glühend heiß, daß er, so glauben wir, seinen Geist aufgeben mußte. Das geschmolzene und verbrannte Fett floß ihm in die Ohren, unter die Achseln, über sein Geschlecht, über den Bauch, über die Knie, über die Ellenbogen, über die Schenkel und über die Kniekehlen.«

Der in das traditionelle bäuerliche Sozialgefüge eingebundene Mensch lebt in steter Abhängigkeit von den Unbilden des Wetters, die die Ernten bedrohen; von den Krankheiten, die das Vieh dezimieren; von den Feuersbrünsten, die die Scheunen zerstören. Unablässig muß er fürchten, daß seine Anstrengungen durch Kräfte, die er nicht fassen kann, zunichte gemacht werden.

Rituelle Praktiken bei der Errichtung von Bauernhäusern

Auswahl und Vorbereitung der Baumaterialien.
Bräuche bei Beginn und bei Beendigung des Bauwerks.
Bräuche während der Bauzeit.
Bräuche bei der Instandhaltung des Bauwerks.

»... Weißt du, ob nicht ein göttlicher Geist in diesem Stein wohnt,
sich in seiner Angst vergeblich quält?
Weißt du, ob nicht der Baum noch lebt im Balken und der Bohle,
die dumpf erzittern und sich zu strecken scheinen?«
Henri de Régnier, Les Médailles d'argile, Paris 1900.

Auswahl und Vorbereitung der Baumaterialien

Welchen Ursprung es auch immer hat, das beim Bau des Bauernhauses verwendete Material ist vor allem lebendiges Material: Stein, Erde, Holz, hervorgegangen aus der natürlichen Umgebung, haben noch Anteil an den großen Geheimnissen der Natur, deren Kreislauf sie folgen. Das bedeutet, daß keine klare Trennung möglich ist zwischen dem rohen und dem bearbeiteten Baustoff. Die durch den Menschen geschaffene Form wahrt das Eigenleben des Baumes und des Felsens, aus dem Balken und behauener Stein gewonnen wurden. Legenden, die sich auf Steine beziehen, die wachsen, auf Felsen, die ihren Platz wechseln, in denen von der Nachgiebigkeit des heute so harten Steins die Rede ist, nachgewiesen durch Abdrücke von Füßen, Händen oder Schuhen, die angeblich darauf zu erkennen seien, zeigen, daß der Stein im Volksglauben weder für unveränderlich noch für tot gehalten wird. In vielen Fällen, und das gilt für alle Epochen der menschlichen Geschichte, verleiht dieses innere Leben dem Stein eine nicht nur glückbringende, sondern auch heilende Kraft: wenn man ihn berührt, sich daran reibt, ihn umkreist, ihn schluckt, heilt er, schützt für die Zukunft, verleiht Fruchtbarkeit. In gleicher Weise äußert sich in der Verehrung, die durch die Jahrhunderte hindurch trotz des Tadels der katholischen Kirche den Bäumen erwiesen wurde, der Respekt und zugleich die Furcht, welche man natürlichen Stoffen gegenüber empfindet, die von übernatürlichen Kräften bewohnt werden und die Gottheiten verkörpern, die man sich zunutze machen oder unschädlich machen muß.

Es ist deshalb keineswegs verwunderlich, wenn man feststellt, daß die früheren Bauherrn und ihre Handwerker, Holzhauer und Zimmerleute, Steinmetze und Maurer, eine ganze Reihe von Regeln bezüglich Bearbeitung und Vorbereitung der Materialien befolgten, noch bevor sie den eigentlichen Bau überhaupt in Angriff nahmen. Die Kenntnis des Materials, seiner Gewinnung oder Bearbeitung, seiner Eignung, vererbt von Generation zu Generation,

Die Handwerksburschen fügten in den Bau, an dem sie arbeiteten, einen Stein ein, in den sie Namen, Herkunft und Beruf einmeißelten von jedem, der an der Errichtung des Hauses beteiligt war: Dieser Stein zeugte von ihrem Aufenthalt am Ort, von der Qualität ihrer Arbeit und war zugleich Symbol für die Dauerhaftigkeit des Bauwerks. – Haus im Tonnerrois.

ist eng verbunden mit heidnischen Vorstellungen, die sich auf die übernatürlichen Kräfte beziehen, die dieses Material birgt. Bräuche, durch die handwerkliche Kunst weitergegeben, lassen sich nur schwer von einem Ritual unterscheiden, das aus der alten Naturreligion hervorgegangen ist.

Die sorgfältige Zubereitung des Bauholzes ist von großer Wichtigkeit. Als ein Teil des Pflanzenreiches folgt der Baum ganz natürlich den großen jahreszeitlichen Abläufen, den Perioden des Schlafens und des Wiedererwachens und reagiert mit einem mehr oder minder schnellen Kreislauf der Säfte. Man nimmt an, der Einfluß des Mondes sei dabei entscheidend. Ob der Mond gerade abnimmt oder zunimmt, ist ausschlaggebend für den Zeitpunkt, zu dem man einen Baum fällt. So müssen Kastanienbäume und Eichen bei abnehmendem Mond geschlagen werden, wenn man Risse im Holz vermeiden will; obendrein wird angeraten, diesen Vorgang bei Nordostwind auszuführen. Bäume mit immergrünen Blättern müssen bei Neumond geschlagen werden, wenn man vermeiden will, daß die Würmer sie zerfressen. Ein Sprichwort besagte, daß Nußbäume, Birnbäume, Kirschbäume geschlagen werden müssen, »bevor das Gestirn der Wölfe wieder abnimmt«. Man findet die gleiche Rücksichtnahme auf die Mondphasen bei den Kräutersammlern der früheren Zeiten, die den Pflanzen ihre stärkste Kraft bei zunehmendem Mond beimaßen. Man glaubte, eine Vernachlässigung dieser Regel könnte die heilende Kraft der Pflanzen ins völlige Gegenteil umkehren. Manchmal ist auch ein christliches Fest wesentlich für den Termin zum Schlagen der Bäume. Zum Beispiel Karfreitag, von dem man annimmt, er sei günstig für den »Tod der Pflanzen«, also auch zum Fällen der Bäume.

Nach dieser Ansicht muß das Holz bei abnehmendem Mond geschlagen werden. Aber auch Tageszeit und Jahreszeit werden als wesentlich betrachtet. So zieht man es vor, diese Arbeit im Winter vorzunehmen und dann lieber am Abend als am Morgen.

Weniger bekannt, zumindest heutzutage weniger beachtet, ist die Tatsache, daß sich Bräuche, die den Mondzyklus berücksichtigen, auch beim Brechen der Steine wiederfinden. So werden die für den Hausbau bestimmten Steine sehr häufig bei Vollmond gebrochen, denn man geht davon aus, daß sie dann sehr viel widerstandsfähiger seien.

So fügt sich die Einstellung zum Baumaterial, das gerade erst seiner natürlichen Umgebung entnommen wurde, in einen Gesamtzusammenhang von Vorstellungen ein, die eine logische Verbindung sehen zwischen der Natur, dem Menschen und seinen Produkten. Niemals wird es dem Menschen gelingen, sich der Natur zu entziehen. Als Teil des Ganzen hat er alle ihre Zeichen zu beachten und die großen Zusammenhänge zu berücksichtigen. In diesem Kontext sind auch die dem Hausbau zugeordneten Rituale zu betrachten.

Grundsteine, die in den Fundamenten lothringischer Häuser aus dem 18. Jahrhundert aufgefunden wurden. Zur Information für spätere Generationen sind das Datum der Erbauung und der Name des Bauherrn eingemeißelt. Die in den Stein getriebenen Sinnsprüche und Zeichen sollen dem Haus und seinen Bewohnern den Schutz der höheren Mächte sichern.

Die Bräuche zu Baubeginn

In allen Gegenden der Welt ist die Errichtung eines Gebäudes stets mit besonderen Ritualen verbunden, die dazu dienen sollen, dem Haus ein langes Leben zu sichern und seine Bewohner zu schützen. Bräuche gibt es bei Baubeginn, bei der Beendigung der Arbeiten oder zumindest bei Fertigstellung des Dachstuhls und schließlich bei der Übergabe an die Bewohner. Wenn manche dieser Riten auch im Laufe der Zeiten ihren ursprünglichen Sinn verloren haben und verändert worden sind, so bestehen sie doch auch heute noch. Sie finden Anwendung bei Privathäusern wie bei öffentlichen Bauten. Das Brauchtum wird nach wie vor von den am Bau beteiligten Handwerkern und den Hausbesitzern selbst ausgeübt. Und diese Bräuche haben Fortbestand, auch wenn die zugrundeliegenden Inhalte selbst denen, die sie wiederaufleben lassen, nicht mehr bewußt sind. So tief verwurzelt sind die Motivationen, die einst in grauen Vorzeiten zur Entstehung dieser Bräuche führten.

Man kann beobachten, daß bei der Auswahl des Bauplatzes für das zukünftige Haus nicht nur wirtschaftliche Überlegungen (Bedarf an Wohnraum oder Stallgebäuden), rechtliche Voraussetzungen (z. B. eine Gemeinderegelung für die Bewirtschaftung) oder technische Notwendigkeiten (Eignung des Terrains für eine Bebauung, klimatische Bedingungen) eine Rolle spielen, sondern auch der gute oder schlechte Ruf, den manche Örtlichkeiten in der Umgebung des Dorfes im Volksmund genießen. Es ist schwierig, die Aversionen zu analysieren, die in vielen Gemeinden bestehen, gewisse Plätze zu besuchen, zu kultivieren oder gar zu bewohnen. Der besondere Aspekt einer Landschaft, bestimmt durch Vegetation, topographische Gegebenheiten oder etwaige Wasservorkommnisse, kann in vielen Fällen sehr wohl die Angst erklären, die solche Plätze einflößen. Aber bei vielen dieser Plätze zeigt sich dem Auge des Uneingeweihten nichts, was sie von anderen unterscheiden würde. Allein die kollektive Erinnerung hat den Widerwillen aufrechterhalten, den jeder für die als verhext verrufenen Orte empfindet, und hat die Sagen weitergegeben, die damit verknüpft sind. Die Kreuzungen gewisser Wege sind besonders gefürchtet, ebenso manche alte Bäume, von denen man mit Gewißheit behauptet, daß sie das Zentrum teuflischer Erscheinungen wären. Es ist völlig falsch anzunehmen, diese Vorstellungen seien verschwunden und nur die heute noch bestehenden Bezeichnungen dieser verrufenen Plätze erinnerten noch an die Bedeutung, die sie im bäuerlichen Denken früherer Zeiten eingenommen haben. Manche dieser Vorstellungen sind heute noch gültig. Setzt man sich über diesbezügliche Verbote hinweg und läßt sich in Nähe solcher Plätze nieder, so reicht das völlig aus, um für die dörfliche Gemeinschaft zum Außenseiter zu werden und Argwohn, Furcht oder Haß auf sich zu ziehen.

Bevor man überhaupt die mit der eigentlichen Errichtung eines Gebäudes verbundenen

Die Wegkreuzung gilt seit der Antike als ein Tummelplatz der bösen Mächte. Hier konnte der Teufel jedem, der ihn bei seinem Namen rief, um Mitternacht erscheinen. Die Kirche stellte hier Kalvarienberge auf, um die bösen Geister zu vertreiben. – Kalvarienberg im Dauphiné.

Rituale in Angriff nahm, galt es meist, die Gebote bezüglich der Auswahl des Bauplatzes zu berücksichtigen. Dieses Vorgehen war absolute Regel, ebenso bindend wie die Teilnahme an den großen Ackerritualen, die den Lebensrhythmus der traditionellen bäuerlichen Welt bestimmten. Die rituellen Praktiken, die das Zeichen sind für die erste Inbesitznahme des Bodens, auf dem das Gebäude errichtet wird, scheinen deshalb eher darauf abzuzielen, sich die natürlichen Kräfte gewogen zu machen, die dort verbleiben sollen, als etwa die bösen Mächte zu vertreiben, die sich dort befinden könnten. Die Auswahl des Bauplatzes ist bereits ein magischer Vorgang. So geht der Gedanke einer Weihe des Platzes, den man bebauen will, Hand in Hand mit dem Opfer, das man den Kräften darbringt, die dort heimisch sind. Die vorherige Segnung des Geländes, das bebaut werden soll, ist in den Landgegenden noch sehr verbreitet. Die Opfer, die man den Kräften darbringt, deren Ruhe man stört, sind in gewisser Weise gleichbedeutend mit einer Entschädigung; sie waren bis zum Ende des neunzehnten Jahrhunderts gang und gäbe und zeigen eine auffallende Ähnlichkeit mit den heute noch bei gewissen Stämmen in Afrika oder Asien üblichen Bräuchen. Ein geopfertes Huhn, das am Bauplatz eingegraben wird, dient als Test, um die Zustimmung oder Ablehnung der okkulten Mächte zu erkennen, denen dieser Platz gehört. Verschwindet es, wird das Opfer angenommen und der Bau kann begonnen werden; verwest es dagegen an der Stelle, an der man es begraben hat, schwebt das Unheil über dem zukünftigen Bauwerk und seinen Bewohnern. Zwar scheint dieses Ritual, das dem eigentlichen Bau vorangeht, vollkommen verschwunden zu sein, doch sind andere, die den eigentlichen Bau betreffen, teilweise oder generell lebendig geblieben.

Lange Zeit hindurch bestand in so gut wie allen ländlichen Gegenden der Brauch, nach Fertigstellung der Fundamente das Blut eines Tieres aus dem Geflügelhof darüber zu vergießen, meistens das eines Hahns, aber manchmal auch eines Huhns oder einer Ente. Dieses Tieropfer kann sehr wohl die abgeschwächte Form von Menschenopfern sein, die, wenn man den Historikern der Antike glauben darf, den Beginn der Errichtung bedeutender Bauwerke bezeichneten. Es ist ziemlich unwahrscheinlich, daß solche Bräuche noch zur Zeit der Römer üblich waren. Da begnügte man sich bereits mit Tier- und Pflanzenopfern. Zahlreiche Volkssagen berichten von solchen Menschenopfern; besonders bei der Errichtung von Brücken sollen unter den Pfeilern häufig Erwachsene oder Kinder lebendig begraben worden sein. Zumindest muß daraus geschlossen werden, daß der Opfergedanke lange Zeit hindurch praktiziert wurde, um die bösen Mächte auszuschalten, die den festen Stand eines Bauwerks gefährden konnten.

Wie dem auch sei, der Verweis auf die läuternde Kraft des Blutes kehrt unter verschiedenen Aspekten während der gesamten Errichtung des Bauwerks wieder. In manchen Fällen

1

2

Nichts als ein Schmuckelement? Unleugbar ist der ästhetische Wert dieser Firsttöpfereien, die in vielen Gegenden die Dächer schmücken. Aber sie wurden ursprünglich gewiß nicht nur zur Zierde dort angebracht. Allein die Formen – glückbringende Vögel oder Krüge, die man zuvor beim rituellen Umtrunk zu Abschluß der Bauarbeiten benutzt hatte – sind ein deutlicher Beweis für ihre Schutzfunktion.

1. Dach im Cotentin
2. Dach im Limousin
3. Dach im Limousin

3

Firsttöpfereien, wie man sie im Guyenne, im Limousin, im Poitou oder in der Saintonge finden kann.

wurde das Blut über die allererste gemauerte Steinschicht gegossen. Aber häufig wurde auch ein ganzes Tier als Opfer in den Fundamenten eingemauert. So hat man mehrfach unter den Mauern alter Land- oder Stadthäuser die Leichen von Katzen gefunden, die offensichtlich lebendig eingegraben worden waren (1). Dieses Tier gilt als Symbol für die Kräfte des Bösen, ebenso die Kröte, die man heute noch opfert, indem man sie in die Fundamente einmauert.

Aber auch Gegenstände von glückbringender Eigenschaft können verwendet werden, will man das Gebäude schützen, das man zu errichten im Begriff ist. So findet man sehr häufig die Steinaxt in den Fundamenten eingemauert, von der wir noch sehen werden, welch große prophylaktische Bedeutung ihr der Volksglauben beimißt. Ähnlich ist es mit Gold- und Silberstücken, die unter den Grundstein des Gebäudes gelegt werden oder auch ins Innere einer kleinen Aushöhlung, die in den Stein geschlagen und dann fest verschlossen wurde. Das heutzutage für diesen Zweck verwendete Geldstück ist kein direkter Ersatz für diesen alten Brauch; heute geht es eher darum, einen Beweis für das Alter des Bauwerks zu hinterlassen, als eine Opfergeste zu machen. Die Formel, die die Zeremonie der Grundsteinlegung im Morbihan begleitet, zeigt sehr genau die Bedeutung, die man in unserer Zeit dem Vorhandensein dieser Münzen beimißt: »Wenn dieses Haus zusammenfällt, wird man dich im Grundstein finden, du wirst bezeugen können, wie lange Zeit es überdauert hat« (2). Das ursprüngliche Ritual wird hier überdeckt durch die zweckgebundene Bedeutung, die man dem Vergraben der Steine beimißt. Manchmal sind in den Stein selber Formel und Datum eingemeißelt, die vom Alter des Bauwerks zeugen. Aber häufig finden sich neben diesen Steinen Gold-, Silber oder Bronzestücke, dann zeigt sich die völlig andere Bedeutung dieser Gaben – hier wird der Opfercharakter offensichtlich. In vielen Fällen legt man statt der Metallstücke Medaillen mit Heiligenbildern, die zuvor geweiht wurden, unter den Grundstein. Damit wird das Haus der Obhut des Schutzpatrons oder der Heiligen Jungfrau unterstellt. Die bösen Kräfte, die sich sonst bemerkbar machen könnten, sind damit unschädlich gemacht. Zwei über Kreuz in das Fundament eingemauerte Steine haben die gleiche Bedeutung. Auch das mit dem Meißel in den Grundstein eines Gebäudes eingeschlagene Kreuz ist ein magisches Zeichen, das den Schutz des gesamten Bauwerks sichern soll. Damit gelangen wir zu den umfassenderen Zeremonien, die seit jeher die Grundsteinlegung eines Gebäudes begleitet haben.

In vielen Gegenden achtet man sorgfältig darauf, die Grundsteinlegung am Samstagabend vorzunehmen. Die religiösen Zeremonien des folgenden Tages sollen dem Ritual noch eine zusätzliche Weihe verleihen. Aber selbst wenn nicht genau dieser Zeitpunkt der Woche eingehalten werden kann, so versammeln sich zum Ritual der Grundsteinlegung auf alle Fälle

1. Man hat in vielen Schlössern, Kirchen und Klöstern den Nachweis dafür gefunden, daß dort ähnliche Praktiken üblich waren.

2. Vgl. Sébillot: *Le Folklore de France,* Paris 1907.

Das Limousin gehört zu den Gegenden mit den schönsten Firstspitzen. Oft sind sie von sehr einfacher Form, doch die schönsten von ihnen sind von sehr raffinierter Machart. Aus kreiselförmigen, durchbrochenen Aufsätzen senden sie an sehr windigen Tagen Pfiffe aus. Manche von diesen Dachspitzen stammen noch aus dem 17. Jahrhundert.

Haus im Périgord

die ganze Familie, die nächsten Verwandten und die Bauarbeiter in feierlicher Stimmung rund um den Stein. Bei dieser Zeremonie ist alles von Bedeutung: das Alter der Anwesenden, die Worte, die gesprochen werden, die Anordnung der dabei verwendeten Gegenstände und die dabei ausgeführten Gesten. Es scheint, als wolle man durch die äußere Form und den zeremoniellen Charakter einen nachhaltigen Eindruck auf alle, die an diesem Akt teilnehmen, machen, um eine verschwörerische Übereinstimmung zu schaffen, deren Auswirkung auf den Stein zurückstrahlen soll, der das zu vollendende Gebäude symbolisiert. Fast immer kommt dem jüngsten Kind des Besitzers die Aufgabe zu, auf den Stein zu schlagen, um ihm einen festen Sitz zu geben. In selteneren Fällen übernimmt ein junges Mädchen oder ein alter Mann diese Aufgabe. Die Wahl einer extrem jungen oder extrem alten Person könnte sowohl auf der Ansicht beruhen, daß eine gewisse Unschuld notwendig sei, um den Kräften entgegentreten zu können, die sich durch den Bau gestört fühlen wie auf dem in vielen Gegenden verbreiteten Glauben, daß derjenige, der diesen Grundstein legt, sich in große Gefahr begibt. Auf jeden Fall schlägt man mit dem Hammer oder mit der Kelle auf den Stein, entweder dreimal – drei ist die magische Zahl, die auf die Heilige Dreifaltigkeit anspielt – oder beliebig oft. Was dann insofern Konsequenzen hat, als der Hausherr den am Bau beteiligten Arbeitern ebenso viele Gläser oder Krüge Wein zum Trinken anbieten muß. Die Anzahl der Hammerschläge, die in direkter Beziehung zur Großzügigkeit des Bauherrn steht, spielt, wie wir noch sehen werden, in allen Ritualen eine Rolle, die den Hausbau begleiten. Der tiefere Grund dafür ist nicht genau bekannt. Vielleicht geht es darum, durch die Schläge die Geister aus dem Stein zu vertreiben. Vielleicht sollen die symbolischen Schläge auf zukünftige Schwierigkeiten hinweisen, denen die Handwerker bei ihrer Arbeit begegnen werden – und man gesteht ihnen deshalb bereits vorab eine Entschädigung zu. Auf jeden Fall hat sich das Opferziel verlagert. Man besprengte ursprünglich den Stein mit Blut und später mit Wein. Nun wird der Wein den Arbeitern angeboten. Diese Weiterführung eines Brauches, bei dem die zutiefst zugrundeliegenden Motivationen vergessen sind, führt unweigerlich dazu, daß die im einzelnen vorgenommenen Gesten unverständlich werden. Viel unmittelbarer ist der Sinn der Kreuze zu verstehen, die die Anwesenden während der Zeremonie mit dem Finger auf dem Stein ziehen, ein Brauch, der in vielen Gegenden nachzuweisen ist. Auffällig ist auch, daß das Werkzeug, das man zum Einschlagen des Steins benutzt, einer Veränderung unterzogen werden muß. So wie die Kräutersammler früher die Kräuter nicht mit einem Eisenwerkzeug schneiden durften, verwendet man bei der offiziellen Grundsteinlegung öffentlicher Bauten nicht das normale Werkzeug, sondern eine Silberkelle. Im ländlichen Milieu begnügt man sich oft damit, den Hammer oder die Kelle mit Bändern zu schmücken, die

Allenthalben kehren in den Verzierungen der alten Bauernhäuser die Sonnensymbole wieder: In Form von Sonnenrädern mit keulenförmigen Blättern, als Hakenkreuze oder Rosetten. Altbewährt als schützende Zeichen findet man sie über den Hausfassaden – wie diese Verzierung hier an einem Haus im Sundgau –, auf dem Türsturz oder an Möbeln und häuslichen Gegenständen. An diesen wichtigen Punkten des Hauses angebracht, wenden sie bösen Blick und Zauberei ab.

hier wie auch bei anderen Anlässen des Familien- oder Gemeindelebens eine läuternde Rolle spielen (3); das Werkzeug dient nicht mehr als Werkzeug, sondern als sakrales Requisit. Auch die bei der Zeremonie der Grundsteinlegung gesprochenen Worte sind überlieferte Heilsformeln und lassen keine Improvisation zu. Abgesehen von den Gebeten, die an die Heiligen oder an Gott gerichtet sind, gibt es ein ganz besonderes Repertoire von Sprüchen im Überlieferungsschatz der Bauarbeiter oder der Dorfgemeinschaft, um den Stein zu segnen. Diese Sprüche werden meist vom Bauherrn oder vom Maurermeister vorgetragen. Abschließend gibt es bei jeder Grundsteinlegung die üblichen Zechgelage.

Aber die Rituale sind nicht mit der Grundsteinlegung beendet. Bis zum Abschluß der Bauarbeiten finden noch eine Reihe von Handlungen statt: die von den Erbauern ergriffenen Vorsichtsmaßnahmen, mit denen sie sich gegen jeden Eingriff des Bösen absichern wollen. Die Zeremonie der Grundsteinlegung kann also das Gebäude noch nicht endgültig schützen. Sie ist nur eine Station bei der Erstellung des magischen Schutzschildes, das der zukünftige Bau eigentlich darstellen soll. Noch während des Erstellungsprozesses sichert man dem Gegenstand Mittel des Widerstandes gegen okkulte Kräfte. So spielt auch die Beschaffenheit des beim Mauern verwendeten Mörtels offensichtlich eine wichtige Rolle. Bis ins neunzehnte Jahrhundert hinein war es sehr verbreitet, Tierblut in den Mörtel zu mischen. Die von Ort zu Ort variierenden Rezepte gaben genau an, welches Mischungsverhältnis einzuhalten war, um dem Mörtel die Festigkeit zu verleihen, die man von ihm erwartete. Tatsächlich wird in keinem der einschlägigen Texte, auch in den sehr alten nicht, die Verwendung von Blut im Mörtel auch nur andeutungsweise rituell begründet, sondern im Gegenteil rein technisch, als handwerklich erforderlich. Es scheint also, daß die Verwendung des Blutmörtels schon vor langer Zeit ihren Opfercharakter verloren hat, was schon allein die Tatsache beweist, daß das Blut, das zur Festigung der Konsistenz des Mörtels beitragen kann, durch Wein ersetzt wurde, der keine bindenden Eigenschaften besitzt und nur genauso aussieht. Der Gebrauch von Blut und Wein existierte jedoch gleichzeitig. Blutmörtel fand noch in einer Zeit Verwendung, als bereits mit Weinmörtel gebaut wurde. Es gibt einen Text aus dem fünfzehnten Jahrhundert, in dem bereits vom »Verkauf saueren Weines an einen Gastwirt zur Herstellung von Wassermörtel« die Rede ist (4). Die Verwendung von Blut beim Hausbau ist allerdings zwei Jahrhunderte später immer noch üblich. So heißt es anläßlich des Wiederaufbaus der Kathedrale Sainte-Croix in Orléans im Jahre 1675: »Um den Pfeiler auszubessern, der die Diagonale trägt, sollte man die Fugen öffnen und sie mit gutem Mörtel und Ochsenblut füllen« (5). Noch präziser berichtet das *Manuel pratique des constructions rustiques*, das »Praktische Handbuch für ländliche Bauten« (6), von 1836 über die

3. Man findet die Bänder sowohl an den Maibäumen wie bei Tauf- oder Hochzeitszeremonien oder zur Feier wichtiger Ereignisse.

4. Vgl. G. Jeanton: *Le mortier de sang et la tradition paysanne en Bourgogne.*

5. B. Edeine: *La Sologne,* Bd. I, S. 306.

6. »Manuel pratique des constructions rustiques ou guide pour les habitants des campagnes et les ouvriers dans les constructions rurales« von M. de Fontenay.

Die nach oben hin offenen Schornsteinschlünde waren für die Bewohner ländlicher Gegenden lange Zeit hindurch Anlaß ernster Besorgnis. Ähnlich wie die anderen Öffnungen des Hauses boten sie Zauberern und Dämonen die Möglichkeit, auf direktem Weg ins Haus hineinzugelangen. Deshalb umgab man sie stets mit besonderen Vorsichtsmaßnahmen: Man befestigte zum Beispiel ein Kreuz aus Holz oder Eisen über der Schornsteinöffnung oder hängte einen Faustkeil in den Schornstein hinein, um bösen Zauber abzuwenden.

Schornsteinöffnung an einem Haus in der Rouergue.

Haus in der Gegend von Maurienne.

Mörtelherstellung: »Man stellt ihn aus ungelöschtem Kalk her, den man mit Ochsenblut löscht...« Ganz offen empfahl man früher, dem Mörtel Salz beizumischen, damit der Böse keinen Schaden anrichten konnte. Wir werden im nächsten Kapitel sehen, welche Bedeutung das Salz in den Alltagsbräuchen im Kampf gegen die bösen Geister spielt.

Es kann kein Zweifel daran bestehen, daß die Verwendung von Tierblut im Mörtel beim Bau alter Landhäuser ursprünglich auf Kultopfer zurückgeht, denn zum einen waren Schlachtopfer über den Fundamenten sehr verbreitet, und zum anderen wurden, abgesehen vom Blut, auch die Knochen der Tiere verwendet, um »den Mörtel zu festigen«. Es kam tatsächlich sehr häufig vor, daß Knochen hinzugefügt wurden: entweder in Form einzelner kleiner Knochen oder ganzer Skelette von kleinen, ja sogar von großen Tieren. Für diesen Zusammenhang ist bezeichnend, daß man in den Mauern und an architektonisch wichtigen Punkten von Bauernhäusern und Kirchen Schädel von Pferden oder Rindern gefunden hat. Aber am deutlichsten wird der Opfercharakter bei Vorgängen, bei denen lebende Tiere in die Wände eingemauert wurden. So hat man mehrfach in alten Gemäuern Katzenskelette gefunden, aus deren Haltung zu ersehen war, daß man sie lebendig eingeschlossen hatte.

Die Opferung der Katze, die uns in den ländlichen Bräuchen immer wieder begegnet, scheint ebensosehr ein den okkulten Kräften gezollter Tribut gewesen zu sein wie eine symbolische Zerstörung der Kräfte des Bösen, das dieses Tier symbolisierte. Ähnlich kann die Einfügung von Eiern ins Mauerwerk als Opfergabe verstanden werden oder als Vorsichtsmaßnahme zur Abwehr bösen Zaubers, zumal, wenn es sich um Eier handelt, die am Abend vor dem Gründonnerstag gelegt wurden. Wir werden noch sehen, daß diese Eier, die als unverweslich gelten, die besondere Eigenschaft besitzen, sowohl die Dämonen als auch Blitz und Feuer abzuhalten. Denken wir auch daran, daß die Opferung von Eiern, Wein und Öl bis ins vergangene Jahrhundert hinein in Gegenden wie in der Bretagne beim Straßenbau praktiziert wurde.

Die gleiche abwehrende Kraft besitzen prähistorische Gegenstände, wie Steinaxt oder Pfeilspitze. Deren Fähigkeit, den Blitz abzuhalten, wurde zu allen Zeiten von den ländlichen Bevölkerungen anerkannt (7). Man findet diese Gegenstände nicht nur im Mauerwerk, sondern auch in den Fundamenten, im Giebel, unter der Schwelle oder unter der Feuerstelle.

7. Vgl. Kapitel IV: »Gegenstände mit schützenden Eigenschaften.«

Sehr verbreitet ist auch der Brauch, die bei der Feier der Grundsteinlegung geleerten Flaschen mit einzumauern. Die Flaschen werden entweder vertikal oder häufiger horizontal eingefügt, wobei der Flaschenboden auf gleicher Ebene mit der Außenwand der Mauer liegt. Die Funktion dieser Flaschen bei der Grundsteinlegung verlieh ihnen eine gewisse Weihe, und als geweihte Objekte werden sie in die Mauern eingefügt. Eine ähnliche gewichtige Rolle

Die Katze ist das Tier des Teufels; schwarz ist sie noch gefährlicher. Selbst wenn sie vor dem Kamin schlummert, verrät sie sich als Zaubertier: Ihr ganzer Körper bleibt regungslos, während sich ihr Schwanzende bewegt. Immer nahm sie am Sabbat teil. Man versuchte sie daran zu hindern, indem man ihr das Schwanzende oder eine Ohrspitze abschnitt, weil jede Art von körperlicher Unzulänglichkeit ihr den Zugang verbot.

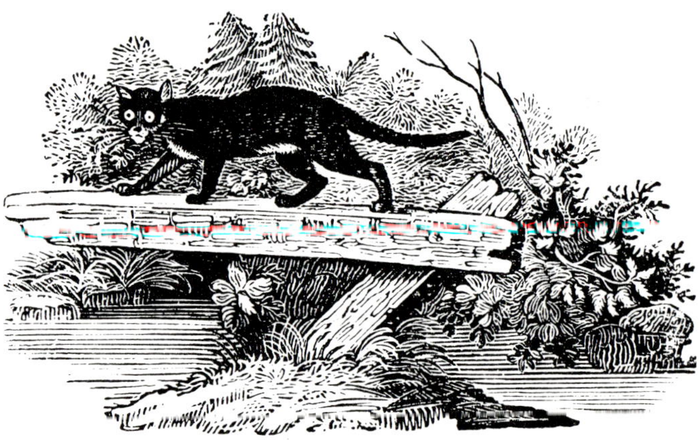

Grundstein an einem Gebäude im Avranchin.

BENEDIC
DOMINE

spielen die Flaschen, die beim Abschluß des Baus geleert werden. Es kommt auch vor, daß nur eine einzige Flasche eingemauert wird, die dann ein Papier enthält, auf dem die Namen des Eigentümers und der wichtigsten am Bau beteiligten Handwerker verzeichnet sind. Wir finden hier in abgewandelter Form den alten Brauch der Maurergesellen wieder, einen »Hausstein« einzusetzen. Aus diesem Stein, den man in Manneshöhe in die Hausmauern einfügte, war eine Höhlung herausgemeißelt, in die man ein Papier legte, das die wesentlichsten Angaben über den Eigentümer und die am Bau beteiligten Handwerker enthielt; man fügte meist noch einige Geldstücke hinzu. Im Verlauf einer Zeremonie verschloß man diese Höhlung durch einen Stein. Abgesehen von dem begleitenden Ritual, das dem der Grundsteinlegung ähnelt, zeigt sich hier also das eindeutige Bedürfnis, im Inneren des Bauwerks Zeugnis von den Menschen abzulegen, die daran beteiligt waren.

Noch weitere Bräuche mehr oder minder allgemeiner Art begleiteten die Errichtung der traditionellen Bauwerke: beispielsweise solcher, die sich auf die Gerüste bezogen, mit deren Hilfe man die Mauern errichtet hatte. Die Vertiefungen, die in den Mauern verblieben, nachdem man die Holzbalken entfernt hatte, füllte man mit Mörtel, in den man oben ein Kreuz einritzte. Tat man dies wirklich nur, damit man diese Stellen im Falle einer Renovierung schnell wiederfand? Man darf es bezweifeln, da diese Mörtelfüllungen im Mauerwerk deutlich erkennbar waren. Ebensowenig hat man sich bisher für eine der vielen Erklärungen entscheiden können, die den »Bindern« gelten, jenen Steinen, die in vielen Gegenden aus den Giebelwänden der Häuser herausragen. Alle befragten Handwerker behaupten, die Anzahl dieser Steine entspräche der Zahl der Gläser Weines, die der Bauherr, glücklich über den sorgfältig ausgeführten Bau, den Arbeitern offerierte. Bei Bruchsteinmauern haben diese Steine tatsächlich tragende Funktion. Aber man findet sie auch in durchgemauerten Wänden, und in diesem Fall ist der Grund für ihr Vorhandensein keineswegs mehr so offensichtlich. Man erklärt sie deshalb meist als Auflagesteine für den Gerüstbau bei einer möglichen Restaurierung: Doch schließt die wahllose Anordnung der Steine in vielen Fällen diese Hypothese völlig aus. Schließlich findet man auch noch die Erklärung, daß diese Steine in Fällen, in denen ein Haus unmittelbar an das andere angebaut wurde, der besseren Verankerung dienten. Tatsächlich kann sich dies in manchen Fällen als sehr hilfreich erweisen, doch hält diese Begründung für isoliert stehende Häuser nicht stand. Wie dem auch sei – unbestritten ist, daß in jedem dieser Fälle ein direkter Zusammenhang gesehen wird zwischen dem Vorhandensein dieser Binder und den Trinkgelagen, die den Hausbau begleiten. Selbst wenn es keinen Beweis dafür gibt, daß diese Steine tatsächlich eine bösem Zauber vorbeugende Funktion haben, und selbst wenn die technische Begründung in vielen Fällen stichhaltig ist,

Haus im Nivernais.

An vielen Bauernhäusern fallen ungleichförmige, in die Giebelwände eingefügte Steinblöcke auf, die sehr deutlich aus der Mauerfläche herausragen. Weder der Erbauer noch die heutigen Bewohner sind in der Lage, eine befriedigende Erklärung dafür abzugeben: Auflagesteine für ein Gerüst; Zeugnis einer gut ausgeführten Arbeit, die durch so viele Krüge Wein belohnt wird, wie die Mauer Bindersteine aufweist; Verankerungssteine für ein Haus, das später angebaut werden soll? Das Ritual, mit dem man ihre Einfügung feierte, gibt auf jeden Fall zu denken.

stünde immer noch eine Erklärung der Riten aus, die den Einbau dieser Binder begleiten. Aber nach dem Abschluß der Maurerarbeiten begannen die Zimmermannsarbeiten, und die daran beteiligten Handwerker versäumten es nie, ihrer Arbeit mit dem Einschlag des ersten Dübels einen feierlichen Auftakt zu geben. Auch diese Ehre kam wieder dem Bauherrn oder dem jüngsten seiner Kinder zu, und soviele Hammerschläge wie notwendig waren, um diesen Dübel einzuschlagen – der häufig kunstvoll bearbeitet und mit Bändern geschmückt war –, so viele Flaschen mußte der Hausherr den Zimmerleuten offerieren.

Jede Bauphase wird so von besonderen Zeremonien begleitet, die Bauherren und Handwerker in unmittelbaren Kontakt zueinander bringen. Die Beendigung der wesentlichen Bauabschnitte war von ähnlichen Bräuchen begleitet.

Die Bräuche bei Beendigung des Bauwerks

Ähnlich wie die Grundsteinlegung wurde auch die Beendigung der Maurerarbeiten oder zumindest der Arbeiten am Erdgeschoß mit einer Zeremonie gefeiert. Man befestigte zu diesem Anlaß an der Fassade einen mit Bändern verzierten Blätterkranz und leerte zur Feier des Tages mehrere Flaschen Wein. In der Champagne bestand noch bis zu Beginn des zwanzigsten Jahrhunderts der merkwürdige Brauch, daß die Handwerker der Tochter des Hauses einen Strauß aus weißen Blüten schenkten, sobald das zweite Zimmer des Hauses fertiggestellt war; der Bauherr mußte sodann die Maurer zum Wein einladen. In der gleichen Gegend mußte der erste, unter dem die ins obere Stockwerk führende hölzerne Treppe erknarrte, eine Flasche ausgeben. Überall – wenn auch nach Region verschieden – wurden die einzelnen Bauabschnitte und auch die einzelnen Phasen der Innenausstattung (wie wir noch sehen werden) von einer Vielzahl von Riten »zweiten Ranges« begleitet.

Doch sind sie nicht zu vergleichen mit jenen Riten, mit denen man die Fertigstellung des Dachstuhls und des Dachs feierte, also den Abschluß der Bauarbeiten im engeren Sinn. Sobald der letzte Balken am Dachstuhl befestigt war, feierte man in allen Regionen das Richtfest. Abhängig vom Brauchtum der jeweiligen Gegend mußte entweder eines der Kinder oder der Bauherr oder seine Frau oder der Zimmermann selbst den Strauß, Kranz oder Baum an einem der Giebel anbringen. Manchmal forderte man den Hausherrn gleichzeitig auf, einen der letzten Dübel einzuschlagen. Er mußte dann – genau wie bei den Ritualen zum Ein-

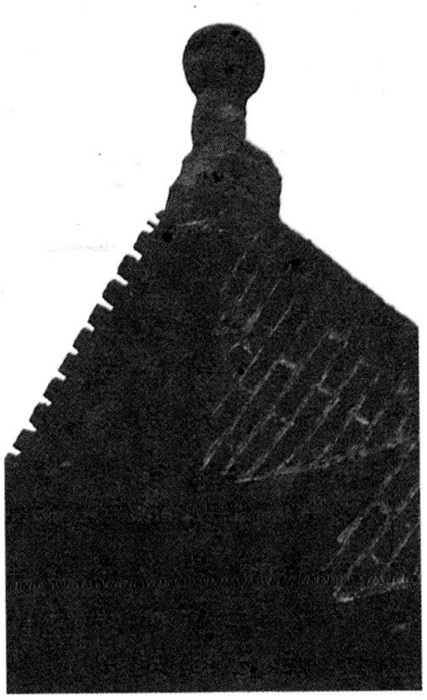

Der alte Steinkult hat auf dem Land zahllose Spuren hinterlassen. Obwohl die Kirche ihn unablässig bekämpfte, seine Anhänger verfolgte und ihre »Idole« zerstörte – sofern sie nicht die am meisten verehrten christianisierte –, blieb die Verehrung der Steine, die das Haus schützten, bösem Zauber vorbeugten und Fruchtbarkeit brachten, das ganze Mittelalter hindurch und darüber hinaus bis ins 20. Jahrhundert in den verschiedensten Spielarten lebendig. Vielleicht muß man auch in den Steinkugeln, die auf die Giebel zahlreicher Häuser aufgesetzt sind, mehr sehen als einfache Schmuckelemente – um so mehr, als die symbolische Bedeutung der Kugel durch zahlreiche Fruchtbarkeitsriten nachgewiesen ist.

Dach in der Auvergne. – Dach in der Picardie.

Taubenschlag in der auvergnischen Limagne.

schlag des ersten Dübels – ebenso viele Flaschen ausgeben wie er Hammerschläge gebraucht hatte. Dieser letztgenannte Brauch scheint endgültig verschwunden, der Brauch des Richtstraußes dagegen besteht noch immer in allen Regionen. Dieser Strauß kann sehr unterschiedlich aussehen: meistens ist es tatsächlich ein Feldblumenstrauß, manchmal sind es auch bändergeschmückte Kränze (8). Aber sehr häufig setzte oder setzt man auch einen Strauß aus frischen Zweigen aufs Dach, den Ast von einem Baum oder sogar einen richtigen kleinen Baum. Manchmal, aber sehr selten, brachte man ein Horn an. Noch im Jahre 1976 entdeckten wir in der Gegend von Mâcon einen Neubau, der an einem Giebel mit einem Baumast und am anderen mit zwei Hörnern geschmückt war. Der Brauch des Richtstraußes erhält in diesem Fall eine besondere Bedeutung. Auch wenn man davon ausgehen kann, daß der Strauß, der zum Richtfest angebracht wird, letztlich nur den Abschluß der Arbeiten symbolisiert, zeigt sich in der Befestigung des Hornes – dem man im übrigen besondere Eigenschaften zur Vorbeugung oder Abwendung von bösem Zauber beimißt – das eindeutige Bestreben, einen besonderen Schutz auf den Bau herabzubeschwören. Wir finden das schützende Horn auch am Dachfirst befestigt, eingemauert in die Fassade oder einfach neben der Eingangstür aufgehängt. In Frankreich findet man heutzutage – vor allem in den Städten – anstatt des Richtstraußes auch sehr häufig die Trikolore. Zum Schluß bliebe vielleicht noch anzumerken, daß der auf dem Dach befestigte Strauß in manchen Gegenden ein kleines, aus Gräsern oder Zweigen geflochtenes Kreuz enthielt. In manchen Fällen war ein bändergeschmücktes Holzkreuz in diesen Richtstrauß eingebunden. Auch die Dachdecker ritzten Kreuze in den Mörtel, mit dem sie Ziegelwölbungen ausfüllten. Man gewinnt hier den Eindruck, daß die empfindlichsten Stellen des Daches zusätzlichen Schutz benötigten; als reichten die Mittel der Technik allein nicht aus, als müsse man sich die zusätzliche Unterstützung der durch diese Zeichen und Gegenstände symbolisierten Kräfte sichern. Die beim Umtrunk zur Feier der Fertigstellung des Dachstuhls und des Dachs verwendeten Gefäße erhielten dadurch eine gewisse Weihe. Flaschen und Gläser, die man dabei benutzt hatte, durften nicht noch einmal gebraucht werden: Sie wurden deshalb zerschlagen oder direkt in das Gebäude eingebaut. So findet man sie also eingefügt in die Mauer, oberhalb der Tür oder, und das ist bei weitem der häufigste Fall, an der Schornsteinmündung oder auf dem Dachfirst. Häufig erhält nur die allerletzte Flasche, die von den Arbeitern geleert wurde, einen solchen Ehrenplatz; in manchen Fällen dient sie als Behälter für den Richtstrauß. Der festliche Umtrunk ist also eng mit dem Brauch des Richtstraußes verknüpft. Wenn man weiß, daß die Maurer und Zimmerleute früher gerne ihr vollendetes Werk mit Wein besprengten, so erkennt man in diesen Bräuchen eine tiefere Bedeutung, die über die fröhliche Feier zum Abschluß der Arbei-

8. Der bändergeschmückte Kranz, von dem wir bereits im Zusammenhang mit den Bräuchen zum »Richtfest« gesprochen haben, taucht in vielen bäuerlichen Bräuchen auf. Nahezu unentbehrlich sind diese Kränze bei den Feiern zum 1. Mai.

Der Abschluß der Zimmermanns- und Überdachungsarbeiten war von jeher Anlaß für besondere Bräuche, zu denen sich Bauarbeiter und Hausbesitzer zusammenfanden. Den Firststrauß setzt man auch heutzutage noch, sogar in städtischen Gegenden, aufs Haus: Ein Ast, ein Blumenstrauß oder ein Kranz schmücken die Dächer der Neubauten.

 Haus bei Autun.

ten weit hinausgeht. In manchen Gegenden gossen die Arbeiter nach dem Umtrunk zum Abschluß der Bauarbeiten die letzten Tropfen aus ihren Gläsern auf die Türschwelle. Der Opfergedanke wird hier ganz offenbar. So darf man auch die auf dem Dachfirst befestigte Flasche als einen Beweis für das vollzogene Opfer betrachten: Auf jeden Fall hat diese bemerkenswerte Firstspitze prophylaktischen Charakter, soll sie die Funktion des Blitzableiters erfüllen, die früher den Donnersteinen zukam, die man haargenau an der gleichen Stelle anbrachte. Die mit Weihwasser gefüllten Tonvasen, die man bis ins vergangene Jahrhundert hinein am äußersten Ende des Dachfirstes befestigte, scheinen diese Hypothese durchaus zu bestätigen. Die Tatsache, daß die als Firstspitzen sehr verbreiteten Tonkrüge häufig Steinäxte oder Johanniskräuter enthalten, ist ein weiterer Beweis für die Verbindung, die zwischen diesen verschiedenen Spielarten der Firstspitze besteht.

In den Pyrenäen brachte man bei Neubauten an einem der Giebel einen nur leicht behauenen Stein an. Kann man zwischen diesem Stein und der tönernen Dachspitze nicht eine ähnliche Verbindung sehen, wie wir sie zwischen der Flasche und der Firstspitze aufgezeigt haben? Der Steinkult ist noch immer so lebendig geblieben, daß diese Hypothese durchaus glaubhaft erscheint. Setzt man diesen letzten Stein auf das Hausdach auf, so hat dies eine völlig andere Bedeutung als die Riten, mit denen man den Abschluß der Bauarbeiten markiert. Dieser Stein symbolisiert in gewisser Weise das Bauwerk in seiner ganzen Eigenart. Es besteht ja aus eben diesem Material – ebenso wie die drei Ziegel, die man pyramidenförmig über dem Giebel flämischer Bauernhäuser anbringt; auch sie stellen so etwas wie ein aufs Wesentliche reduzierte Modell des gesamten Bauwerks dar. Sehr bedeutsam in diesem Zusammenhang erscheint uns auch das sichelförmige Stück eines gewölbten Ziegels, das häufig die Hausgiebel im Süden Frankreichs, vor allem im Roussillon, ziert. Die Unauffälligkeit dieses Gegenstandes, der keineswegs sogleich ins Auge fällt, verbietet von vornherein, ihn als Schmuckelement zu deuten. Seine unverkennbare Ähnlichkeit mit einem Horn dagegen mag sehr wohl ein Beweis dafür sein, daß er hier als magisches Element eingesetzt ist, um den bösen Blick abzuwenden. (Doch haben wir gerade in dieser Gegend auf den Dächern keine Tierhörner entdeckt, wie man sie in anderen Gegenden Frankreichs finden kann.) Man bringt diesen Ziegel, der mit seiner Innenwölbung stets dem Dachfirst zugewandt ist, meist gleichzeitig mit dem Richtstrauß auf dem Dach an. Ist das Dach fertiggestellt, so ist das Anlaß für verschiedene Rituale, die immer in einem Festmahl gipfeln, bei dem sich die Bauarbeiter und manchmal auch die Familie des Bauherrn um einen Tisch zusammenfinden. Aber dieses Festmahl findet nicht im Inneren des Gebäudes statt, das man soeben überdacht hat.

Die Weinflaschen, die man zum Abschluß der verschiedenen Bauphasen geleert hatte, erhielten dadurch eine besondere Weihe, die sie zu Glücksbringern machte. In manchen Gegenden fügt man diese Flaschen in die Mauern ein, wobei sich die Flaschenböden auf einer Ebene mit dem Mauerwerk befinden. In den Weingegenden hat man diesen Brauch perfektioniert: Man fügt die Flaschenböden zu Kreuzen. Der schützende Charakter des Kreuzes und das Zeichen des Weinbauern mischen sich hier.

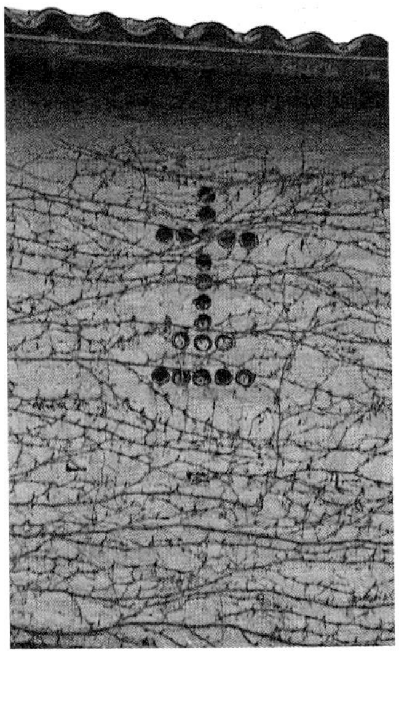

Die Flaschen, die auf dem Dachfirst über dem Giebel eingemauert sind, findet man nicht nur in Weingegenden: Als letzte Flasche, die zu Abschluß der Überdachungsarbeiten geleert wurde oder als das Gefäß, in dem das Weihwasser enthalten war, haben sie eine ähnliche Bedeutung wie die Firsttöpfereien und dabei vor allem schützende Funktion.

Haus bei Mâcon.
Haus bei Sancerre.

Weitere Riten müssen vollzogen werden, bevor die neuen Bewohner einziehen können, bevor das Haus der Familie Schutz und Geborgenheit garantieren kann. Die immer neuen Riten markieren so die allmähliche Inbesitznahme des Gebäudes durch seine zukünftigen Bewohner, von der Grundsteinlegung bis zum endgültigen Einzug.

Der Einzug und die damit verbundenen Bräuche

Sehr tief verwurzelt ist im Volksglauben die Vorstellung, daß den, der als erster ein neu errichtetes Gebäude betritt, ein Unglück treffen wird. Merkwürdig dabei ist, daß das Haus nur dieses einzige Mal dämonische Züge an den Tag legt und erst, wenn es völlig fertiggestellt ist. Dieser Fluch betrifft somit in keiner Weise die Handwerker, die unablässig am Haus beschäftigt waren. Sie können ihre Arbeit in aller Ruhe ausführen; der Fluch, so glaubt man, kann nur die neuen Bewohner treffen. Das fertiggestellte Haus muß also feierlich eingeweiht werden, so wie der Grundstein zu Baubeginn geweiht werden mußte. Nun, da das Haus fertiggestellt und von außen an verschiedenen Punkten durch Zeichen und Gegenstände geschützt ist, muß man, so scheint es, eine Art Blutzoll entrichten, um es auch von innen benutzen zu können. Anläßlich des Einzugs werden nun eine ganze Reihe von Riten notwendig, die, ähnlich wie bei Baubeginn, mit einem Opfer eingeleitet werden. Da der Teufel sich der Seele des Wesens bemächtigt, das als erstes ein neues Haus betritt, mußte man ihm ein Opfer darbringen, um die zukünftigen Bewohner oder Benutzer des Gebäudes zu schützen. Man ließ deshalb eine Katze ins Haus hineinlaufen und schloß sie darin ein, bis sie verhungert war und damit den Fluch auf sich gezogen hatte. War das Haus so durch den Opfertod geweiht, konnte man unbesorgt einziehen. Ähnlich war es mit neu errichteten Brücken. Bevor man sie benutzen konnte, mußte man ein Tier darüberlaufen lassen, das den Fluch auf sich zog. Man ließ eine Katze, einen Hund oder einen Hasen am Brückenanfang frei. Mit diesem lange Zeit üblichen Brauch verbinden sich Sagen vom geprellten Teufel, der sich mit diesen Tieren begnügen mußte, während er doch auf ein menschliches Wesen gelauert hatte. Aber häufig reichte es keineswegs aus, daß das Tier ins Gebäude hineinlief. Fast immer war ein Blutopfer erforderlich. Für gewöhnlich mußte ein Hahn, eine schwarze Henne oder eine Ente diesen Tribut darbringen (9). Man hackte ihnen auf der Hausschwelle den Kopf ab und besprengte

9. Zur Feier der Einweihung des Viaduktes von Garabit warf man eine Katze von der Brücke herab.

Die Bräuche, mit denen man die Fertigstellung des Daches feiert, sind in der Stadt wie auf dem Land lebendig geblieben. Meistens wird der Ast eines Baumes oder ein Blumenstrauß auf dem Dach befestigt; häufig findet man in Frankreich auch die Trikolore. Seltener sind die Hörner, die ebenfalls oben auf dem neu aufgelegten Dach befestigt werden: Ihre Schutzfunktion wird offenbar, wenn man weiß, daß das Horn den bösen Blick abwendet. Haus in der Bourgogne.

Im Roussillon mauert man anstelle der schutzbringenden Hörner Stücke von gewölbten Ziegeln oben am Giebel fest.

Konische Firstspitze aus Ton in Tournès.

Der Hahn spielt eine wichtige Rolle auf dem Bauernhof. Ihm wie allen anderen männlichen Tieren des Hofes und den Bienen teilt man den Tod seines Herrn mit. Dennoch zögert man nicht, ihn zu schlachten. Sehr oft fällt die Wahl auf ihn, wenn man ein Opfer braucht, dessen Blut zum Schutz des Hauses ausgesprengt werden soll. Er fällt häufig auch den großen Festmahlzeiten zum Opfer, die die Hofbesitzer für ihre Erntehelfer ausrichten, sobald der letzte mit Getreide beladene Wagen im Triumphzug in den Hof eingefahren ist.

mit ihrem Blut die Mauern oder den Boden rund um das Gebäude. Das so geopferte Tier wurde meistens verzehrt. In manchen Fällen wird der Gedanke des Opfers oder des Tributs noch deutlicher: dann nämlich, wenn man das Opfertier an Ort und Stelle begrub oder weit vom Haus wegwarf. Es bestand auch der Brauch, ein schwarzes Huhn, bevor man es schlachtete, mit zusammengebundenen Beinen und Flügeln über das Hausdach zu werfen. Offensichtlich wollte man den Dämon vom Haus entfernen, indem man das Opfertier oder einen Teil davon außerhalb des Hauses fortwarf. (In manchen Fällen konnte man sich das Tieropfer sparen, indem man ein bebrütetes Ei zerschlug.)

Für gewöhnlich schlachtete man Hahn, Huhn oder Ente auf der Hausschwelle, doch konnte man diese Opferung auch auf der Steinplatte vor dem Feuer vollziehen. Der Herd als Symbol des Familienlebens wurde durch dieses Blut gegen jeden Angriff des Bösen immunisiert. In den Gegenden, in denen die Reinigung des Herdes durch das Blut nicht üblich war, begnügte man sich damit, ein paar Tropfen Weihwasser darüberzusprengen, bevor man das erste Feuer darin entzündete. Aber im allgemeinen besprengt man das ganze Haus sowohl von innen wie außen herum (10) mit Weihwasser, um alle dämonischen Kräfte daraus zu vertreiben. Dieser Brauch muß wiederholt werden, falls das Haus aus irgendeinem Grund längere Zeit hindurch unbewohnt war, falls sich ein Unglück darin ereignet hat und vor allem natürlich, falls man glaubt, daß es darin spukt. Das ganze neunzehnte Jahrhundert hindurch und noch weit bis ins zwanzigste Jahrhundert hinein wird das Weihwasser erst in zweiter Linie, nach den anderen reinigenden Elementen, eingesetzt. (Wir werden noch sehen, daß die läuternde Wirkung des Wassers in manchen Fällen auch ohne die kirchliche Weihe anerkannt war.)

10. Auch die Brücken wurden vor der Benutzung vom Geistlichen gesegnet.

Das Tieropfer besteht auf die eine oder andere Weise noch immer; man wird dabei fast überall feststellen, daß die Farbe der gefiederten Tiere keineswegs gleichgültig ist. Nach Möglichkeit sollte Hahn oder Henne, die man schlachtet, schwarz sein. Soll hier mittels dieser Farbe das Unglück symbolisiert werden? Da sich die ursprüngliche Bedeutung dieser Riten fortschreitend verschoben hat, erhielten sie dadurch eine Vielschichtigkeit, die sie oft schwer begreifbar macht. In den meisten Fällen ist es jedoch so, daß Huhn, Hahn oder Gans die Einweihung des Hauses mit dem Leben bezahlen müssen. Der Hahn war, wie wir noch sehen werden, seit jeher Träger ganz bestimmter Symbole (Sinnbild der Wiederauferstehung, der Wachsamkeit usw.). Das Huhn hingegen scheint in der altüberlieferten Mythologie keine besonderen Kräfte besessen zu haben. Dagegen glaubte man in der Touraine beispielsweise, der Kopf des Hahns enthielte den bösen Geist. Tötete man dieses Tier, so warf man seinen

Man fand früher in jedem Bauernhaus zumindest eine kleine Salztruhe, wie diese hier aus Lothringen. Das zur Konservierung der Lebensmittel so unentbehrliche Salz spielte früher eine wichtige Rolle in zahlreichen familiären Bräuchen. Zudem fürchten Teufel und Zauberer es ebensosehr wie das Weihwasser. Deshalb wurde die Salztruhe oder Salzbank stets dicht ans Feuer gerückt, das selbst eine läuternde Funktion hatte und zudem das Salz trocken hielt.

Kopf stets über das Dach – auch bei Riten, die in keinem Zusammenhang mit dem Hausbau standen.

Auf jeden Fall fanden die Riten zur Hauseinweihung ihren Abschluß in einem Festmahl, zu dem sich die Familie und die Freunde zusammenfanden. Das Opfertier wurde häufig – aber ohne erkennbare symbolische Bedeutung – bei dieser Mahlzeit verzehrt. Der Festschmaus, den man zur Feier der ersten Aufhängung des Kesselhakens ansetzt, ist ein Symbol für die offizielle Inbesitznahme der Räumlichkeiten durch die neuen Bewohner. Der Kesselhaken ist somit Symbol für die endgültige Übernahme des Hauses. Sein geweihter Charakter wird noch deutlicher, wenn man ihn gen Himmel wirft, in Richtung auf die Wolken, um das Unwetter zu vertreiben. In Flandern bestand früher der Brauch, in einem Haus, das von seinen Bewohnern verlassen wurde, heimlich den Kesselhaken abzuhängen, um ihn den Besitzern in ihrem neuen Heim blumengeschmückt wieder zu überreichen.

Der Ritus der Aufhängung des Kesselhakens spielte also ursprünglich – einmal ganz abgesehen davon, daß man ihn als willkommene Gelegenheit benützte, um den Einzug gebührend zu feiern – bei der Vertreibung der bösen Geister aus dem neugebauten oder neubezogenen Haus eine sehr wesentliche Rolle. Man findet diesen Brauch noch heute sogar in den Städten, wenn er auch seine ursprüngliche Bedeutung verloren hat.

Räumte man Möbel und Hausrat ins neue Haus ein, so mußte dabei eine gewisse hierarchische Ordnung beachtet werden. Zum Beispiel mußten vor allen anderen Dingen Brot und Salz ins Haus hineingetragen werden. Das Salz, das man im übrigen in allen häuslichen Riten verwendet, um die Dämonen zu vertreiben und um den bösen Blick abzuwenden, schützt hier das Brot, das früher das wichtigste Nahrungsmittel des Bauern war und zugleich besondere Verehrung genoß, weil es zeigte, daß die Arbeit des Menschen Gottes Zustimmung gefunden hatte.

Der eigentliche Einzug mit dem gesamten Mobiliar war mit einer ganzen Reihe von Bräuchen verbunden, die noch bis zum Anfang des zwanzigsten Jahrhunderts eingehalten wurden. Bei einem frisch verheirateten Paar war der Augenblick, in dem der Schrank ins Haus getragen wurde, der in Zukunft stets alle kostbaren Gegenstände der Familie bergen würde, von einem ganzen aufwendigen Ritual begleitet, an dem die engsten Freunde teilnahmen. Dieses Möbel, das von nun an einen wichtigen Platz im Leben der Familie einnehmen würde, wurde mit großem Beifall empfangen und feierlich an seinem endgültigen Platz aufgestellt.

Von der Errichtung bis zur endgültigen Inbesitznahme eines Gebäudes muß ein ganzer

Der Kesselhaken, unentbehrliches Küchenutensil, das über dem Feuer befestigt wurde, spielte und spielt manchmal noch eine wichtige Rolle im häuslichen Leben. Er ist ein Schutzsymbol, dessen man sich bei wichtigen Anlässen bedient. Der Augenblick, in dem man ihn zum ersten Mal über dem Herd aufhängt, wird mit einem Festmahl gefeiert; er symbolisiert die endgültige Inbesitznahme eines neuen Hauses und ist zugleich eine Handlung, die vor bösen Geistern schützt. Auf den Kesselhaken greift man auch bei heftigen Unwettern zurück. Man wirft ihn gegen die Wolken, um das Unwetter aufzuhalten.

Komplex von mehr oder weniger wichtigen Riten beachtet werden, die nicht nur die jeweilige Familie angehen, sondern auch die meisten Dorfbewohner. Die Einfügung eines neuen Gebäudes in die dörfliche Siedlung darf nicht das Gleichgewicht stören, in das dieses bereits bestehende Gebilde eingebunden ist. Auf keinen Fall darf dieses neue Gebäude als völlig selbständiges Gebilde betrachtet werden; es steht in unmittelbarer Abhängigkeit von den anderen Häusern, so wie von ihm wiederum eine gewisse Wirkung auf das Dorf ausgeht.

Zwei alte Bräuche zeigen sehr gut die Wechselbeziehung zwischen den Häusern und natürlich mehr noch die zwischen den einzelnen Familien. Der erste betrifft die jährliche Segnung der Häuser. Kein einziges Haus durfte dabei ausgelassen werden, weil sonst das ganze Dorf darunter hätte leiden müssen. Man konnte deshalb nicht zulassen, daß sich auch nur ein einziger Dorfbewohner nicht an die Regel hielt. Der zweite Brauch war besonders in Frankreich, in der Champagne, noch zu Anfang dieses Jahrhunderts lebendig. Sobald ein Haus fertiggestellt war, fanden sich in der Nacht zum Sonntag eine Reihe von Freunden der Besitzer vor dem Haus zusammen, gaben unter den Fenstern des Hauses einige Gewehrschüsse ab und fragten die Bewohner, ob sie einen Scheiterhaufen wollten. Am darauffolgenden Sonntag errichtete man vor der Haustür einen Holzhaufen, aus dem ein langer Mast herausragte; man setzte ihn in Brand, und alle Bewohner des Dorfes tanzten darum herum (11). Diese Willkommenszeremonie für die neuen Dorfbewohner zeigt sehr gut die Bedeutung, die der Aufnahme neuer Mitglieder in die Dorfgemeinschaft beigemessen wurde. Die gegenseitige Verbundenheit, die auch bei den verschiedenen Phasen des Hausbaus zum Ausdruck kommt, finden wir in ähnlicher Weise bei manchen der Bräuche wieder, die die Instandhaltung des Hauses begleiten.

11. Paul Bailly in *Bulletin Folklorique d'Ile de France,* 1954.

Die Instandhaltung der Häuser und die damit verbundenen Bräuche

Die verschiedenen Bauphasen wurden also von einer ganzen Anzahl von Riten begleitet, an denen sämtliche Familienmitglieder teilnahmen, ja sogar die meisten Dorfbewohner. In den Ardennen beispielsweise beteiligten sich alle männlichen Dorfbewohner an der Errichtung des neuen Hauses. Daß die den Hausbau begleitenden Bräuche und Riten selten private

In jenen vergangenen Zeiten, als jede wichtige größere Arbeit von allen Bewohnern des Dorfes oder sogar der gesamten Gegend gemeinsam ausgeführt wurde, bot die Ausbesserung der Fußböden – der gestampften Böden im Wohnhaus oder in der Tenne – einen willkommenen Anlaß für große Zusammenkünfte, bei denen Arbeit und Vergnügen kaum voneinander zu trennen waren. Nachdem man den alten Boden entfernt hatte, füllte man statt dessen eine Mischung aus Lehm, gehacktem Stroh und getrocknetem Kuhmist hinein, die man großzügig begoß. Dann begaben sich die Bewohner des Dorfes oder gar der gesamten Gegend, die vom Hofbesitzer hierzu eingeladen worden waren, in die Tenne und trampelten zum Klang der Musikinstrumente im Takt den Boden fest. So wurde stundenlang getanzt und gestampft, während die Gastgeber Essen und Getränke auffahren ließen. Die Arbeit war anstrengend, aber man gab sich ihr mit Begeisterung hin; die war so groß, daß die Kirche ihr vergeblich Einhalt zu gebieten versuchte und die Behörden im vergangenen Jahrhundert diesen großangelegten Massenvergnügungen schließlich aus Gründen der Gefährdung der öffentlichen Ordnung und Moral ein Ende setzten.

Zeremonien sind, erklärt sich aus drei Faktoren. Einmal aus dem Gedanken heraus, daß bei guten nachbarlichen Beziehungen gegenseitige Hilfe selbstverständlich ist; zum anderen aus der Erkenntnis heraus, daß in einer Gesellschaft mit begrenzten technischen und finanziellen Mitteln jeder jedem helfen muß, und schließlich aus dem allen gemeinsamen Bestreben, zum Schutz eines Gebäudes beizutragen, dessen Gleichgewicht gegenüber den okkulten Kräften wichtig ist für das Gleichgewicht der ganzen Gemeinschaft. Ähnlich lassen sich die gemeinschaftlich vollzogenen Riten zur Instandhaltung der Gebäude erklären. Da sich der Zustand der Häuser und damit auch das innerdörfliche Gleichgewicht mit der Zeit verschlechterte, beteiligten sich stets alle gemeinsam an der Instandhaltung der Häuser im Dorf.

Am spektakulärsten waren zweifellos jene Bräuche, die die Ausbesserung der gestampften Lehmböden in den Gemeinschaftsräumen und vor allem in der Tenne begleiteten. Von Zeit zu Zeit mußten diese Lehmböden vollkommen erneuert werden. Nachdem man den alten Boden aufgehackt und die Erdklumpen entfernt hatte, mußte die frische Mischung aus Lehm, Erde, Asche und Kuhmist, aus der solch ein Boden bestand, mit den Füßen festgestampft werden. Die Festigkeit; die er brauchte, um lange Monate oder gar Jahre hindurch der intensiven Benutzung standhalten zu können, erhielt er nur, wenn man ihn stundenlang mit Holzschuhen und Handrammen bearbeitete. Deshalb wurde diese Arbeit immer gemeinschaftlich ausgeführt: sowohl für den Gemeinschaftsraum wie für die Tenne holte man Nachbarn zu Hilfe, wobei die Zahl der Helfer von der Größe der zu bearbeitenden Fläche abhängig war. Mußte die Tenne auf einem großen Bauernhof ausgebessert werden, strömte an dem Tag, den der Bauer festgesetzt hatte, eine ganze Menschenmenge auf die Baustelle (12). Einen ganzen Tag lang tanzte man dort zum Klang von Violine, Dudelsack und Bombarde, die den Bewegungen der Tänzer ihren Rhythmus gaben, bis der Boden so fest und so eben war, wie er sein sollte. Für diese mühselige Arbeit wurden die Helfer von ihren Gastgebern selbstverständlich aufs üppigste bewirtet, und die gemeinsame Arbeit endete schließlich in zügelloser Ausgelassenheit, die in jeder Hinsicht an heidnische Feste erinnerte. Die Kirche erkannte dies sehr klar, weshalb sie diese in Frankreich »fouleries de place« genannten Veranstaltungen scharf bekämpfte. Nicht ganz zu Unrecht sah sie in diesen Massenversammlungen, die sich der Kontrolle des Pfarrers entzogen, in dieser Verbindung von intensiver Arbeit und Vergnügen, die unmittelbare Weiterführung atavistischer Rituale, die in Konkurrenz zu den kirchlichen Festen standen. Das erklärt auch, weshalb andere notwendige Wiederherstellungsarbeiten an den Häusern häufig an kirchlichen Festtagen vorgenommen wurden. So pflegte man in den Orten der Picardie stets am Tag des Schutzpatrons den

12. Wurden in der Bretagne auf großen Höfen die Tennenböden erneuert, so drängte dazu manchmal eine Menschenmenge herbei, wie man sie sonst nur bei Wallfahrten sah.

Es wäre zu simpel, wollte man die verschiedenen Arten von Dachspitzen auf eine ausschließlich funktionale Bedeutung reduzieren, nämlich die, eine empfindliche Stelle des Daches zu schützen. Sie stehen auch in engem Zusammenhang mit dem Abschluß der Bauarbeiten. So ist es auch mit dieser Flasche, die beim rituellen gemeinsamen Umtrunk geleert und dann über dem Giebel des Hauses befestigt wurde.
Dachspitzen im Limousin.

Il ne faut pas donner aux divers épis de faîtage un rôle uniquement fonctionnel, celui de protéger un endroit sensible de la couverture. Leur présence est liée aussi aux cérémonies de fin de construction. Il en est ainsi de cette bouteille ayant servi aux libations rituelles et scellée au-dessus du pignon d'une maison.

Epis du Limousin.

Strohmörtel frisch zu kalken. An der Erneuerung dieser Mörtelschichten beteiligten sich ebenfalls alle Dorfbewohner, wenn die Hausbesitzer sie darum baten. In Lothringen wurden zu Ostern Mauern und Decken mit Kalkmilch frisch geweißelt.

So wie beim Bau der Häuser nicht einzig und allein die technischen Erfordernisse beachtet werden müssen, kommen bei ihrer Instandhaltung innere Gesetze ins Spiel, die sich nicht allein durch die sozialen Wechselbeziehungen innerhalb der Dorfgemeinschaft erklären lassen. Im täglichen Ablauf auf dem Bauernhof, in Leben und Arbeit in Haus und Stallgebäuden, zeigt sich in den Reaktionen des einzelnen oder der ganzen Familie auf einzelne Gegenstände und Ereignisse, wie wenig sich hier Natürliches von Übernatürlichem trennen läßt, wie die Erfordernisse der unmittelbaren Realität und der Gehorsam gegenüber den okkulten Kräften stets gleichrangig sind. Zutiefst ambivalent ist die Einstellung des in die traditionelle bäuerliche Gesellschaft eingebundenen Menschen zu seiner Umgebung, von der er lebt, in der er lebt: zum einen in vollkommenem Einklang mit den Elementen, aus denen sie besteht, zum anderen in ständiger Furcht vor dem Unbekannten.

In manchen Gegenden sind die Schornsteinschlünde mit Steinaufsätzen überdeckt, die sich nach oben verjüngen. Häufig sehen sie aus wie grobgeformte Kegel.

Haus in Tournès.

Die Angst und wie man gegen sie ankämpft

Der Spruch, die Geste, das Wort.
Heilige Tiere und Pflanzen.
Gegenstände mit schützenden Eigenschaften.

Es ist uns zu Ohren gekommen, daß einige Leute nicht davor zurückschrecken, gemeinsame Sache mit dem Teufel zu machen und durch ihre Hexereien das Getreide auf dem Feld, die Trauben in den Weinbergen, die Früchte des Gartens und das Heu der Wiesen zu vernichten.

Innozenz VIII., Hexenbulle.

Alle die Bräuche und Riten, die wir bisher beschrieben haben, hinterlassen kaum merkliche Spuren am Haus, sei es, weil sie dem Auge nicht sichtbare Bereiche des Baus betreffen (Gebälk, Fundamente, Gemäuer), sei es, weil sie im Laufe der Zeit verschwinden (Richtkränze o. ä.). Die Landbewohner haben jedoch stets eine ganze Reihe von offensichtlichen Schutzsymbolen verwendet, auch wenn ihre magische Funktion nicht auf Anhieb erkennbar ist. Immer geht es dabei darum, das Haus und seine Bewohner vor Unheil zu bewahren, das nie als Produkt des Zufalls, sondern stets als wohlbeabsichtigte Handlung der Mächte des Bösen betrachtet wird, die mehr oder weniger genau umrissen sind: Brand, Blitz, Krankheit, verdorbene Ernten, Schlaflosigkeit, die Hartnäckigkeit, mit der sich manche Gegenstände gegen eine gewisse Verwendung sträuben, sind Übel, die vom Teufel, von Zauberern und Hexen verursacht werden. Ähnlich wie man im alten Rom den Laren opferte, schützt man jede wichtige Stelle des Gebäudes mit einem Gegenzauber. Die Schwelle und die wichtigsten Öffnungen, das Dach, der Schornsteinschlund, der Herd und das Bett sind den Mächten der Finsternis alle gleichermaßen beliebte Angriffsstellen und deshalb konzentrieren sich alle Vorsichtsmaßnahmen auf sie. Abgesehen von den Bildern, Sagen und Zauberformeln, deren man sich in diesem Zusammenhang bedient, wird der ständige Schutz dieser verschiedenen Bereiche des Hauses durch gewisse Gegenstände, Darstellungen, eingeritzte oder eingravierte Zeichen und Markierungen gewährleistet.

Das Bauernhaus erscheint so als ein Tummelplatz gegensätzlicher Kräfte, die ins Gleichgewicht gebracht werden müssen, indem man an den strategischen Punkten einen ganzen Apparat von Elementen zum Einsatz bringt, die diesen Kräften des Bösen entgegenwirken sollen. Aufbau und Schmuckwerk dieser tief in der Tradition verwurzelten Bauten kann somit keinesfalls allein aus der Befolgung gewisser Techniken heraus erklärt werden oder mit

»Tag für Tag steht der Bauer im Zwiegespräch mit der Natur, einem Zwiegespräch, das um so vertraulicher wird, wenn er allein ist mit seinen Ackergeräten und mit seinen Tieren ...«

der Suche nach ästhetischen Effekten, sondern ergibt sich aus der Befolgung einer ganzen Reihe von präzisen Regeln, die Teil der Volkskultur einer Gegend sind. Wenn man will, kann man hier zur tiefergehenden »Lektüre« des Hauses gelangen, die, ebenso wie die Gesamtheit der Gegenstände des täglichen bäuerlichen Lebens, gewisse Rückschlüsse auf die geistige Basis der Bevölkerung zuläßt, die sie verwendet.

Der Einfluß der regionalen Kultur, die ethnische Herkunft der jeweiligen Bevölkerung und ihre mehr oder weniger intensive Verbindung zu den angrenzenden Regionen, der soziale Status der Beteiligten, die Bedeutung, die den kirchlichen Autoritäten jeweils eingeräumt wird, aus all diesen Faktoren ergibt sich, daß die jeweilige magische Bedeutung der einzelnen Bestandteile des Bauernhauses immer nur für eine Region gilt, daß sie sich in den wenigsten Fällen über eine ganze Provinz erstreckt, häufiger eher auf den kleinen Bereich von ein paar Gemeinden beschränkt. War eine Region weniger nach außen geöffnet, lag sie sehr abgeschieden »am Ende der Welt«, so blieben heidnische Bräuche, denen auch die Kirche meist nichts anhaben konnte, hier viel länger lebendig. In einer traditionsgebundenen Gesellschaft behielten die Gegenstände und Zeichen ihre symbolische Bedeutung, wenn sie auch in ihrer Form häufig verändert, »aktualisiert« wurden.

Obwohl sich diese Gegebenheiten häufig nach Gegenden unterscheiden, trifft man doch immer wieder auf die gleichen Muster: nicht nur haben die einzelnen Teile des Hauses fast überall den gleichen symbolischen Wert, man findet auch immer wieder eine Ähnlichkeit der magischen Gegenstände und Zeichen, die auf eine gewisse Allgemeingültigkeit schließen lassen. Wir werden noch sehen, daß diese Übereinstimmung weit über den Rahmen der Landesgrenzen hinausreicht.

Die Hauptschwierigkeit, auf die man trifft, wenn man die bäuerliche Symbolik erforschen möchte, besteht vor allem darin, zwischen dem zu unterscheiden, was sich aus den technischen Zwängen, ästhetischen Bedürfnissen oder sozialen Regeln ergibt und dem, was der tieferen Deutung des Hauses durch seine Bewohner entspringt.

Die Landbewohner sind von großer Zurückhaltung, wenn es darum geht, Aussagen über die tiefere Bedeutung der mit dem Haus verbundenen Elemente und Gegenstände zu machen. Verständlich, denn in diesem Falle käme das einer Selbstanalyse gleich; zum anderen dürfte es den Bauern tatsächlich unmöglich sein, die Dinge ihrer alltäglichen Umgebung zu interpretieren, die sie aus der Vergangenheit übernommen und manchmal auch für sich umgeformt haben.

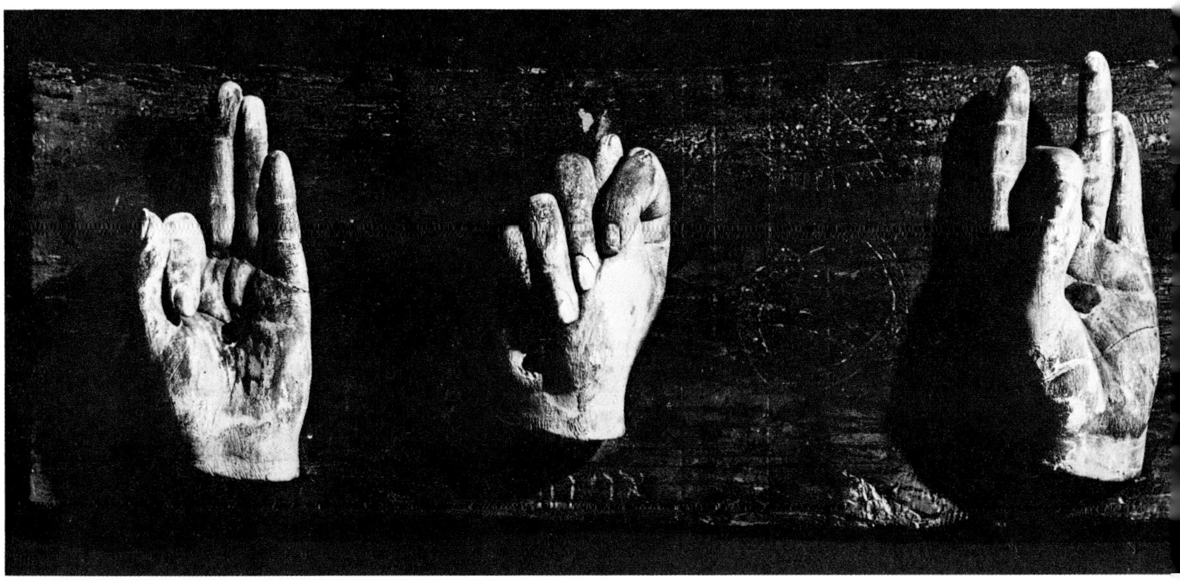

Man kann jedoch keineswegs daraus schließen, daß die im Volk verwurzelten Vorstellungen erloschen wären, daß sie nur rein mechanisch wiederholt würden. Das bedeutet nur, daß sie sich heute durch andere Gegenstände ausdrücken, die in engem Zusammenhang zu den gegenwärtigen kulturellen Gegebenheiten stehen. Wie der Wein in den Bräuchen zur Hauseinweihung das Blut ersetzt hat und der Maibaum auf dem Traktor und nicht mehr von den jungen Leuten zu Fuß durch den Ort befördert wird, wurden die symbolischen Schmuckelemente in Form wie in Motiven weiterentwickelt. Seit jeher haben völlig verschiedenartige symbolische Elemente und magische Gegenstände, die aus verschiedenen Entwicklungsstadien der bäuerlichen Gesellschaft herrührten, nebeneinander existiert. So ist heute bei den ältesten unter ihnen für uns nur noch ein dekorativer Wert erkennbar.

Das magische Denken der Bauern hat somit zu einer Vielzahl von ganz eigenen Ausformungen geführt, die man, wenn auch etwas willkürlich, nach Thematik oder nach Art der verwendeten Gegenstände einteilen muß. Interessant wäre in diesem Zusammenhang eine karthographische Darstellung der verschiedenen Gegenden, auf der die Verwendung dieser unterschiedlichen Zeichen und Gegenstände zu den verschiedenen Zeitpunkten der regionalen Geschichte aufgezeigt wäre. Das könnte zu einer präziseren Vorstellung von der Weiterentwicklung der Vorstellungen und der Verbreitung der Motive von ihrem ersten Erscheinungsort aus führen. Doch bietet das gegenwärtige Stadium der Forschung noch nicht die Voraussetzungen für die Ausarbeitung solcher Dokumente.

Der Spruch, die Geste, die Bewegung

Sainte-Barbe, Sainte-Fleur La couronne du Seigneur Quand le tonnerre tombera Sainte-Barbe le retiendra.	(Jovisbart, heilige Blume, Krone des Herrn, wenn der Blitz droht, hält ihn der Jovisbart auf.)

Gebet zur Abwendung des Gewitters aus der Touraine.

Primär durch Sprache und Gestik drückt der Mensch seine Furcht, seine Freude, seine Drohungen und seine Gebete aus. Die Faust, die man von weitem gegen den Feind ausstreckt,

Während der Exorzismus oder auch einfachere Rituale zur Abwendung des bösen Blicks manchmal ein ganzes Arsenal von besonderen Gegenständen erfordern, wehrt man sich gegen Hexerei häufig allein durch die Geste: Zu den verstohlen vorgenommenen Schutzmaßnahmen, sobald sich eine gefährliche Person nähert, gehört es, die Hand vor die Augen zu legen, die Fingern zu Hörnern zu formen oder das Kreuzzeichen zu schlagen.

die Geste, mit der man einen Freund einlädt, die zum Gebet gefalteten Hände sind alles solche Zeichen, die einen Gedanken, eine Situation, einen Geisteszustand ausdrücken. Genauso ist es mit der Haltung, den Körpergebärden, dem Tanz. Die magische Bedeutung der Worte, die man ausspricht, um einen Widersacher zu verhexen, zu verfluchen oder zu beschwichtigen, wird noch deutlicher, wenn sie Teil eines größeren Ganzen sind, das auf immer gleiche Weise wiederholt wird. Sie erhalten dadurch beschwörenden Charakter, werden Teil eines Rituals.

Die Landbevölkerung versäumte es seit jeher nie, die großen Augenblicke der Feldbebauung sowie jedes wesentliche Ereignis im menschlichen Dasein mit einer Vielzahl von Riten, Sprüchen und Gesten zu begleiten, die auf magische Bräuche zurückgehen, die so alt sind wie die Welt. Es kommt uns hier nicht darauf an, diese Riten bis ins Detail hinein auszuleuchten. Wir wollen nur einige von ihnen herausgreifen, mit deren Hilfe wir die Wechselbeziehung zwischen den bäuerlichen Symbolen aufzeigen können. Zudem wollen wir versuchen, diese Einzelsymbole, wie sie uns zum Beispiel am Haus aufgefallen sind, in einen größeren Zusammenhang zu setzen.

Es besteht keine feststellbare Grenze zwischen den alltäglichen Ritualen und jenen, die außergewöhnlichen Umständen gelten. Sie stehen alle miteinander im Rahmen der traditionellen Überlieferung. Noch bis vor kurzer Zeit bestanden in den Landgegenden eine ganze Reihe von Einzel- oder Gemeinschaftsbräuchen, von denen sehr viele für uns ihre tiefere Bedeutung verloren haben, da sie im Laufe der Zeit immer mehr entstellt wurden. Aber selbst losgelöst aus ihrem ursprünglichen Zusammenhang und ihrer präzisen Bedeutung beraubt, bestimmen manche von ihnen noch immer das Leben vieler dörflicher Gemeinden.

Den Feldarbeiten galten oder gelten noch häufig eine ganze Reihe von Riten. Sie sollen den Erfolg der Mühen, also üppige Ernten, sichern oder sie dienen dazu, den Mächten der Natur für die Ernten zu danken. Tag für Tag steht der Bauer im Zwiegespräch mit der Natur, einem Zwiegespräch, das um so vertraulicher wird, wenn er allein ist mit seinen Ackergeräten und mit seinen Tieren. Im oberen Ariège pflegt sich der Bauer, bevor er mit der Feldarbeit beginnt, zu bekreuzigen und seinem Gespann ein »Dius bous garde« (Gott schütze euch) zuzurufen. Ähnlich vertrauten Umgang pflegt der Bauer in der gleichen Region mit dem Weißdorn, dem er Brot und Salz bringt und dann sagt: »Adius, espinàs, blanc, te porti sal è pa, è la fièbre per dema« (1). (Ich grüße dich, Weißdorn, ich bringe dir Salz und Brot und für morgen das Fieber). Im Languedoc sagte man zum Holunder, der die Aufgabe hatte, das Vieh von lästigen Würmern zu befreien: »Adiù siès, monsu l'aoûssier, sé né trases pas lous bers de moun berbenier, vous coupi la cambo, maï lou pay!« (Ich grüße Sie, Herr Holunder, wenn Sie mei-

1. »Ich grüße dich, Weißdorn, ich bringe dir Brot und Salz und morgen das Fieber« – so sagte man, um sich vom Fieber zu befreien. Vgl. Adelin Moulis, *Croyances, Superstitions – Observances en Comté de Foix.*

Beim Schmuck, den man an alten Bauernhäusern findet, sind auch die auf den ersten Blick harmlosesten Elemente von Interesse. Nichts ist hier zufällig: Der getrocknete Kräuterstrauß, das Kreuz aus Ähren, der aus Zweigen geflochtene Kranz, das Strohbündel, sie wurden dort aufgehängt, um das Gehöft zu schützen und den Zugang zu verwehren. Alles ist Sprache, alles ist Botschaft. – Haus im Berry.

Will man die alten Bauernhäuser wirklich kennenlernen, muß man die Zeichen sehr sorgfältig zu lesen wissen. Sind in manchen Fällen die Schutzsymbole, die Handwerker- oder Besitzersymbole an auffallendem Platz direkt an der Fassade angebracht, so muß man sie häufig auch an Stellen suchen, die weniger ins Auge fallen, wo man sie nur bei aufmerksamer Betrachtung entdecken kann.

Hausfassade in Burgund. – Kopf des Dachstuhlbalkens an einem Haus in Savoyen.

An einer Scheunentür in Corbières.

Der Tierfetisch ist auf dem Land noch gang und gäbe, selbst wenn er »offiziell« anders erklärt wird. So fallen in vielen Gegenden die an Scheunen- oder Stalltür genagelten Füße und Köpfe von Wildschweinen auf. Die, die sie dort angenagelt haben, oder ihre Nachkommen, wollen sie stets einmütig einzig und allein als Jagdtrophäen gesehen wissen. Man wäre versucht es zu glauben, wären da nicht jene anderen Tiere, Pflanzen und Gegenstände, deren Funktion zur Abwehr bösen Zaubers man kennt und die an die gleichen Türen angenagelt werden, zum Beispiel Disteln, Hufeisen, Käuzchen oder Hörner. Seit grauer Vorzeit verwendete man den Tierkadaver oder Teile davon als Mittel, um Zauber zu bannen und Hexen zu vertreiben. Das Wildschwein, das von den Kelten wie von den Römern als Tier der Sonne verehrt wurde, hat sein ganzes Ansehen und seine ganze geheime Macht behalten. Doch ist der tiefere Sinn dieser magischen Handlung, die man heutzutage nur altübernommenen Bräuchen nachahmt, denen, die sie lebendig erhalten, im allgemeinen nicht mehr bewußt.

Auf dem Land wurden Fossilien aufgrund ihrer besonderen Form und ihres geheimnisvollen Ursprungs regelrecht kultisch verehrt. Man stattete sie in allen Gegenden Frankreichs mit übernatürlichen Kräften aus. Sie vertrieben die Insekten, schützten die Ernten oder brachten ganz einfach Glück. Der Ammonit nimmt unter den Fossilien einen bevorzugten Platz ein, da seine Spiralenform bereits für sich allein von magischer Bedeutung ist: man findet ihn häufig als gemaltes oder eingemeißeltes Schmuckelement.
Der Ammonit erhielt stets einen Ehrenplatz: über den wichtigsten Öffnungen oder nahe der Eingangstür wurde er ins Mauerwerk eingefügt.
Haus im Poitou.

Aufgemalt, eingemeißelt oder geschnitzt ist das Sternmotiv ein sehr beliebtes Schmuckelement am alten Bauernhaus.
Es ist ein allgemeingültiges magisches Symbol, das man sowohl an Möbeln und bäuerlichem Hausrat findet wie am Türsturz oder an tragenden Balken.
Zur Abwehr von Teufeln und Dämonen ist der fünf- oder sechsstrahlige Stern ebenso wirksam wie das Kreuz.
Haus im Périgord.

Um das Haus und sich selbst gegen die okkulten Mächte zu schützen, machte man häufig Anleihen im Pflanzenreich: will man sich gegen die Ränke des Teufels und gegen Verhexung absichern, greift man meistens zu den Pflanzen, deren schützende Eigenschaften man kennt. Besonders berühmt für ihre große Zauberkraft sind die Kräuter, die man zur Sommersonnenwende sammelt. Sie schützen vor dem Teufel, bewahren Menschen und Tiere vor Krankheiten und vertreiben Unwetter und Gewitter. In der Johannisnacht sammelt man wie eh und je die »Johanniskräuter« – Hartheu, Beifuß, Salbei, Eisenkraut –, die man an der Hausfassade oder über dem Ofen aufhängt.

Haus im Bocage, einer Landschaft in der Normandie.

nem Vieh nicht die Würmer abnehmen, schneide ich Ihnen das Bein und den Fuß ab) (2). So war es früher auch durchaus üblich, der Pflanze, die man pflückte, mitzuteilen, zu welchem Zweck man sie benötigte (3). Der Bauer stand im ständigen Zwiegespräch mit seinen Tieren. Zum Pferd sagte man: »Pferd, der Herr ist tot«; zu der neu erworbenen Kuh: »Kuh, erlaube, daß ich dir deine Milch nehme«, und man hütete sich, vor den Bienen zu fluchen. Um die Bienen am Schwärmen zu hindern, veranstaltete man in Forez einen ungeheuren Lärm, indem man auf Kessel einschlug; dabei rief man den Bienen zu: »Biene, halt an. Das Wachs gehört der Heiligen Jungfrau, der Honig gehört mir. Ihr Schönen, kommt herab!« (4) Ebenso bemerkenswert ist das »Wolfsgebet«, das die Bauern in der Franche-Comté hersagten, wenn eines ihrer Tiere nicht heimgekehrt war. Man beschwor den Wolf, das Tier nicht zu verschlingen, das man ihm auf das allergenaueste beschrieb. Man glaubte andererseits auch, daß die Tiere zu den Menschen sprächen, entweder indirekt, durch ihr Verhalten (aus dem Platz, den sie im Stall oder auf dem Feld einnahmen, und aus ihren Bewegungen konnte man zum Beispiel die Windrichtung oder das Wetter des nächsten Tages herauslesen) oder direkt durch die menschliche Sprache. In allen Regionen findet man den uralten Glauben, daß die Tiere in der Weihnachtsnacht zu den Menschen sprechen. Einverständnis besteht auch zwischen dem Menschen und den häuslichen Gegenständen oder den Werkzeugen, die nach seiner Meinung über magische Kräfte verfügen und deren man sich wegen dieser Eigenschaft bei außergewöhnlichen Umständen bedient. Um das Pferd fügsam zu machen, schlug man auf das lederne Zaumzeug, bevor man es ihm anlegte; um das Gewitter zu bannen, ließ man die Sense im Freien stehen; wollte man ein Unglück vermeiden, mußte man aufpassen, daß man keine Bestecke auf dem Tisch über Kreuz legte. So braucht man sich auch nicht zu wundern, daß das Geräusch der Viehglöckchen, die man zu bestimmten Zeitpunkten des Jahres läutet, die Zauberer in die Flucht schlägt, daß der Ton der Kirchenglocken das Gewitter vertreibt (5): durch die magische Sprache des Gegenstandes kämpft man gegen Gefahr, gegen den Teufel, gegen Zauberer. Meistens spricht man diese gefürchteten Feinde allerdings direkt an; es gibt zahllose Formeln, um sie zu verjagen. Das »Vade retro satanas« gibt es in allen möglichen lokalen Varianten, die man ebenso anwenden kann, um den Teufel zu vertreiben wie die Zauberer oder Hexen (6). Aber man bittet auch um den Schutz der Heiligen; jede Bedrohung entfesselt eine ganze Litanei von volkstümlichen Sprüchen oder Gebeten, die mehr oder weniger regional verschieden sind. Man betet zum heiligen Eligius, um die Pferdekrankheit abzuwenden, oder zum heiligen Rochus, um den Wein zu schützen ... Aber auch das Gebet an die heidnischen Gottheiten fehlt nicht im Repertoire. Das junge Mädchen

2. Vgl. Alfred de Nore, *Coutumes, mythes et traditions des provinces de France,* Paris 1846.

3. Es empfahl sich auch, dem Brunnen ein gutes neues Jahr zu wünschen.

S. 101

4. Vgl. Alice Taverne, *Coutumes et superstitions foréziennes,* Museum des Forez in Ambierle, 1971.

5. In allen Dörfern läutete man die Glocken, wenn man den Hagel von den Ernten oder den Blitz von den Häusern abwenden wollte. »Vivos, voco, mortuos plango, fulgura frango« war eine der Formeln, die man im Mittelalter in die Glocken eingravierte (ich rufe die Lebenden, ich beklage die Toten, ich banne den Blitz) oder »fulgure et tempestate libera nos domine« oder auch »laudo Deum verum, plebem voco, congrego clerum, defuncto ploro, fugo fulmina, festa decoro« (ich preise den wahren Gott, ich rufe das Volk, ich versammle die Priester, ich beklage die Toten, ich vertreibe den Blitz, ich verschönere die Feste). Das Ansehen der Glocken hing von der Wirksamkeit ab, die sie bewiesen hatten. So genoß auch der Glöckner besondere Achtung, da er imstande war, die Wolken zu vertreiben.

6. »Sahne für mich und Milch für meine Nachbarin«, sagten die Frauen und warfen Salz über ihre Schulter, damit die Sahne von der Milch ihrer Kuh nicht durch Zauberei »abgezapft« würde.

Manche Erbauer hoben die symbolische Bedeutung des Hauseingangs besonders hervor, indem sie ihn sehr pompös gestalteten. – Haus in Chalosse.

in Flandern, das wissen wollte, wie sein zukünftiger Ehemann aussehen würde, wandte sich, nachdem es seine Gewänder verkehrt herum angezogen hatte, an den Mond im ersten Viertel und sagte zu ihm: »Croissant, croissant, Fais-moi voir en mon dormant, Qui j'épouserai en mon vivant.« (Sichel, Sichel, zeig mir im Schlaf den, den ich im Wachen heiraten werde.)

Die Geste setzt man häufig ein, um die magische Formel zu unterstützen; so das Kreuzzeichen, das man über sich selbst oder über das schlägt, was man schützen möchte (7), aber auch die heidnische Geste, die Hand, die den bösen Blick abwehrt, die Hörner, die man mit den Fingern bildet, um bösen Zauber abzuwenden. Die magische Geste kann sehr ausdrucksstark werden: Um das Unwetter zu vertreiben, warf man in manchen Gegenden, wie in der Provence oder in der Bretagne zum Beispiel, den Kesselhaken gegen die Wolken hinauf; in anderen Gegenden warf der Pfarrer sein Schuhwerk gen Himmel, wenn Gebete und Glocken sich als unwirksam erwiesen hatten. Die Bitte wird in diesem Fall zur Drohung. Manche Umstände erfordern ein umständlicheres Zeremoniell, dann kommen symbolische Bewegungen ins Spiel. Wenn eine Kuh keine Milch gab, also nur verhext sein konnte, ließ man sie die drei Seiten eines dreieckigen Feldes ablaufen. Mußte der Bauer eine neu gekaufte Kuh zum ersten Mal melken, trat er rückwärts in den Stall, befragte sie, antwortete sich selbst und mußte eine ganze Reihe komplizierter Schrittabfolgen ausführen, bevor er sich an die Arbeit machen konnte. Auch der Pflanze mit magischen Eigenschaften mußte man sich rückwärts nähern, wenn man sie pflücken wollte.

7. In den Vogesen kreuzte man die Zitzen der Kuh, bevor man sie molk.

Symbolische Bewegungen sind bei vielen Gelegenheiten und insbesondere bei der Hochzeit erforderlich. Der Vater, der seine letzte Tochter verheiratet, zieht einen Besen nach, der an sein linkes Bein gebunden ist; die Braut muß über die Schwelle ihres neuen Heims getragen werden, darf sie nur rückwärts überschreiten oder nachdem sie den Besen überstiegen hat, den man quer über die Schwelle gelegt hat.

Häufig wird auch die gewohnte häusliche Geste zum Symbol: zu Karneval kehrte man in der Touraine den Gemeinschaftsraum verkehrt herum, das heißt, von der Tür zum Kamin hin; nach dem Heiligen Abend kehrte man sorgfältig den Herd ab. In vielen Gegenden war der Ostertag der Tag des großen Hausputzes, Symbol der Erneuerung, manchmal noch verstärkt durch den Segen, den der Priester an diesem Tag dem Haus erteilte.

Besonders lebendig geblieben sind überall noch die großen Dorfprozessionen: angeführt vom Pfarrer und den Fahnen der Brüderschaften schreitet man das gesamte Gemeindegebiet ab. Dabei sind besonders die Flurbegehungen hervorzuheben, die man unternimmt, um den

Aus Angst vor dem Wolf – die berechtigt ist, wenn man weiß, welche »Schlachtfeste« dieses Tier in den französischen Landgegenden veranstaltete – und der noch größeren Angst vor dem Zauberwolf, dem Werwolf, schufen sich die Landbewohner mit der Zeit ein ganzes Arsenal von Zeichen und Zauberformeln, um das Tier zu vertreiben und es daran zu hindern, größeren Schaden anzurichten.

Die Prozessionen gehören noch immer zu den wesentlichsten Gemeinschaftsriten auf dem Land. Eigentlich sollten sie dazu dienen, göttlichen Schutz – vor allem den der Heiligen Jungfrau oder der volkstümlichen Heiligen – für die Ernten, Tiere und Menschen zu erbitten. Oft uferten sie allerdings aus, endeten in Jahrmärkten und wenig frommen Vergnügungen, so daß die Kirche sie schließlich verbot.

Segen des Himmels nacheinander auf alle Kulturen herabzurufen (Bittgänge für die Getreide- und Heuernte und für die Weinlese), aber es gibt auch solche, bei denen man um Regen bittet oder darum, daß er aufhört.

Geste, Wort, Bewegung dienen das ganze Jahr hindurch nicht allein rein praktischen Erfordernissen (Feld bebauen, ernten, Essen bereiten, Tiere versorgen), sondern auch den okkulten Kräften, die man freundlich stimmen oder bekämpfen muß mit Hilfe von Ritualen, die unentbehrlich sind für das Gleichgewicht der Familien- und Dorfgemeinschaft.

Das Bauernhaus, der Platz, auf den sich viele dieser Bräuche konzentrieren, ist nie für sich allein zu betrachten und genießt auch keine besonderen Privilegien. Es steht in vollkommener Osmose mit all den Kräften, die hier wie anderswo total entgegengesetzte Wirkungen ausüben. Tiere, Pflanzen und Steine befinden sich hier in einem Übergangsstadium, nur geringfügig verändert durch die Hand des Menschen. Sie alle bleiben trotz allem zutiefst sie selbst, haben teil an den Geheimnissen der allumfassenden Natur. So bringen sie auch dem Menschen gegenüber ein Eigenleben zum Ausdruck, das er so gut wie möglich zu deuten lernen muß. Bei all seinen täglichen Handlungen muß er das Verhalten der Tiere, die Form der Pflanzen, das Material der Gegenstände zu berücksichtigen und einzuordnen wissen.

Kreuze für die Flurbegehung aus dem Bourbonnais. Sie wurden bei den Prozessionen, die der heilige Mamertus eingeführt hatte, in den Feldern aufgestellt.

LA COMPAGNIE
"SINGER"
CAEN
Bernières

Gegenstände mit schützenden Eigenschaften sowie heilige Tiere und Pflanzen

»Wenn der Geistliche, der sich in einer Pfarrei von Ungläubigen befindet,
welche Fackeln anzünden und Bäumen, Quellen oder Steinen Verehrung erweisen,
diesem Mißbrauch nicht Einhalt gebietet, so muß er wissen,
daß er sich eines echten Sakrilegs schuldig macht.«

Aus den Kapitularien Karls des Großen, Aachen (789)

Auch wenn bäuerliche Deutungen des Tiercharakters je nach Gegend unterschiedlich ausfallen, so beruhen sie doch auf einer gemeinsamen Basis, die überall die gleiche Bedeutung hat. Das Tier, ob domestiziert oder wild, ob nun fern vom Haus oder mehr oder weniger ständig darin wohnend, fungiert im Alltagsablauf der Bauern als Träger von Zeichen, als Todes- oder Freudenbote. Noch immer liefert es dem Vogelflugdeuter und Eingeweidebeschauer das Interpretationsmaterial. Der Schutz des Tieres oder seine Vernichtung erlauben somit die Beherrschung der Kräfte, die es verkörpert: das Tier wird zum magischen Schutzschild oder es schafft einen magischen Schutzkreis um sich herum.

Die magisch bedeutsame Tierwelt läßt sich grob in zwei Teile einteilen: einerseits die glückbringenden Tiere und andererseits die unheilbringenden Tiere. Doch ist der Übergang von der einen zur anderen Eigenschaft immer fließend, und in der Realität gibt es keine klare Grenze. Es besteht immer eine gewisse Ambivalenz; die Klassifizierung nach glück- oder unglückbringenden Eigenschaften leitet sich für ein und dieselbe Spezies von den einfachsten Gegebenheiten ab: Farbe des Tiers, Schwanzform, der Zeitpunkt, zu dem das Tier im oder in der Nähe des Hauses auftaucht (Morgen, Abend, Sommer, Winter), die Richtung, der es folgt. Die Erklärung der »Botschaft«, die Deutung der Vorzeichen, erfolgt nach den uralten Regeln.

Katze, Kröte und Käuzchen gelten in den volkstümlichen Vorstellungen als Unglücksbringer. Zu allen Zeiten glaubte man, besonders die Katze und vor allem die schwarze Katze sei vom Bösen besessen. Sie ist das Tier des Teufels, das Tier, das bei den Sabbaten zugegen ist. Vor allem die Zauberer, die vom Sabbat zurückkehren, nehmen oft seine Gestalt an, um nicht erkannt zu werden. Auch ist das Erscheinen einer Katze unter gewissen Umständen ein

Gewisse Tiere, die als Unglücksbringer gelten, mußten seit jeher den Volksglauben mit dem Leben bezahlen. Die Nachtvögel, wie das Käuzchen, und die schwarzen Vögel, wie die Amsel oder der Rabe, werden noch heute geopfert, um die Geister zu bannen: angenagelt an Scheunen- oder Stalltüren, dicht beim Haus, das man beschützen will, an einem Bein aufgehängt, setzen sich in ihrem Martyrium die Opferbräuche der Antike fort. – Scheunentür in der Normandie: eine solche Häufung ist sehr selten.

Ein aufgehängter Rabe im Bourbonnais.

unheilbringendes Vorzeichen. Dennoch bleibt sie Haustier, wird somit zugleich beschützt und gefürchtet. Die Hauskatze ist in gewisser Weise der gebannte Zauber, der gezähmte Dämon. Ein Aufnahme- und Reinigungsritus erlaubt, sie ins Haus und in den Familienkreis aufzunehmen. In der Picardie herrscht der Brauch, ihr die Pfoten in Milch einzutauchen und sie mit der Seite am Kaminruß zu reiben, sobald sie zum ersten Mal ins Haus kommt. Entweder spielt dieser Brauch auf den Gegensatz der beiden Farben weiß und schwarz an, die den ambivalenten Charakter der Katze symbolisieren sollen, oder er verweist auf die Anhänglichkeit, die sie dem häuslichen Herd zu erweisen hat als Gegenleistung für das Futter, das man ihr geben wird. Wie dem auch sei, die Katze symbolisiert in den meisten Gegenden die Seele des Hauses. Ihr Tod, vor allem wenn er sich im Inneren des Hauses ereignet, wird als Vorzeichen großen Unglücks für die Familie betrachtet. Die ambivalente Natur der Katze spiegelt sich auch in dem zwiespältigen Schicksal, das ihr bestimmt ist. Selbst wenn sie ins Haus hineindarf (sie ist häufig das einzige Tier, dem dies erlaubt ist), bleibt sie dennoch eines der Tiere, das beim Hausbau (siehe oben) und bei rituellen Festen geopfert wird. Bis zur Französischen Revolution und manchmal auch noch später wurden Katzen oft in das Johannisfeuer geworfen (8). Mit Hunden ging man meist glimpflicher um. Nur der schwarze Hund flößt echte Furcht ein; im Mittelalter empfahl man, einen solchen Hund zu töten und mit seinem Blut die Mauern des Hauses zu besprengen, aus dem man die Dämonen vertreiben wollte. Doch sind die Prozeduren, die er anläßlich seiner Aufnahme ins Haus über sich ergehen lassen mußte, sehr viel dramatischer als bei Katzen (9). Um einen Hund für immer an sich zu binden, schnitten ihm manche Frauen einen Teil des Schwanzes und die Ohrspitzen ab. Diese Verstümmelungsriten findet man heutzutage noch in den Städten, wo man sie aus angeblich prophylaktischen Gründen bei gewissen Hunderassen anwendet (10). Der streunende Hund gilt als Todesbote, wenn er vor der Haustür heult (11).

Ein Unglücksbringer ersten Ranges ist die Kröte. Sie ist das verfluchte Tier schlechthin, das Tier der Schatten, das Tier des Teufels, der sich den Menschen häufig in dieser Gestalt präsentiert. In vielen Gegenden glaubte man, daß sie unbegrenzt lange eingeschlossen unter einem Stein leben könne, was dem schon beschriebenen Brauch, eine Kröte unter der Schwelle des Hauses einzumauern, eine besondere Bedeutung verleiht. Die Kröte war zum einen wichtiger Bestandteil der unheilvollen Absude und Tränke der Hexen, zum anderen aber auch – und das seit frühesten Zeiten bis noch vor kurzem – bedeutsam für die Behandlung von Rheuma oder Geschwüren. Man band sie lebend auf das erkrankte Körperteil; zur Fieberbekämpfung schloß man sie in einem kleinen Säckchen ein, das man um den Hals trug. Noch bizarrer ist die Form, in der man sie in den elsässischen Kirchen findet: nämlich als Vo-

8. Im wörtlichen wie im übertragenen Sinn: »Für Lucas Pommereulx, einen der Stadtkommissare, hundert Pariser Sous, dafür, daß er drei Jahre hindurch alle Katzen geliefert hat, die man für das besagte Feuer benötigte, wie es der Brauch ist ...« (Auszug aus der Budgetaufstellung der Stadt Paris aus dem Jahr 1573.)

9. Dem Brauch, Schwanz und Ohren zu verstümmeln, fiel in manchen Fällen auch die Katze zum Opfer: Nur so konnte man sie daran hindern, sich zum Sabbat zu begeben.

10. Man glaubte lange Zeit, daß im Schwanzende der Hunde und Katzen ein Wurm lebe.

11. Wir wollen hier nicht vom Wolf reden, der sich doch auf so unauslöschliche Weise in das Denken der Landbewohner eingeprägt hat. Er regte zu zahllosen Fabeln, Märchen und Legenden an, doch bewegte er sich mehr außerhalb des eigentlichen Wohnbereiches. Wir wollen hier nur anmerken, daß man im Massif Central die Firsttöpfereien, die im Wind zu pfeifen begannen, »Wolfsziegel« nannte.

tivbild, das Mutterschaft und Fruchtbarkeit symbolisiert (12). Der Igel scheint ebenso allgemein verachtet zu werden, er wird mitleidslos getötet, wenn man ihn findet. Auch das Käuzchen ist einbezogen in die Ambivalenz der volkstümlichen Vorstellungen in bezug auf die glückbringende oder unheilvolle Rolle, die jene Tiere spielen, die im Haus oder in seinem engeren Umkreis leben. Zwar gilt es in den meisten Fällen als Hexenvogel und als Todesbote, wenn es sich auf das Haus setzt. In anderen Gegenden kündigt es allerdings eine baldige Geburt an. Sein Schicksal ist deshalb stets sehr ungewiß. In der Normandie und in der Bretagne nagelt man es, noch lebend, an die Scheunentore (13). Anderswo ermutigt man es, sich dem Haus zu nähern, indem man speziell für das Käuzchen Löcher in den Giebel des Hauses schlägt, um ihm den Zugang zum Dachstuhl und die Jagd auf die Mäuse zu erleichtern (14).

Die schwarzen Vögel, Rabe und Amsel, hatten unter den magischen Tierbräuchen zu leiden. Ihre Opferung (sie werden im allgemeinen mit einem Bein an einer Kordel in der Mitte des Hofes aufgehängt) entspricht dem tödlichen Drama, das sie mit ihrem Erscheinen in der Nähe des Hauses angeblich ankündigen; im Mittelalter war die Amsel im übrigen eine der Inkarnationen des Teufels.

Der Storch und die Schwalbe dagegen (die man in der Saintonge »Gotteshuhn« nennt) gelten überall als Symbole für Wohlergehen, Glück und Erfolg von Haus und Hof. Ihre regelmäßige Rückkehr zur schönen Jahreszeit, ihre Treue zum Nest mögen der Grund für diese Vorstellungen sein (15). Sie sind die vom Volk verehrten Tiere schlechthin, man schützt sie und hilft ihnen, sich auf dem Haus niederzulassen (16). Besonders dem Storch sagt man nach, daß er um jeden Preis die Tugend der Hausfrau schützt, wenn es sein muß auch gegen ihren Willen! Storch und Schwalbe symbolisieren so auch die soziale Eintracht, die Dauerhaftigkeit der Beziehung des Paares (17).

Sehr viel komplexer ist die Rolle des Hahns, von dem es seit alters her heißt, sein morgendliches Krähen vertreibe die Gespenster und löse die teuflischen Versammlungen auf. Dennoch erweist man ihm innerhalb des Hauses keine besondere Ehrerbietung, abgesehen von dem Brauch, der noch in manchen Gegenden bis zum Zweiten Weltkrieg üblich war, nämlich ihm den Tod seines Herren mitzuteilen (18). Von der ägyptischen und griechischen bis zur christlichen Mythologie verkörpert er die Wiederauferstehung und die Wachsamkeit, und vom neunten Jahrhundert an taucht er auf den Kirchtürmen auf (19). Er ist jedoch keineswegs tabu und man zögert keinen Augenblick, ihn beim Bau eines Hauses, bei der Geburt eines Knaben oder beim Abschluß der Getreideernte zu opfern. Was das Huhn angeht, so sieht die Sache sehr schlimm aus, wenn es schwarz ist oder wenn es gar eines Tages das Krähen des Hahns imitiert: in diesem Fall wird es unverzüglich geschlachtet (20).

Den Hahn, Symbol der Wiederauferstehung und der Wachsamkeit, von dessen morgendlichem Krähen man glaubt, daß es die Dämonen und die Geister der Nacht vertreibt, findet man häufig als Wetterhahn nicht nur auf Kirchtürmen, sondern auch auf Wohnhäusern. – Dach in der Champagne.

12. Man erzählte sich, daß bei den Sabbaten Kinder die Krötenherden hüteten, die der Satan sich hielt.

13. In vielen Gegenden erleiden auch die Fledermäuse dieses Schicksal.

14. Im Morvan nennt man es den »Eulenkasten«.

15. Bemerkenswert ist, daß alle beide ein schwarzweißes Gefieder haben.

16. Im Jura ging man so weit, unter den Dachvorsprüngen Nägel einzuschlagen, um den Schwalben den Nestbau zu erleichtern.

17. Im Elsaß heißt es im Volksmund, der Storch brächte die kleinen Kinder.

18. Ebenso wie übrigens auch den anderen angesehenen Tieren auf dem Hof.

19. Der heilige Bernard: »Jene, die das Wort Gottes predigen, sind wie die Hähne: Im Schatten der Nacht verkündigen sie das künftige Licht.«

20. Das war vor allem im Poitou der Fall, wo man es als Blasphemie und als Zeichen von Unheil ansah, wenn »das Huhn krähte«. In der Touraine versichert ein Sprichwort: »Poule qui chante et jau qui pond portent malheur à la maison.« (Unglück bringt das Huhn, das kräht, und der Hahn, der Eier legt.)

Auch die Insekten werden in magischen Haustierbräuchen berücksichtigt. Ihre Rolle ist bescheiden, aber dennoch bedeutsam. Das gilt in erste Linie für die Grille, die im Brauchtum einen traditionellen Platz einnimmt und deren Zirpen der Familie Glück verheißt. Die Spinne, falls sie nicht als Mittel gegen Fieber oder als Glücksbringer, eingeschlossen in ein Säckchen, das man um den Hals trägt, Verwendung findet, gilt im täglichen Leben, je nach der Tageszeit, zu der sie auftaucht, als Botin von Traurigkeit oder von Freude und wird je nachdem entweder verschont oder geopfert. Die Spinnennetze in den Ställen werden wegen ihrer bedeutenden prophylaktischen Eigenschaften sorgsam gehütet.

In bestimmten Gegenden werden die Falter geschont, die um die Lampen flattern. In der Picardie nennt man sie sogar »Engel«, und im Poitou hält man sie für Seelen aus dem Fegefeuer. Andernorts freilich werden sie als Unglücksboten gnadenlos zerquetscht.

Den Bienen begegnet man mit ganz besonderer Ehrerbietung. Man verkündet ihnen Geburt, Hochzeit, man bindet ihnen einen Trauerflor an den Stock, wenn der Hausherr gestorben ist (21). Ihre Reaktionen gelten als untrügliche Zeichen. Wenn sie ihren Stock verlassen, wird dies häufig als Vorzeichen für Zwietracht im Haus betrachtet.

Ein ganz besonderer Platz muß der bei der bäuerlichen Bevölkerung üblichen Verehrung des Eis (Symbol des Lebens, der Fruchtbarkeit, manchmal Symbol für das Universum) eingeräumt werden. Seine Zauberkräfte macht man sich auch im täglichen Leben auf dem Land zunutze. Aber sie sind nur vorhanden, wenn das Ei am Himmelfahrtstag oder am Vorabend des Karfreitag gelegt worden ist. Es ist dann für alle Zeiten vor Fäulnis geschützt. Legt man es aufs Fensterbrett, wendet es Gewitter und Blitz ab (22). Diese Vorstellung hängt wahrscheinlich mit dem sehr weit verbreiteten Glauben zusammen, daß der Donner das Küken im Ei tötet. Legt man ein Ei an den Rand des Feuers, gebietet es auf der Stelle den Flammen Einhalt, glaubt man auf Korsika (23). Mit leeren und zu Girlanden zusammengefügten Eiern schmückte man in der Gegend von Metz früher zu Silvester die Brunnen. Schließlich gibt es noch den allgemein verbreiteten Brauch, daß man nach dem Essen die Schale der Eier, die man gerade gegessen hat, zermalmen muß, weil sonst ein Unglück geschieht. Aber auch die Eigenschaften des Eis sind ambivalent, und es gehört andererseits zu den Hilfsmitteln der Hexen: findet man es am Rande verwüsteter Felder, so deutet es auf das Werk von Hexenmeistern hin. Diese ganze Mythologie des Eis findet sich selbstverständlich in den christlichen Bräuchen wieder, wo das Osterei (24) in abgemilderter aber bedeutsamer Weise seine ganze Wichtigkeit bewahrt hat.

Selbst nach dem Tod behält das Tier einen Teil seiner Kraft. Einige seiner Körperteile (Fett, Haare, Haut, Blut, Schale ...) können Bestandteile von Zaubertränken werden, seine

21. Noch 1976 erzählte man uns von einem Bienenzüchter in Avranchin, der darüber klagte, daß seine Bienen ausgeschwärmt und nicht wieder zurückgekehrt seien. Er führte dieses Unglück darauf zurück, daß man es versäumt hatte, den Bienen den Tod ihres ehemaligen Herrn mitzuteilen.

22. 1977 fanden wir eines an einem alten Haus in der Manche. Es lag in einer Aushöhlung des Pfostens neben der Eingangstür in Höhe des Gesimses. Ein anderes lag am unteren Ende des gegenüberliegenden Pfostens.

23. Diesen Brauch gab es auch in Lothringen.

24. Im alten Persien verwendet man das Ei als Opfergabe zum ersten Frühlingstag. In vielen französischen Landgegenden laufen die Chorknaben zu Ostern von Hof zu Hof, um Eier zu erbitten.

Das Ei genoß in vielen alten Religionen ganz besondere Verehrung. Es steht im magischen Arsenal der traditionellen bäuerlichen Welt an vorderster Stelle. Es ist ein Werkzeug des Hexers, der sich seiner bedient, um die Ernten zu zerstören: findet man zerschlagene Eier an den Rändern eines verwüsteten Feldes, so darf man Hexenwerk darin sehen. Aber das Ei stellt seine Macht auch in den Dienst des Guten: Je nach Gegend, glaubt man von den Eiern, die am Gründonnerstag oder am Himmelfahrtstag gelegt worden sind, daß sie niemals faulen und mit zuverlässiger Gewißheit Gewitter, Feuersbrunst, Krankheiten und Zauberei abwenden. Damit sie diese schützende Rolle übernehmen können, legt man sie aufs Fenstersims, in einen Türwinkel oder man fügt sie gar ins Mauerwerk ein.

Haus im Cotentin.

Knochen und seine Hörner dienen als kostbare Talismane. Hörner, Schädel, Pfoten werden eingemauert, um das Haus und die Stallgebäude vor den Übergriffen des Teufels, des Zauberers und vor übernatürlichen oder okkulten Kräften (25) zu schützen. Selbst wenn das Tier im täglichen Leben keine besondere Verehrung erfährt, erhält es manchmal nach seinem Tod die Bedeutung einer Reliquie. Das gilt vor allem für das Wild, den Hirsch und vor allem das Wildschwein, deren Füße man an die Haustüren annagelt (26), um Verwünschungen und Zauberei abzuwenden. Die Verwendung dieser Hufe verweist auf das traditionelle Bild des Teufels mit dem Bocks- oder Pferdefuß. Ähnliches könnte es mit den Hörnern auf sich haben, den vertrauten teuflischen Attributen, die man immer noch auf Ställen oder Häusern oder seltener ins Mauerwerk eingefügt findet. Vergessen wir in diesem Zusammenhang nicht die ganze alltägliche »Hörnergestik«. Man formt die Finger zu Hörnern, um sich zu schützen, oder um jemanden zu beleidigen, indem man ihm die Hörner des Hahnreis zeigt. Die prophylaktische Rolle der Hörner ist somit evident. Deutungsansätze verweisen über den Teufel der Christen hinaus auf den gallischen Gott Belenus, der als Gegenstück zum griechischen Apollon mit Hörnern dargestellt wird, und dessen Kult in Frankreich zahlreiche toponymische Spuren hinterlassen hat. Aber das Horn ist auch Symbol des Mondes (dessen Sichel es gleicht); die Bedeutung, die der Mondkult noch immer in allen ländlichen Gegenden hat, könnte eine Erklärung dafür liefern, wieso dieser Volksglaube, dessen Ursprünge auf die frühesten Zeiten der Menschheit zurückgehen (27), bis heute überlebt hat. Wie kann man sonst den Brauch erklären, daß man im Südwesten Frankreichs auf den Dächern einen zur Form eines Horns zerschlagenen gewölbten Ziegel befestigt? Könnte man nicht auch eine Verbindung sehen zwischen dem Pferdeschädel und dem Gott Odin der nordischen Völker, der dargestellt wird, wie er auf seinem Streitroß durch die Lüfte jagt? Die dem Schädel zugemessene magische Kraft reicht im übrigen über die Tierwelt hinaus. Vom menschlichen Totenschädel erwartete man sich lange Zeit hindurch besondere magische Wirkung (28). Bis ins neunzehnte Jahrhundert hinein legte man ihn in vielen Gegenden in den Taubenschlag hinein, weil man glaubte, er würde die Tauben anlocken.

So greift der in der altüberlieferten bäuerlichen Tradition verwurzelte Mensch immer wieder auf Bestandteile des Tier- und Pflanzenreichs zurück, die nicht nur bei der Bereitung magischer Arzneien eine Rolle spielen, sondern die auch durch ihr bloßes Vorhandensein im Haus bösen Einflüssen vorbeugen. Schon beim Hausbau erforderte die Verwendung von Material aus dem Pflanzenreich, wie wir gesehen haben, ein besonderes Ritual. Hier war in erster Linie der Zeitpunkt wichtig, zu dem die Bäume geschlagen werden und erst in zweiter Linie der Bearbeitungsvorgang.

Die Häuser im Elsaß sind besonders reich an Schmuckelementen mit mehr oder weniger direkter magischer Bedeutung: Von den Balken, die zu Andreaskreuzen gefügt werden, über die gemalten oder eingravierten Swastiken an der Fassade bis hin zu den grimassierenden Monstren, die aus Holz geschnitzt oder aus dem Stein gehauen werden, gibt es unzählige Symbole, die die Häuser vor allem Bösen schützen.

Tierpfote, angenagelt an eine Tür im Barrois.

25. Wir haben bereits gesehen, daß Tierknochen oder ganze Tierskelette »zur Festigung des Mörtels« verwendet wurden.

26. Man findet sie besonders häufig in manchen Dörfern des Barrois, aber auch in Burgund, im Roussillon und in den Corbières des Languedoc. Manche Haustüren sind über und über damit bedeckt, und die Wildschweinköpfe hängen neben den Holzschuhen. Jeder, den wir dazu befragten, erklärte sie uns als Jagdtrophäen, was einleuchten könnte, wenn man sie in großer Zahl auf ein und derselben Tür findet, was aber unwahrscheinlich ist, wenn sie einzeln vorkommen. Zudem nagelt man zum Beispiel in Gegenden, in denen auch andere »edlere« Tiere gejagt werden, nur die Läufe der Wildschweine an.

27. Die »Venus« von Laussel in der Dordogne hält ein Horn in ihrer rechten Hand.

28. Ein Zauberrezept aus dem Mittelalter rät, zur Heilung von Schlaganfall den Schädel eines Gehenkten zu zermalmen und den Knochenstaub zu schlucken.

1

2

3

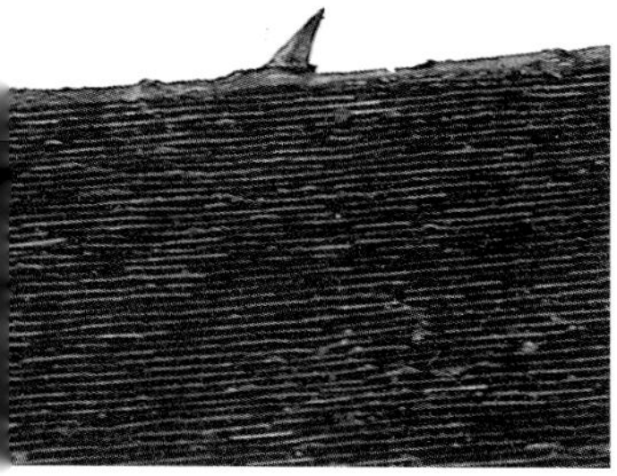

4

Die Hörner, die man mit den Fingern formt, um den bösen Blick abzuwenden, die Ziegelstücke, in Form von Hörnern, die hoch oben am Giebel aufragen, die Tierhörner, die man im Mauerwerk oder auf dem Dachfirst befestigt. Das Zeichen wie den Gegenstand findet man sehr häufig in ländlichen Gegenden. Will man mit einem Sonnensymbol (der Mondsichel, die die Form eines Horns hat), den gehörnten Teufel bannen, oder will man Baal, den Stiergott, ehren? Es ist schwierig, hier zu entscheiden. Seit der frühen Antike sind Talismane in Form von Hörnern sehr geschätzt, und sie haben ihre Bedeutung im magischen Arsenal der französischen Bauern bis heute behalten.

1. An einem Haus im Auxois.
2. und 3. An Häusern im Bourbonnais.
4. Auf einem Haus in Burgund.
5. In der auvergnischen Limagne.

5

Das Pflanzensammeln unterliegt den gleichen Vorschriften. Bis vor kurzem pflegten die professionellen Kräutersammler sorgfältig nicht nur die Jahres-, sondern auch die Tageszeit beim Sammeln zu beachten: Mittag und Mitternacht waren besonders günstig. Ebenso notwendig waren zusätzliche Vorsichtsmaßnahmen – man zog zum Beispiel einen Kreis um sich und um die Pflanzen, die man sammelte, um zu vermeiden, daß man vom Teufel oder von der Pflanze selbst verhext würde. Die Pflanze wird also lange Zeit hindurch als ein völlig eigenes Wesen angesehen, und die weitverbreitete Vorstellung, daß manche Pflanzen menschliche Wesen hervorbringen können, entspringt demselben Denken. Es erstaunt daher nicht, daß die der Pflanzenwelt zugeschriebenen Kräfte zahllos sind und daß die Kirche ihrerseits die diesbezüglichen Riten und Vorstellungen im wesentlichen wiederaufgenommen hat. So ist der magische Augenblick des Pflückens konsequenterweise mit den großen religiösen Festen verknüpft. In vielen Gegenden genossen die in der Johannisnacht gesammelten Pflanzen eine besondere Verehrung (29). Aufgrund ihrer ausgeprägten magischen Kraft werden Farn, Nußbaumblätter, Johanniskräuter (30) deshalb zu Kränzen geflochten, gebündelt und über den Türen oder Fenstern des Hauses aufgehängt, sowie in Scheunen und Ställen. Häufig nimmt man an, daß die verkohlten Reste des großen Pfahls, der auf dem Holzhaufen in der Johannisnacht verbrannt wird, eine gewisse Kraft haben, ganz besonders die, den Blitz abzuwenden. Viele verwahrten ein kostbares Scheit davon im Schrank. Die kathartische Kraft des Johannisfeuers, über das die ganze Dorfbevölkerung sprang (31), erstreckte sich übrigens auch auf die Herdentiere; in vielen Gegenden rieb man den Schafen oder den gehörnten Tieren mit der Asche des Scheiterhaufens die Seiten ein (32). Die Wirksamkeit des zur Sommersonnenwende verbrannten Holzes ist auch dem zur Wintersonnenwende verbrannten eigen. Die »cosse de Nô«, das Holzscheit, das in der Weihnachtsnacht verbrannt wird und dessen Reste man von einem Jahr zum anderen aufbewahrt, hat die gleiche schützende Eigenschaft bei Gewitter. Als Mittel gegen Gewitter pflegt man auch Johanniskräuter ins Feuer zu werfen. Die Hauswurz, von der man ebenfalls glaubt, sie habe die Kraft, den Blitz abzuwenden und gegen Krankheit zu schützen, wird häufig auf die Strohdächer oder dicht ans Haus gepflanzt. Wir sollten dabei nicht übersehen, daß diese Pflanze auch »Jupiters Bart« (Jovis Barba) heißt. Noch heute findet man sie auf vielen Dächern ebenso wie auf den Mauern, die die Höfe der Bauernhäuser umschließen. In der auvergnischen Limagne gibt es keinen Bauernhof, bei dem nicht auf dem Eingangspfosten der Tür zum Hof eine Hauswurz wüchse. In anderen Gegenden, im Berry zum Beispiel, ist es der Weißdorn, der die Gebäude vor Blitz und Hexerei schützt; dieser Brauch, die Gebäude mit einem Weißdornzweig zu sichern, bestand bereits bei den Römern. In der Picardie und in der Ile de France spielt der Bei-

29. Hartheu (Johanniskraut), Eisenkraut, Minze usw.

30. Auf Korsika ist es das Auferstehungskraut.

31. In vielen Gegenden warf jeder einen Stein ins Feuer.

32. Im Poitou mußte man dabei gleichzeitig sagen: »Der heilige Johannes schütze dich.«

Das Hufeisen gehört wie der Spiegel oder die Nägel zu den magischen Hilfsmitteln, die das Haus vor den Übergriffen des Bösen schützen sollen. Doch kann eine solche Anhäufung wie hier kaum ihrer schützenden Bedeutung allein zugeschrieben werden. – In der Champagne.

Pflanzen hatten seit jeher eine schützende oder heilende Kraft. Man setzt noch heute die gleichen Erwartungen in sie. Die Hauswurz, die schon von unseren frühen Vorfahren geschätzt wurde und all die kleinen, ihr verwandten Fettgewächse, wie etwa auch der Mauerpfeffer, bewahren seit undenklichen Zeiten die Gebäude und besonders die so gefährdeten Strohdächer vor Gewitter. Die Distel, die Sonnenpflanze schlechthin, eine magische und dekorative Pflanze, nagelt man in Berggegenden noch sehr häufig an die Haustüren. Die Ährenbüschel wiederum, die zu Kreuzen gebunden über den Scheunentoren, über dem Rauchfang oder gar über dem Ehebett als Glücksbringer und Unterpfand für künftige Ernten hängen, sind eine echte Opfergabe an die Mächte der Natur.

Haus im Dauphiné.

Haus in den Landes.

Gebäude im Périgord.

Dach in der Grande-Brière.

fuß die gleiche Rolle. In der Picardie und in der Champagne umgibt man die Löcher der Ratten mit Blumen, die bei der Fronleichnamsprozession den Ruhealtar geschmückt oder während der Prozession die Monstranz berührt hatten. Auf diese Weise hinderte man die Ratten daran, in die Scheune oder ins Haus einzudringen. So macht auch die Weihe durch den Priester den Buchsbaum- oder Lorbeerzweig zum Glücksbringer, der Türschwellen, Kamine, Alkoven und sogar Bienenstöcke beschützt. Aber einmal ganz abgesehen von den religiösen Festen liefert der Flurkalender bereits Anlässe genug für eine ganze Anzahl von Riten, die ihre Spuren im täglichen Leben hinterlassen. So wird das Ende der Ernte von Bräuchen begleitet, die entweder familiären Charakter haben oder die gesamte Dorfgemeinschaft betreffen. Das letzte Bündel aus Getreideähren, Sträuße aus verschiedenen Pflanzen, in die Ähren hineingebunden sind, geflochtene Kränze oder Kreuze aus Ähren bereicherten Jahrhunderte hindurch, in der Vorhalle aufgehängt, an der Eingangstür oder an der Wand des Gemeinschaftsraumes angebracht, das magische Arsenal. Die Ehrerbietung, die man auf diese Weise den Gottheiten der Erde erwies, garantierte für das folgende Jahr üppige Ernten, und man vergaß nie, dem Saatgut ein paar Körner aus diesen Ernteststräußen hinzuzufügen.

Aber der seltsamste, verbreitetste, zäheste, die dörfliche Landschaft am stärksten bestimmende Pflanzenkult ist der Maibaumbrauch, ein Baumkult, der auf die Hesus-Verehrung der Gallier zurückgeht. Am 1. Mai und in allgemeinerer Form zu jedem Zeitpunkt, der im Leben der Familie oder des Dorfes eine wichtige Rolle spielt, werden ein hoher Baum oder ein bescheidener Ast, mehr oder weniger aufwendig dekoriert, an der Stelle aufgepflanzt, die man ehren möchte. Immer liegt dabei das gleiche Fruchtbarkeitssymbol zugrunde: dem Erntebaum, einem einfachen Eichen- oder Eschenast, der mit Girlanden geschmückt auf dem letzten Erntewagen aufgestellt wird, dem Hochzeitsbaum, den man am Tag nach der Hochzeit vor dem Haus der Braut aufstellt, und dem Zweig, der im Misthaufen der Hofes aufgepflanzt wird (33). Aber der wichtigste Maibaum ist und bleibt der, der auf dem Dorfplatz oder vorm Haus des Bürgermeisters (beziehungsweise des Gutsherrn) aufgestellt wird, den man im Triumphzug durch das Dorf trägt und dessen Aufstellung mit festlichem Umtrunk gefeiert wird. Das Errichten eines Maibaums, den man stets an Ort und Stelle stehenläßt (denn es bringt Unglück, wenn man ihn beseitigt), war früher sogar in den großen Städten üblich. Am christianisierten Maibaum in Gestalt der Weihnachtstanne, die aus einem heidnischen Ritus nordischen Ursprungs herrührt, zeigt sich, daß noch heute selbst im städtischen Milieu die kultische Verehrung der Baumgottheit nicht ausgestorben ist.

33. Seltsamerweise soll der Maibaum, den man in den Mist stellt, die Schlangen vertreiben können. In manchen Gegenden sagt man: »Er hindert die Schlangen, den Kühen die Milch abzusaugen.« Was eine interessante Verflechtung zweier in den alten Mythen sehr verbreiteter Symbole darstellt; Baum und Schlange werden hier in Zusammenhang gebracht.

Seit dem Altertum war die glücklich eingebrachte Ernte stets Anlaß für allerlei Festbräuche, bei denen der Mais und die Ährenbündel als schmückendes Beiwerk unerläßlich waren. Heute ist es nicht mehr allgemein üblich, der Frau des Hauses feierlich einen Strauß aus Ähren und Feldblumen zu überreichen, doch haben diese Bräuche hier und da noch überdauert, ebenso wie die Dorffeste, mit denen man die üppigen Ernten feiert. – Erntefest in der Provence.

Bei den beiden Sonnenwenden und den Festen, mit denen man sie feierte, war das dabei verbrannte Holz jeher von großer Bedeutung. Nach der Christianisierung der Sonnenwenden (der heilige Johannes der Täufer, Symbol der Hoffnung auf ein besseres Leben, verkündet die Ankunft des Lichts der Welt zu genau dem Zeitpunkt, von dem ab die Tage kürzer werden; Weihnachten – die Geburt Christi, des Lichtes der Welt, zu dem Augenblick, von dem ab die Tage wieder länger werden) dauert dieser Brauch fort in Festen, die Anerkennung und Segen der Kirche haben. Die Anzündung des Weihnachtsscheites ist ein familiärer und häuslicher Brauch, während der des Johannisfeuers zu den dörflichen Gemeinschaftsfesten gehört. Sobald man von der Christmette nach Hause zurückgekehrt ist, besprengt der Herr des Hauses das Scheit mit Weihwasser, manchmal auch mit Wein. Dann zündet er es an, wobei er ein Gebet spricht. Häufig handelt es sich bei dem Weihnachtsscheit um ein Stück Baumstamm, das einige Tage lang brennen muß, meistens drei oder neun Tage. Nur wenn diese Bedingung erfüllt ist, wird das Haus im kommenden Jahr unter einem glücklichen Stern stehen. – Weihnachtsbrauch im Elsaß: Das Weihnachtsscheit wird angezündet.

Der Wasserkult, den die Kirche durch ihre gesamte Geschichte hindurch wie alle anderen heidnischen Kulte verdammte, ist in vielen Gegenden bis in die Gegenwart lebendig geblieben. Das Sonnwendwasser, vor allem das der Sommersonnenwende, besitzt mehr Zauberkräfte als jedes andere Wasser: Es wurde von der Kirche dem heiligen Johannes geweiht; das Wasser erhält in dieser Nacht Heilkraft. Die Quellen, gepriesen wegen ihrer wunderbaren Kräfte, wurden oft zu regelrechten Pilgerstätten. Die Brunnen christianisierte man nach und nach und unterstellte sie dem Schutz eines Heiligen.

Mit der reinigenden Wirkung des Feuers haben wir uns bereits befaßt, insbesondere im Zusammenhang mit dem Johannisfeuer. Zwei weitere Substanzen, Salz und Wasser, spielen ebenfalls eine wichtige Rolle in den häuslichen oder die Gemeinschaft betreffenden Riten, die darauf abzielen, den häuslichen Lebensbereich, die Menschen und die Güter zu sichern.

Das Salz war zuerst einmal als kostbare Substanz Gegenstand eines Sparsamkeitskultes, denn es unterlag in vielen Gegenden der Salzsteuer. Darüber hinaus schrieb man ihm die Kraft zu, Geister aus den Räumen zu vertreiben, und Teufel und Hexen samt ihrem Zauber zu bannen. Es ist ganz gewiß kein Zufall, wenn beim bäuerlichen Mobiliar die Salzbank häufig der Stuhl des Familienoberhauptes wird und den besten Platz beim Herd einnimmt. Feuer, Wasser und Salz finden sich auch oft vereinigt im Ritus des Weihnachtsscheites, das der Herr des Hauses zuerst mit großer Feierlichkeit anzündet, dann mit Wasser besprengt und schließlich mit einer Handvoll groben Salzes bewirft. In vielen Gegenden waren Brot und Salz das allererste, was man in ein neugebautes Haus hineinbrachte; in Flandern mußten die Frauen beim ersten Kirchgang nach ihrer Niederkunft Salz bei sich tragen. Und es ist wiederum das grobe Salz, das man in der Johannisnacht in einer Pfanne ins Kaminfeuer hielt. Im Poitou mußte man es das ganze Jahr hindurch bei sich tragen, um nicht verhext zu werden. Heute noch glaubt man, es bringe Unglück, wenn man Salz verschüttet; selbst in den Stadtgegenden (34) wirft man schnell eine Prise Salz über die Schulter, um den Teufel zu vertreiben. Schon allein das bloße Vorhandensein von Salz im Haus scheint ein wirksames Mittel gegen bösen Zauber zu sein.

34. Würde man zu diesen Bräuchen eine ethnologische Untersuchung im städtischen Milieu durchführen, so würde man mit Gewißheit einige Überraschungen erleben.

Die Rolle des Wassers als kathartisches und prophylaktisches Element ist noch sehr viel komplexer. So gehört es zum Beispiel zusammen mit dem Salz zum Reinigungsritual der christlichen Taufe. Die Rolle freilich, die es in den heidnischen Riten spielt, die das tägliche Leben der bäuerlichen Bevölkerung bestimmen, ist sehr viel umfangreicher. Ohne uns jetzt in Details von wassermythologischen Volksbräuchen verlieren zu wollen, die bei allen Völkern der Welt zu finden sind, möchten wir daran erinnern, daß noch bis vor relativ kurzer Zeit Wasser, Fluß, Quelle und Brunnen kultisch verehrt wurden. In den Augenblicken der Winter- und der Sommersonnenwende entfaltet das Wasser seine magischen Kräfte. Das gleiche gilt nach der Christianisierung für das Wasser der Weihnachtsnacht und das Johanniswasser. Schöpft man Wasser in diesen Augenblicken des Jahres, so erwirbt man eine reinigende Flüssigkeit, die sowohl heilende als vorbeugende Eigenschaften hat. Man besprengt deshalb Wohnhaus, Stall und Scheunen mit Weihnachts- oder Johanniswasser; das kranke Tier wie der kranke Mensch trinken einige Schlucke davon. Das kirchliche Weihwasser hat weitgehend das heidnische Wasser verdrängt und an die Stelle der individuellen oder gemeinschaftlichen Wallfahrt zur Quelle trat die Segnung des Hofs, der Ernten und Felder durch den Priester. Dennoch bewahrt man noch immer auf dem Kamin und manchmal auch auf dem Dach befestigt eine Weihwasserflasche auf, die mit untrüglicher Gewißheit das Unglück vom Haus fernhält. Am Tag des heiligen Eligius, des Schutzpatrons der Hufschmiede, gießt man ein wenig Weihwasser in die Tränke, um die Pferde vor Krankheit zu bewahren, und mit Weihwasser schließlich besprengt man manchmal die Bienenstöcke, die man schwärmen lassen will.

Der Wasserkult hat im Lauf der Zeit immer offiziellere Formen angenommen und seinen heidnischen Ursprung verloren. Der Steinkult dagegen hat nie seine unwiderstehliche Anziehungskraft eingebüßt. Die Faszination, die Donnersteine oder bearbeitete Steine auf die ländliche Bevölkerung (35) ausüben, geht auf ein bis heute unerklärtes Phänomen zurück. Seit frühesten Zeiten wurde in den verschiedensten Gegenden aller fünf Kontinente die Entdeckung eines Faustkeils oder eines Werkzeugs aus behauenem Stein als Geschenk des Himmels betrachtet; man legt diesen kostbaren Talisman so schnell wie möglich in das Gebäude, das man schützen will. Bei den Bestattungen der gallo-römischen Zeit ebenso wie bei den Merowingern pflegte man den Toten bereits Werkzeug aus dem Paläolithikum oder aus dem Neolithikum mitzugeben. Merkwürdig genug, daß man noch zu Beginn des zwanzigsten Jahrhunderts in vielen Familien dem Sterbenden die Kultaxt zum Kuß vorhielt; gelegentlich legte man sie sogar dem Toten auf den Mund. Ebenso spielten der Donnerkeil, die Pfeilspitze oder der prähistorische Schmuck lange Zeit hindurch eine therapeutische Rolle bei allen Arten von Krankheiten, die Menschen oder Tiere befallen können. Nachdem man diese Steine in Öl oder Wasser erhitzt hatte, legte man sie auf die erkrankten Körperteile – das Euter der Kuh, die Brust der Frau oder welcher Bereich auch immer von der Krankheit befallen war. Es ist also keineswegs verwunderlich, wenn sie unter den magischen Gegenständen im Haus einen hervorragenden Platz einnehmen. An den wichtigen Stellen des Hauses, an der Schwelle, dem Herd, dem Dachstuhl, im Gemäuer angebracht, wendet der Faustkeil, den man auch Blitz- oder Donnerstein nennt, das Gewitter ab und bewahrt Mensch und Tier vor Krankheiten. Er schützt Wohngebäude, Scheunen, Tennen und Ställe; selbst in Klöstern und Kirchen pflegte man vorsichtshalber einen solchen Donnerstein irgendwo aufzubewahren. Nur in seltenen Fällen gilt die Steinaxt als unheilbringend. Man nennt sie dann Hexenstein oder Hexenfinger (36), den man so schnell wie möglich zerschlägt, um seine teuflische Kraft zu zerstören. Mit manchen Tierfossilien wird genau der

35. Man sollte hier im übrigen ruhig einmal aussprechen, daß die prähistorischen Gegenstände lange Zeit hindurch auch in den Städten große Verehrung genossen, und zwar durchaus auch in den »besseren Kreisen«, daß auch hohe Beamte und Geistliche sich daran beteiligten.

36. Muß man hier einen Zusammenhang sehen mit den sogenannten »Hexenlöchern«, wie man in manchen Gegenden den hinteren Teil der prähistorischen Höhlen nannte?

Glücksbringende Ammoniter in Burgund und im Nivernai

gleiche Kult wie mit den Steinen betrieben. So ist es mit dem versteinerten Seeigel, der als Amulett getragen oder als prophylaktischer Gegenstand im Haus verwahrt wird oder mit den Belemniten und Ammoniten, die man am Dachstuhl aufhängt oder ins Mauerwerk einfügt. Wir haben sie im Poitou, in Burgund und im Nivernais entdeckt, wo sie neben der Eingangstür oder über einer Öffnung in die Fassadenwand eingemauert waren. In den Gegenden, wo sie besonders häufig vorkommen, setzt man sie auch auf die Hofmauern oder in die Umfassung von Gartenbeeten. In Burgund sagt man, daß sie die Raupen daran hindern, das Gemüse zu zerfressen. Wesentlich öfter bemerkt man in vielen Gegenden auf den Eingangspfosten der Hoftore oder auf den Fensterbrettern durchlöcherte Steine. Man verwendet sie noch heute bei vielen Neubauten, ohne daß dabei an ihre vorbeugende Kraft gedacht wird.

Vielleicht läßt sich eine Verbindung herstellen zwischen der Form des Ammoniten und dem Spiralmuster, das zu den traditionellen magischen Symbolen des alten Bauernhauses gehört (37)? Ohne daß wir diese Hypothese total von der Hand weisen wollen, müßten wir doch, um sie zu stützen, erst einmal nachweisen, daß sich auch die Formen von anderen zum Schutz verwendeten Fossilien bei den magischen Zeichen wiederfänden. Das ist allerdings nicht der Fall (38). Wie dem auch sei, die weitverbreitete Verehrung, die den Steinen, Fossilien oder prähistorischen Werkzeugen zuteil wird, stellt uns vor ein fundamentales Problem. Mit Gewißheit ist es nicht die Seltenheit dieser Gegenstände, die ihren Wert erklärt, da man sie in Regionen, in denen sie in großen Mengen vorkommen, mit dem gleichen Respekt behandelt. Auf den ersten Blick unerklärbar erscheint die Gleichsetzung der Steinaxt oder der Pfeilspitze mit Donner und Blitz. Doch trug bei den Germanen schon Thor, der Donnergott, Sohn des Odin, diese Axt, ebenso wie der keltische Gott Sucellos. Man glaubte lange Zeit hindurch, daß der Donner durch den Zusammenprall zweier kugelförmiger Steine aus konzentriertem Staub entstehe, und daß die so seltsam geformten Steine als Überbleibsel dieses »Unfalls« auf die Erde herabfielen.

Ebenso wie das prähistorische Werkzeug als Gegenstand gedeutet wird, der die verschiedensten magischen Eigenschaften besitzt, unterlegt man in manchen Fällen auch den Werkzeugen und Geräten des täglichen Lebens apotropäische Eigenschaften. So stellt man vielerorts, wenn ein Gewitter droht, eine Sense mit der Schneide gen Himmel gerichtet auf die Schwelle des Hauses, um es vor dem Blitz zu schützen; in anderen Gegenden nimmt man dafür eine Axt. Man muß in diesem Fall hervorheben, daß diese Werkzeuge, abgesehen davon, daß sie aus Eisen, dem magischen Metall, sind, einen speziellen Symbolcharakter haben. Die

37. Seit dem Paläolithikum gilt die Spirale als Fruchtbarkeitssymbol, häufig in Verbindung mit dem Wasser und dem Mond.

38. Man darf dabei nicht übersehen, daß die Form des Seeigels an ein Sternensymbol oder eine vielblättrige Blume erinnert.

Wie von den Fossilien glaubt man von den durchlöcherten Steinen, daß sie besondere Zauberkräfte besitzen. Vor allem können sie die Schnecken aus dem Gemüsegarten vertreiben. Findet man sie auf einer Umfassungsmauer oder am Rande eines Gartenbeetes, so geht ihre Bedeutung in jedem Fall über die eines einfachen Schmuckelementes hinaus (als das man sie häufig betrachtet): sie sind die letzten Zeugen des uralten Steinkultes. – Auf einer Mauer in der Gegend von Mâcon.

39. In diesem Zusammenhang ist von Interesse, daß man den »Donnerstein« in Gegenden, in denen er keine magische Bedeutung mehr hat, sehr häufig noch benutzt, um die Sensen zu schleifen.

Sense ist das Zeichen des Todes und die Axt das Utensil des Donnergottes. Vielleicht stellte man diese Zeichen deshalb auf, weil man glaubte, sich damit unter den Schutz jener zu begeben, deren Zorn man fürchtete (39)? Eine wichtige Rolle spielt der Besen bei den verschiedensten Bräuchen der Dorfgesellschaft, und besonders bei Hochzeiten findet er Verwendung als magisches Requisit. Immer galt er als bevorzugtes Reitgerät der Hexen. Er ist Teil des Hochzeitsbaums, der bei der Verheiratung der letzten Tochter vor dem Haus aufgestellt wird. In der Champagne pflegte man mit den Besen aus sämtlichen Häusern des Ortes bei jeder Hochzeit ein regelrechtes Autodafé zu veranstalten. Der Holzstoß hat also eine magische Kraft, die in den Bräuchen, die der Bekämpfung von Hexerei dienen, auf vollkommene Weise zum Ausdruck kommt: kreuzt man zwei Besen vor einer Stalltür oder vor einer Wohnungstür, so hat das den Zweck, den Bösen zu vertreiben. Im übrigen sieht man noch häufig Besen verkehrt herum vor der Haustür stehen; ihre apotropäische Kraft ist seit langem bekannt. In manchen Gegenden ist dieser Brauch so verbreitet, daß man die Besen vor jeder Haustür findet. In den Dörfern der auvergnischen Limage, die wir 1978 besuchten, fanden wir dieses Zeichen fast überall vor.

Auch die Bedeutung des Holzschuhs, den man an vielen Bauernhäusern an der Fassadenmauer oder bei der Eingangstür aufgehängt findet (als rustikales Schmuckelement bei vielen heutigen Neubauten wiederaufgenommen), sollte man nicht unterschätzen. Der Holzschuh symbolisierte lange Zeit hindurch eheliche Eintracht und Fruchtbarkeit. Er taucht deshalb häufig bei den Riten der Brautwerbung auf: So pflegte in der Gegend um Lyon der Freier dem jungen Mädchen, das er heiraten wollte, ein paar Holzschuhe zu schenken. Wenn sie den für den linken Fuß anzog, dann galt die Werbung als angenommen, und als abgewiesen, wenn sie den rechten Holzschuh anzog. Der linke Holzschuh wurde liebevoll aufbewahrt. Am Holzschuh, den man an manchen Hochzeitsbäumen findet, wird seine Bedeutung als Fruchtbarkeitssymbol deutlich, zumal wenn man weiß, daß er eine kleine Puppe enthält, die bei der Geburt des ersten Kindes entfernt wird. Gar kein Zweifel ist mehr erlaubt, wenn man hört, daß man in der Sologne von einem schwangeren jungen Mädchen sagt: »alle a cassé son sabiot« oder auch »alle a cassé son sabiot pa' l'talon« (sie hat ihren Holzschuh zerbrochen) (40). Der Holzschuh wurde ursprünglich als zauberkräftiger Gegenstand bei der Verzierung des Hauses verwendet und nicht, weil man sich irgendeine ästhetische Wirkung davon erwartete. (In diesem Zusammenhang ist es interessant zu wissen, daß man in Ägypten einen Schuh an der Wand des Zimmers befestigt, um die bösen Geister daraus zu vertreiben.)

40. Vgl. Bernard Edeine, a. a. O.

Der Holzschuh war seit eh und je eng mit der Fruchtbarkeitsvorstellung verbunden, deswegen befestigte man ihn auch am Hochzeitsbaum. Jene Holzschuhe, die man so häufig aufgehängt an den Hauseingängen findet, sind vielleicht die Hochzeitsschuhe, die das Paar sorgsam bis zur Geburt des ersten Kindes aufbewahrt und nicht selten sogar weitervererbt. Doch ist der tiefere Sinn dieses Brauchs verlorengegangen; heute verwendet man die Schuhe nur noch als Zierat.
An einem Haus in der Gegend von Mâcon.

Das Rad ist seit den frühesten Zeiten der Menschheit ein auf der ganzen Welt anerkanntes Sonnensymbol; es war noch bis vor kurzer Zeit Bestandteil vieler bäuerlicher Bräuche. Das Wagenrad wird heutzutage häufig zur Zierde verwendet; an vielen Häusern (wie hier im Brie) und vor allem bei Neubauten sieht man die Räder als zusätzliche Hofeinfassung. Selten sieht man ein Rad allein, und die Vielzahl von aneinandergereihten Rädern ist beeindruckend bei einem solchen »Zaun«. Warum sollte man sie nicht mit jenen Rädern am Sonnentempel von Konarak vergleichen?

de 9h. à

1

2

3

Findet man ein Hufeisen, so bringt das Glück. Diese entschiedene Behauptung haben wir immer wieder gehört und wir hören sie noch. Schon die Römer hegten diesen Glauben, und niemand kann uns heutzutage den Ursprung dieser Vorstellung erklären. Liegt es daran, daß dieser Gegenstand ursprünglich sehr kostbar war, in einer Zeit, als das bearbeitete Eisen sehr selten war und der Schmied als Person tiefe Furcht einflößte? Man darf dabei nicht übersehen, daß das Eisen ein zauberkräftiges Metall ist und daß sein Vorhandensein in Gestalt jedwelchen Gegenstandes ausreicht, um Zauberei abzuwehren oder um vor Gewitter zu schützen. Wie dem auch sei, in jedem Fall ist der »Kult« um das Hufeisen noch immer sehr verbreitet; man findet die Hufeisen in Hülle und Fülle an den Haus- und Stalltüren, über den Viehtränken und auf den Kaminsimsen. Die »Sträuße des heiligen Eligius« dienen vor allem den Hufschmieden als Aushängeschild, als Zeichen ihres handwerklichen Könnens.

1. »Strauß des heiligen Eligius« in Burgund.
2. Hufeisen in Auxois.
3. »Strauß des heiligen Eligius« im Bourbonnais.
4. Schutzzeichen an einem Taubenschlag im Bourbonnais in Form von Hufeisen, die über dem Einflugloch in die Mauer eingemeißelt sind.

4

Selbstverständlich werden diese Bräuche von denen, die sie noch ausüben, in keiner Weise als Kultritual für eine heidnische Göttin erkannt; ebensowenig stützt sich der Glaube an die Kraft der Steinäxte auf irgendeine offizielle religiöse Überlieferung. Es handelt sich dabei einfach um uralte Handlungen, die ursprünglich aus existentieller Angst geboren wurden. So könnte auch der bei den Städtern weitverbreitete Brauch, die Umfassungsmauern oder die Wände ihrer Wochenendhäuser mit Wagenrädern zu verzieren, einem ähnlichen Geist entspringen. Das Rad als Sonnensymbol hat für die meisten Völker als magischer Schmuck eine ungeheure Bedeutung, wie wir noch sehen werden. Keinesfalls läßt sich, auch wenn das Rad zur Zeit vorwiegend von Städtern zu dekorativen Zwecken verwendet wird, die offenbare Ähnlichkeit der Zeichen leugnen (41). Um so weniger, wenn man die wesentliche Rolle kennt, die das brennende Wagenrad als Sonnensymbol schlechthin bei der Entzündung der Johannisfeuer hat und wenn man um die zauberabwehrende Bedeutung der Wagenräder weiß, die in der Nacht vom 30. April auf den 1. Mai zum Rollen gebracht werden.

Will man die magische Bedeutung des Hufeisens erforschen, so stößt man auf dieselben Probleme. Von allen glückbringenden Attributen der Bauern ist es am weitesten über den Rahmen der bäuerlichen Welt im engeren Sinne hinausgedrungen, denn es wird oft und gerne auch von den Bewohnern der großen Städte verwendet. Das läßt den Stellenwert erkennen, den es seit Jahrhunderten innehatte. Der regelrechte Kult, der ihm in vielen Gegenden bereitet wurde, geht wohl mit allergrößter Wahrscheinlichkeit auf die gallo-römische Zeit zurück (42). Man sagt seit jeher, daß man es durch Zufall finden muß, damit sein Zauber wirksam wird; der wiederum ist um so größer, wenn es noch einige Nägel besitzt. Das Hufeisen, das man auf einem Weg oder auf einem Feld findet, hütet man deshalb als Talisman. Man trägt es bei sich oder nagelt es über die Eingangstür, über den Kaminsims oder über die Scheunentür; in manchen Gegenden legte man es in die Pferdetränke; häufig schmückte man damit die Kirchentür. Abgesehen vom geradezu universell im Volk verbreiteten Glauben an das Hufeisen kann man in diesem Zusammenhang eine ganze Reihe von Konvergenzen feststellen. Schon allein das Eisen als Material gilt als mit übernatürlichen Kräften ausgestattet. Von dem Eisenstück, saß man in den Hühnerstall unter die zu bebrütenden Eier legt, um sie vor dem Gewitter zu schützen, oder das man in den Keller legt, um zu verhindern, daß der Wein umschlägt, über das Eisenstück (meistens ein Schlüssel), das man berühren muß, wenn man einer Person begegnet, die der Zauberei verdächtig ist (43) bis hin zur Furcht, die Schmied und Hufschmied einzuflößen pflegten, die in der dörflichen Gemein-

41. Ein Vergleich, der vielleicht etwas weit hergeholt erscheint, nämlich zwischen dem Zierwerk an diesen Vorbauten und denen des Sonnentempels in Konarak ist in diesem Zusammenhang dennoch sehr aufschlußreich.

42. Die Römer scheinen im Gegensatz zu den Galliern den Eisenbeschlag im eigentlichen Sinne nicht gekannt zu haben, sondern nur die mit Bändern befestigte Eisensohle. Doch berichtet uns Plinius, daß sie die gleiche Zauberkraft besaß.

43. In vielen Gegenden muß man ein Stück Eisen berühren, wenn man einem Priester begegnet.

1

2

1. »Eligiusstrauß« in der Provence. 2. »Eligiusstrauß« in Avranchin.

Hufeisen über dem Brunnen eines Hauses im Anjou.

schaft seit jeher einen besonderen Platz einnahmen: es ist immer das gleiche Symbol, das man wiederfindet (44). Die Bedeutung des Kultes, der dem heiligen Eligius erwiesen wurde und der insbesondere in den »Straußen des heiligen Eligius« zum Ausdruck kommt, die den Hufschmieden als Aushängeschilder dienen, geht auf das gleiche Phänomen zurück (45). Das Eisen wurde seit jeher als unübertreffliches Schutzmittel gegen Zauberei, Gewitter und den Teufel angesehen. In diesem Zusammenhang ist es sicher wichtig zu bedenken, daß ebenso, wie man der prähistorischen Steinaxt wunderbare Kräfte zuschreibt, auch das Eisen als Zeugnis einer großen Wende in der Geschichte der Menschheit einen tiefen Eindruck im Denken der Menschen hinterlassen hat.

Wir wollen hier einer später folgenden Betrachtung nicht vorgreifen (46), doch sollte man in diesem Zusammenhang doch darauf hinweisen, welch wesentliche Rolle die Haus und Hof schützenden Figuren und Bilder spielen. An vielen Häusern findet man über der Eingangstür oder in der Vorhalle eine Nische, in der eine Jungfrau oder ein Heiliger steht, deren Schutz man sich unterstellt. Das Studium der dörflichen Bräuche zeigt sehr deutlich, wie wichtig die Bauern ihre Kirchenheiligen nehmen. Ein Heiliger heilt Koliken, ein anderer Rheumatismus, und noch ein anderer sorgt für die Fruchtbarkeit; noch in unseren Tagen werden unfehlbare Tränke zubereitet, in die man Gips- oder Steinstaub oder Holzfasern mischt, die man von den Heiligenfiguren abgenommen hat. Auch der Kult, der seit eh und je den aufrechtstehenden Steinen erwiesen wurde, wird noch von genau denselben Bräuchen begleitet und hat sich trotz der von der Kirche vorgenommenen christlichen Bemäntelung (47) seinen ganzen heidnischen Inhalt bewahrt. Ebenso verfuhr die Kirche mit jedem in Gemeinschaftsbesitz befindlichen Platz, dem die Bevölkerung eine magische Bedeutung unterlegt hatte. Die Wegkreuzung zum Beispiel, wo häufig geheime Rituale stattfanden, wurde durch ein Kreuz oder durch einen Kalvarienberg geweiht. So hat auch die kleine Statue, die an vielen Bauernhäusern zum gewohnten Bild gehört, vor zweifellos sehr langer Zeit diesen Platz von einer heidnischen Statuette übernommen. Auch der Steinheilige, der viele Brunnen überragt, hat keine andere Bedeutung. Man kann im übrigen die Holzkreuze, die die Bauernhäuser beschützen, nicht einfach als christliche Symbole deuten. Ihr auffallend häufiges Vorkommen in manchen Gegenden wie im Chablais, wo man sie in großer Zahl unter den Vordächern findet, die den Hauseingang überschirmen, zeigt sehr deutlich die magische Wirkung, die man sich von ihnen erwartet. Auch die Münzen, die man dort manchmal auf-

44. In der Saintonge mußte ein Kind, das nicht am Tag seiner Geburt getauft werden konnte, immer ein Stück Eisen am Körper haben.

45. Das Hufeisen birgt die dreifache Symbolik des läuternden Feuers, des zauberkräftigen Eisens und des mythischen Pferdes.

46. Vgl. Kapitel: »Die magische Bedeutung der dekorativen und funktionellen Elemente.«

47. Meistens ein Kreuz, das auf den Monolithen aufgesetzt ist.

Auch mit begrenzten Mitteln kann man die so bedeutungsvolle Fensteröffnung dekorativ gestalten: Fenstereinrahmung in Akkoladenform an einem Haus im Maine.

gehängt findet, bestärken noch die These von einer nachträglich vorgenommenen Christianisierung. So wurde auch das magische Bilderarsenal zunehmend durch religiöse Bilder ersetzt, die man nun häufig neben Steinaxt, Johannisstrauß und Weihnachtsscheit hängt. Man findet diese Bilder stets an einem Ehrenplatz, über dem Bett, auf dem Kaminsims oder auf der Innenseite der Schranktüren, wo sie in gewisser Weise an den Familienaltar erinnern, den häuslichen Kultort früherer Zeiten. Zwar haben sie aufgrund der heutzutage üblichen Bilderfülle ihren ein wenig mysteriösen Anstrich von Seltenheit verloren. Wie dem auch sei, der Kult ist lebendig geblieben, und das Bild des Verstorbenen oder der Verstorbenen, häufig mit einem geweihten Buchsbaumzweig geschmückt, hat nach wie vor seinen Platz neben dem Hochzeitsstrauß oder dem eingerahmten Diplom.

Die Laren sind noch immer gegenwärtig, und jede selbstverständliche häusliche Aktivität, jeder altvertraute Zierat, jeder unbewußte Blick, den man diesem oder jenem Gegenstand zuwirft, um sich gegen Angriffe des Bösen zu schützen, jeder Brauch und jedes geheime Familienrezept verraten die Zugehörigkeit zu einer uralten kulturellen Gemeinschaft, die sich im Verlauf ihrer Geschichte die notwendigen Schutzvorrichtungen geschmiedet hat, um diese trotz allem gefährliche Reise durchs Unbekannte überleben zu können.

Wenn man auch heutzutage nicht mehr so überzeugt ist von den magischen Eigenschaften dieser Schutzvorrichtungen oder Heilmittel (48), so sorgt doch die heute rein dekorative Verwendung von einst magischen Gegenständen, die nur aus Traditionsgefühl vorgenommene Wiederholung von Gesten oder Zeremonien, die einst rituellen Charakter hatten, für das Fortleben des magischen Schmucks am Bauernhaus. Die Beruhigung, die man beim Anblick dieser altüberlieferten Elemente verspürt, hat schon für sich allein Schutzqualität.

48. Das ist natürlich sehr relativ, denn die meisten dieser Vorstellungen sind sowohl auf dem Land als auch in den Städten, wenn auch in mehr oder minder modernisierter Form, noch tief verwurzelt.

Im Tonnerrois.

In der Auvergne.

Die Heiligennische ist aus dem Bild der französischen Dörfer nicht wegzudenken. In manchen Gegenden findet man sie an beinahe jedem Haus. Meistens birgt sie die Statue eines Schutzpatrons oder der Madonna.

Im Poitou.

In Burgund.

Die magischen Symbole am traditionellen Bauernhaus

Aufgemalte Zauberzeichen.
Geschnitzte und eingemeißelte Zeichen.
Die magische Bedeutung
der dekorativen und funktionellen Elemente.
Die magische Verwendung der Baumaterialien.
Die Zeichen der Eigentümer,
der wandernden Handwerksburschen und der Baumeister.

Aufgemalte Zauberzeichen

Die magische Kraft, die der Volksglaube den Pflanzen, Tieren und Gegenständen unterstellt, kann das Haus nur zum Teil vor unheilvollen Einflüssen schützen. Die Außenwände des Gebäudes müssen deshalb notwendigerweise in Höhe der wichtigsten Öffnungen weitere Elemente aufweisen, die bösen Zauber abwehren. Genau das gilt für die mehr oder weniger geometrischen Zeichen und Symbole, die man aufgemalt mit Kalk, Farbe oder Teer an vielen französischen Landhäusern findet. Aber häufig haben Wind und Wetter sie mit der Zeit verblassen lassen oder völlig ausgelöscht. Man sollte deshalb nicht den voreiligen Schluß ziehen, daß Gegenden, in denen diese Zeichen selten sind oder ganz fehlen, von den damit verbundenen Vorstellungen unberührt geblieben sind. Vielleicht sind sie hier einfach eher als anderswo verschwunden, vielleicht waren die Witterungseinflüsse hier auch ungünstiger als anderswo. Doch sind noch so viele von ihnen an den alten Landhäusern erhalten geblieben, daß sich eine eingehende Beschäftigung damit durchaus lohnt. Aufgemalte Symbole findet man bei vielen Häusern in Hülle und Fülle neben eingemeißelten Schmuckelementen, vor allem bei solchen Gebäuden, die aus einem Material bestehen, das leichter zu bearbeiten war, oder bei Gebäuden, die wohlhabenderen Leuten gehörten. Es kann kein Zweifel daran bestehen, daß das aufgemalte Zeichen vor allem dem Schutz der Armen diente, auch wenn es manchmal an großen, mächtigen Höfen vorkommt.

Vom ganz einfachen Kreuz, das mit Kalkmilch auf die Fassade eines Hauses aufgemalt wurde, bis hin zum aufwendigen Zierwerk, das aus einer Vielzahl verschlungener Formen besteht, sind die Zeichen, die das Gebäude vor bösem Zauber schützen sollen, ebenso zahlreich wie leicht deutbar. Sie entstammen einer tiefverwurzelten, der ganzen Menschheit ge-

Die Dicke der Mauern, die Zuverlässigkeit des Daches reichen nicht aus, um die Hausbewohner vor den mannigfachen Gefahren zu schützen, die auf sie lauern: ein ganzes Arsenal von magischen Zeichen, Symbolen und Gegenständen muß zum Schutz des Hauses aufgeboten werden.

Haus in den Causses.

meinsamen Basis, sie alle wollen mehr oder weniger das gleiche ausdrücken: »Achtung, ich habe für meinen Schutz gesorgt. Wer dieses Zeichen fürchtet, der möge sich entfernen.« Es bleibt somit nur noch wenig Raum für die Phantasie, für die persönliche Deutung, denn es handelt sich hier nicht um künstlerische Eingebung, sondern um einen Code, der seit jeher anerkannt ist und von einem an den anderen weitergegeben wurde. So ist es nicht verwunderlich, daß sich die Form dieser Zeichen im Laufe der Jahrhunderte nur sehr wenig verändert hat. Die Einfachheit ihrer Gestaltung bietet die Garantie für ihre Allgemeingültigkeit und gewährleistet ihr Überleben. Es liegt nicht in unserer Absicht, diese Symbole hier tiefer zu erforschen; doch können wir nicht umhin festzustellen, daß sie ganz offenbar dem magischen Alphabet angehören, das allen Völkern aller Religionen und Epochen gemeinsam ist.

Eine erste Gruppe aufgemalter Abwehrzeichen besteht aus einfachen geometrischen Symbolen: kommataförmige Striche, Hörner, Winkel, Wellenlinien. Diese schematisierten Darstellungen, die aus grauen Vorzeiten überliefert sind, dienen vielen Häusern in den unterschiedlichsten Regionen als schützendes Zierat. Das »Hexengitterle« im Elsaß umgibt in gebrochenen Linien die Öffnungen, die in den Keller oder auf den Speicher führen. Ebenfalls im Elsaß kann man noch alte Häuser finden, deren Außenmauern mit vertikalen Wellenlinien überzogen sind, mit Spiralen und Winkelzeichen, die zu Lebensbäumen übereinandergesetzt sind (1). Hörner (2) oder »Kommata« findet man in Savoyen wie im Baskenland auf den Türbalken oder den Mittelbalken von Fachwerkhäusern. Solche ganz »elementaren« Zeichen zieren auch in großer Zahl die Schindeln, die an den alten Landhäusern der östlichen Pyrenäen das Kranzgesims bilden. Wir haben sie auch an vielen Häusern im Roussillon entdeckt. Alle Schindeln, die das Kranzgesims bilden oder die an der Dachrinne entlang eingesetzt sind, tragen mit Kalkmilch aufgemalte Zierzeichen: Gitter, gepunktete Linien, übereinandergesetzte Winkel, stilisierte menschliche oder tierische Formen. In manchen Fällen handelt es sich hier nur um eine einfache Aneinanderreihung von »Wolfszähnen« ohne weiteres zusätzliches Motiv. Meistens ist bei diesen Gesimsen die mittlere Schindel datiert. Alle diesbezüglich befragten Personen äußern ihr Bedauern darüber, daß dieser Zierat heutzutage nicht mehr üblich ist (nur die »Wolfszähne« findet man noch an neuen oder an renovierten Häusern), sehen gleichzeitig diese Motive aber nur rein ornamental.

Bei den auffallend weit verbreiteten Sonnenzeichen, die man an sehr vielen Landhäusern findet, zeigt sich das gleiche Phänomen: Kreis, Rad, Swastika (3), Rosette, die alle die Sonne symbolisieren, sind von allgemeingültigem Wert, und von den Gräbern des Bronzezeitalters bis hin zu den christlichen Katakomben, von den Sarkophagen der Merowingerzeit bis hin zu den mittelalterlichen Häusern entstammen sie immer dem gleichen Sonnenkult. Der

1. Diese Symbole treten seit dem Paläolithikum in Erscheinung. Man findet sie in Zeichnungen an Felswänden oder eingegraben in den Stein, das Horn oder das Holz der Gegenstände oder Schmuckstücke. Sie sind häufig miteinander verschlungen, und man findet sie so auch als Ornamente an Bauernhöfen. Hierin zeigt sich der ununterbrochene Fortbestand dieser ursprünglichen Symbolik.

2. Wir gaben bereits zu bedenken, welche mögliche Verbindung zwischen dem Horn und dem alten Sonnenkult bestehen könnte.

3. Diese Benennung indischen Ursprungs bezeichnet ein Hakenkreuz, bei dem die äußeren Enden der Arme nach rechts abgeknickt sind. Das Symbol ist seit dem zweiten Jahrtausend vor Christus nachweisbar; man findet es bei allen Zivilisationen des Erdballs.

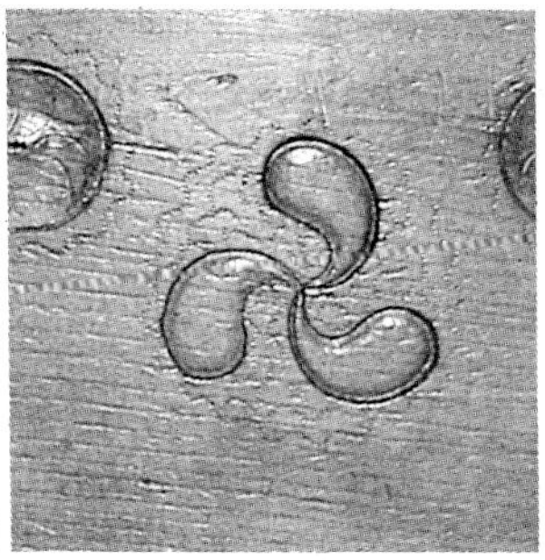
1

2

3

Das Motiv des Sonnenrades findet sich in vielerlei Abwandlungen als schützendes Symbol an Häusern, Möbeln oder landwirtschaftlichen Geräten. Dieses Zeichen, das mit Gewißheit Überbleibsel des alten Sonnenkultes ist, findet man in beinahe allen Regionen Frankreichs und darüber hinaus in der

Weißes Kreuz an einem Haus in der Vendée.

An exponierter Stelle über der Tür zum Wohnhaus oder zum Stallgebäude stehen die weißen Kreuze häufig über einer Umrahmung, die ebenfalls mit Kalkmilch übertüncht ist. Oft sind sie kombiniert mit geometrischen Motiven, manchmal sogar mit Fragezeichen. Man fand sie an den Häusern der Gutsbesitzer, der Pächter wie der Landarbeiter. Jedes Jahr, wenn die Innenwände frisch gekalkt wurden, erneuerte man gleichzeitig auch die Kreuze, die somit von sorgfältig und pünktlich geleisteter Arbeit am Haus zeugen. Aber sollte man hierin nicht genauso wie in den anderen ländlichen Motiven das Bestreben sehen, das Gebäude vor Unheil zu bewahren?

Auf eine Haustür aufgemaltes Kreuz in der Auvergne.

ganzen Welt. Es ist ebenso wie das Kreuz ein allgemeingültiges Symbol. – 1. Baskische Truhe. – 2. Tür im Barrois. – 3. Umfassungsmauer im Vendôme.

Die mit Kalkmilch bemalten gewölbten Ziegel sind typisch für manche Dörfer im Roussillon. Vom »Wolfzahn«motiv, das am häufigsten vorkommt, über zahlreiche geometrische Formen, weisen sie manchmal auch Tier- oder Menschenfiguren auf und einige sehr schwer entzifferbare Motive. Sie kommen uns vor wie ein regelrechtes bäuerliches Zauberalphabet, dessen Sinn jedoch für alle Zeiten vergessen zu sein scheint. Die Bewohner dieser Häuser kennen ihre Bedeutung nicht mehr und würden selbst ein solches Zierwerk nicht mehr herstellen, doch schätzen sie ihren ästhetischen Wert sehr hoch: viele von ihnen behalten sie auch auf ihren renovierten Häusern oder verwenden sie erneut an Neubauten – übrigens sind es meist jene, die das Motiv der »Wolfszähne« tragen, dessen symbolische Bedeutung wir kennen. Ein Vergleich mit jenen anderen Ziegeln drängt sich auf, die, für das Auge unsichtbar, in zahlreiche Dächer eingefügt sind. Sie tragen eingeritzte Zauberzeichen oder -formeln und wurden als Schutzmaßnahme in regelmäßigen Abständen zwischen die anderen Ziegel gelegt.

Verglichen mit anderen europäischen Ländern erscheinen die aufgemalten Verzierungen, die man an den französischen Bauernhäusern findet, sehr bescheiden. Während die Fresken ganz fehlen, findet man naive Malereien, die an den Hausfassaden die uralten magischen Zeichen wiederaufleben lassen, die ein Bestandteil der Volkskunst sind: Sonnenräder, Lebensbäume, Herzen kehren am häufigsten wieder. Sie sollen das Haus vor unheilvollen Kräften bewahren. Im Elsaß sind sie besonders häufig. – Haus im Sundgau.

Kreis, das Abbild der Sonne, ist die Basis all dieser Symbole. Das keltische Sonnenrad schließt das Kreuz ein; in der Auvergne zum Beispiel findet man es auf zahlreichen Türstürzen. Hauptelement der bretonischen Verzierungen sind die konzentrischen Kreise. Die gebogene Swastika, die vor allem im Elsaß und im Baskenland sehr verbreitet ist (4), nimmt das Kreiselement auf, aber wandelt es häufig auch ab, indem sie Strahlen miteinschließt, die nicht mehr gerade sind wie beim Rad, sondern gekrümmt, und leitet über zur Rosette mit den Keulenblättern. Varianten sind also sehr zahlreich, aber sie symbolisieren immer das gleiche Phänomen: die sich drehende Sonne. Die Richtung der Drehung ist übrigens keineswegs gleichgültig. Ganz allgemein unterscheidet man die glückbringende Swastika mit den nach rechts gerichteten Armen von der linksgerichteten Swastika, die als unglückbringend gilt. Wenn diese Sonnenmotive seit der Jahrhundertwende auch nur noch aus rein dekorativen Gründen weiter übernommen wurden (was im übrigen noch zu beweisen wäre), so beweist ihr unablässiges Vorhandensein durch die gesamte Geschichte hindurch doch die symbolische, bösen Zauber abwehrende Kraft, als deren Träger man sie einst sah.

Ähnlich bedeutsam als magische Symbole sind nur der Stern und das Kreuz. Man darf den Stern im übrigen als Sonnensymbol betrachten. Bei den Griechen ist es der siebenstrahlige Stern, bei den Ägyptern ein Fünfzackstern, bei den Sumerern ein Stern mit vier Zacken. Im Elsaß kommt als Zeichen über der Tür der »Sechsstern« am häufigsten vor, aber man findet Sterne mit fünf, sechs oder sieben Zacken in ganz Frankreich.

Unter den aufgemalten Symbolen findet man das Kreuz bei weitem am häufigsten im Einsatz gegen böse Geister. Sehr viele Bauernhöfe weisen ein oft riesiges, mit Kalkmilch gemaltes Kreuz (5) über der Eingangstür auf oder auch an der Wand neben der Tür; die Kreuze schmücken Scheunen, Ställe und Wohnhäuser. In den Vogesenhäusern findet man das Kreuz im Inneren der Eingangshalle über der Tür. In der Loiregegend setzt man es auf die Fassade zwischen Tür und Fenster. Im Westen Frankreichs findet man es sowohl an der Fassade als auch über den Fenstern. Die Kreuze sind noch immer besonders häufig in der Touraine und vor allem im Poitou, wo sie sehr oft von Fragezeichen begleitet sind (6). Während man hier wie übrigens in den meisten französischen Regionen ein einfaches Kreuz findet, weisen die Häuser der »Bocage« in der Vendée eine Vielzahl verschiedener Kreuzformen auf: Malteserkreuz, keltisches Kreuz, ein Kreuz, das mit einem Kreis oder einem Halbkreis verbunden ist, und vor allem Kreuze, die merkwürdigerweise von mehreren Punkten umgeben sind. Die stets weiße Umrandung der Öffnungen, über denen diese Kreuze stehen, legt den Gedanken nahe, daß der Putzmörtel an sich schon eine Schutzfunktion hatte, selbst wenn gar kein Kreuz vorhanden war. Ganz offensichtlich scheint die Mehrzahl dieser Kreuze nur eine ent-

4. Aber es gibt sie auch, in geringerer Zahl, in allen anderen Gegenden.

5. In Lothringen werden solche Kreuze manchmal mit roter Kreide oder mit Ziegelsteinen gezeichnet.

6. Wir befragten einen Landwirt über den Ursprung dieser Kreuze. Er versicherte uns, daß, als die Halbpacht in der Gegend noch üblich war, der Pächter am Tag des heiligen Georg das Land wechselte. Er mußte dann das Innere des Hauses und die Tür- und Fensteröffnungen frisch mit Kalkmilch weißeln, und er markierte das Ende seiner Arbeit stets mit einem Kreuz oder einem Fragezeichen. Diese Erklärung, die der Existenz der Kreuze in keiner Weise prophylaktische Bedeutung beimißt, schließt sie allerdings auch nicht aus. In Lothringen war es üblich, bei der Niederkunft einer Hausbewohnerin die gemalten Kreuze über den Türen mit Kalkmilch zu erneuern. Im Languedoc wurde nach jedem Todesfall ein weißes Kreuz über die Haustür gemalt.

Weißes Kreuz im Poitou.

1

1. An einem Haus im Poitou. – 2. An einem Haus in der Vendée. – 3. Das Innere einer Scheuer in der Vôge. – 4. An einem Haus in der Grande-Brière. – 5. An einem Haus im Poitou. – 6. An einem Haus im Gevaudan. – 7. An einem Haus im Poitou.

3

2

4

5

6

7

fernte Verbindung mit dem christlichen Kreuz zu haben. Sie gehören sehr viel eher dem aus der Vergangenheit ererbten magischen Alphabet an, als daß sie den Glauben der Hausbewohner an die christliche Religion bezeugen sollen (7). Im Elsaß findet man diese Kreuze manchmal auf Dachziegel aufgemalt, doch stehen sie hier oft neben den Buchstaben Christi. Im Südosten Frankreichs kombiniert man sie mit heidnischen Zeichen.

Das Herz, das besonders an den Häusern im Sundgau auffällt, ist noch sehr viel stärker eingehüllt in die christliche Symbolik. Man findet es selten allein, meist ist es Teil eines raffinierteren Zierwerks. In diesem Zusammenhang ist die Beobachtung interessant, daß im Gegensatz zu anderen benachbarten europäischen Ländern eine aus mehreren Motiven bestehende Verzierung in Frankreich eher selten ist: sie bleibt, wenn, dann auf den Schlußstein des Türsturzes am Eingang beschränkt (8). Das ist um so bemerkenswerter, als es in den meisten Orten nicht an Handwerkern mangelte, die diese Verzierungen auszuführen imstande waren, wie die vielen noch erhaltenen aufgemalten Zeichen bezeugen. In Frankreich begnügte man sich also unbestreitbar mit einfachen Zeichen; Menschen- oder Tierdarstellungen bilden die Ausnahme. Man findet sie allerdings auf den Zierschindeln in der Gegend von Perpignan (siehe oben), die jedoch eine solche Naivität des Ausdrucks zeigen, daß man sich stark an prähistorische Zeichen erinnert fühlt.

Eine organische Verbindung besteht zwischen den symbolischen Zauberzeichen und der Schrift (9); bevor sie zu einem Kommunikationsmittel der Menschen untereinander wurde, diente die Schrift der Verständigung mit den Göttern.

Für die Germanen zum Beispiel hatten die Buchstaben des Runenalphabets Zauberkraft (10), und jeder Geheimbund rühmt sich einer Geheimschrift. Die Wirkung, die man gewissen Worten, Wortgefügen oder Sprüchen unterlegt, findet sich auch in den Zauberformeln, den Abzählreimen wie in den volkstümlichen Gebeten (11). Diese Formeln und Worte behalten ihre Kraft, wenn sie niedergeschrieben werden und gewährleisten so die bleibende Wirkung des Gebetes, des Exorzismus. Seit sie in die Kenntnis der Schrift gelangt war, schöpfte die Landbevölkerung stets in großem Maße aus deren magischem Potential; die Schrift erhielt einen gleichwertigen Platz neben den anderen altübernommenen Gegenständen und Zeichen zum Schutz gegen die bösen Geister. Tatsächlich steht die Zauberformel selten allein, sie ist meistens von anderen Schutzzeichen umgeben: häufig wurde sie den geometrischen Schutzzeichen hinzugefügt, die auf die Hausfassade aufgemalt sind. Für gewöhnlich sind Sätze zitiert, die sich an das Alte Testament oder die Evangelien anlehnen. Oder man richtet ganz einfach an Gott die Bitte, das Haus und seine Bewohner zu beschützen. Doch beschränken die magischen Formeln sich häufig auch auf die Buchstaben Christi (12). Im Elsaß

7. Erinnern wir uns, daß das Kreuzsymbol sehr viel älter ist als die christliche Religion; es tauchte bereits in der ägyptischen Symbolik auf. Es findet sich auch unter den nordischen Runen.

8. In der Bigorre dagegen haben viele Häuser einen gemalten Fries unter dem Dachrand. In anderen Fällen ziert ein Blumenstrauß die Wand unter der Dachgaube.

9. Auf Hausfassaden in der Bretagne malte man einst mit Kalk die großen Augenblicke des Familienlebens: Eine Monstranz bedeutet, daß ein Sohn Priester wurde, ein Schwert, daß ein anderer Soldat wurde.

10. »Rûn« bedeutet im übrigen auf Isländisch »Geheimnis«.

11. Vgl. zweites Kapitel: »Das Wort, die Geste, die Bewegung.«

12. Im Elsaß malte man auch die Initialen der Heiligen Drei Könige – C. M. B. – über die Stalltür.

Das flammende Herz, aus dem ein Kreuz herauswächst, ziert häufig den Schlußstein des Türsturzes bei Eingangstüren oder Scheunentoren. Es ist weniger ein Glaubensbekenntnis als Ausdruck der Bitte um höheren Schutz. – Haus auf der lothringischen Hochebene.

Im Sundgau sind die Hausfassaden besonders reich mit aufgemalten oder eingemeißelten Ornamenten geschmückt. Vom Zierat über der Tür, der den Namen des Eigentümers umgibt, bis hin zu den Malereien auf den grob aus Kleiberlehm geformten Türumrahmungen findet man in vielen der alten elsässischen Motive die uralten Sonnenzeichen wieder. Diese in den Stein eingemeißelte strahlende Sonne ist eine ganz bildliche Darstellung des schützenden Gestirns, das sonst meistens zum Hakenkreuz oder zum Sonnenrad stilisiert wird.

1

und im Baskenland (13), wo sie besonders häufig sind (13), findet man sie am Türsturz des Haupteingangs, bei Fachwerkhäusern auf dem Mittelbalken. Im allgemeinen sind Namen oder Initialen der Erbauer des Hauses aufgeführt, wie auch das Datum der Errichtung. Sehr häufig sind sie von einem oder mehreren der traditionellen heidnischen Zauberzeichen begleitet, wie etwa »Kommata«, Hörnern, Sonnenrädern oder Sternen.

Die ganze heidnische Bedeutung der magischen Formel zeigt sich in ihrer häuslichen, alltäglichen Verwendung. So fügten die Hausfrauen in der Champagne, die in die Rattenlöcher Blumen vom Ruhealtar der Fronleichnamsprozession steckten, ein Papier hinzu, auf dem stand: »C'est aujourd'hui Sainte-Eutrope« (Heute ist Sankt-Eutropius-Tag). In vielen Regionen schrieb man solche Formeln auf Papierstücke, die man zu Kugeln rollte und übers Bett klebte, um Krankheiten fernzuhalten. Wollte man eine Feuersbrunst aufhalten, schrieb man in der Gegend von Metz auf die beiden Seiten eines Tellers die magische Formel »sator-arepo-tenet-opera-rotas« und warf ihn dann in die Flammen.

Von der Formel aus dem Zauberbuch zum frommen Spruch ist es also nur ein ganz kleiner Schritt. Wenn die Zauberformeln auch von den »offiziellen« Inschriften von der Hausfassade verdrängt wurden, so sind sie doch im privaten Bereich in Gebrauch geblieben.

13. Wir werden noch sehen, daß man sie in Stein gemeißelt in vielen Gegenden Frankreichs findet.

Die geschnitzten oder eingemeißelten Zauberzeichen

Daß doch viele der magischen Symbole, die der Abwehr böser Geister dienen, die Zeiten überdauert haben, verdanken wir zum großen Teil der Tatsache, daß in manchen Gegenden die Zauberzeichen auch ins Material hineingemeißelt wurden, während man sie anderswo einfach auf die Fassaden aufmalte. Daß man die aufgemalten Schmuckelemente wiederum auch noch sehr häufig findet, erklärt sich daraus, daß die mit Kalkmilch, Kreide oder Farbe aufgemalten Zeichen und Symbole regelmäßig aufgefrischt werden: meistens zu Anlässen, die sich aus dem Kirchenkalender ergeben oder aufgrund außerordentlicher Ereignisse im Familienleben: Geburt, Krankheit, Tod.

Man findet die eingemeißelten Zeichen im wesentlichen an den schwerer zugänglichen Teilen des Hauses (Dach, Dachstuhl). Häufig läßt der besondere Stil dieser eingemeißelten Symbole auch das Bestreben des Besitzers erkennen, seinen sozialen Rang oder seine besondere Frömmigkeit zum Ausdruck zu bringen. Beim eingemeißelten Schmuckelement enthüllt sich also der Schutzcharakter auf weniger deutliche Weise, und die Versuchung liegt nahe, nur einen rein ästhetischen Sinn dahinter zu sehen. Doch trifft man hier auf genau die glei-

2

Die Türstürze tragen oft das Zeichen des Besitzers – Name, Initiale, Zeichen des ausgeübten Gewerbes – sowie das Datum der Errichtung des Hauses, aber manchmal findet man hier auch einen Sinnspruch. Häufig ist es eine Bitte um göttlichen Segen, aber manchmal steht anstelle eines solchen Mottos auch ein Spruch, der an die Mühsal der menschlichen Existenz erinnert.

1. Schlußstein eines Türsturzes an einem Haus im Mâconnais.
2. An einem Haus in der Sologne.

chen Zeichen wie beim aufgemalten Dekor: die geometrischen Formen, wie Kreise, Punkte, Sterne und Swastiken wurden auch in Stein gemeißelt oder in Holz geschnitzt. Die in die Dachziegel eingeritzten Zeichen muß man dabei gesondert betrachten, da sie dem Auge nicht sichtbar sind. Diese mit Symbolen verzierten Ziegel wurden im allgemeinen in regelmäßigen Abständen in das Dach eingefügt. Pentagramme, »Hexenbesen«, Kreuze oder figürliche Darstellungen, wie Hexengestalten oder Hexen, auf ihrem Besen reitend, haben die eindeutige Funktion, böse Geister und Zauberer vom Haus fernzuhalten. Häufig ritzte man auch in diese tönernen Schindeln Anrufungen ein, die das Haus schützen sollten.

Das Holz der Fachwerkbauten, der Holzhäuser in den Bergen und ganz allgemein jedes am Haus verarbeitete Stück Holz (14) bietet sich ebenfalls für beschwörende Zeichen und Formeln an. Im Berggebiet der Bauges und im Chablais zum Beispiel bittet man häufig um göttlichen Schutz gegen Lawinen oder Feuer.

In vielen Gegenden findet man solche Sinnsprüche auch noch in Stein eingemeißelt, so wie diesen hier aus den Vogesen: »Mon Dieu donnée moi vautre benedicson« (Mein Gott, gib mir deinen Segen), der aus dem Jahre 1787 stammt (15). In der Bretagne begnügt man sich im allgemeinen damit, eingerahmt von geometrischen Motiven, die Namen des Besitzers und seiner Frau zu verewigen. In Brunnen wiederum meißelte man häufig religiöse Zeichen wie Monstranzen, Leuchter oder Hostiengefäße. Im westlichen Teil des Avranchin, wo die in den Türsturz eingemeißelten Zeichen ebenfalls sehr gebräuchlich waren, findet man Abkürzungen wie die folgende: »F.F.P.BA Barenton M. Bodin S.F.«, was soviel heißt wie »Fait Faire pour Basile Barenton und Marie Bodin sa femme« (erbaut für Basile Barenton und Marie Bodin, seine Frau), gefolgt vom Datum der Errichtung des Hauses. Im Limousin sind Sterne, Herzen und Hörner die beliebtesten Zeichen. Im Périgord zierte man mit solchen Zeichen, die hier häufig das Kreuz zur Basis haben, sowohl den Schlußstein im Bogen der Eingangstür wie den der Scheunentür: charakteristisch sind hier flammende Herzen, aus denen ein Kreuz herauswächst. In der Auvergne gab man konzentrischen Kreisen, Sternen und Rosetten sowie Mondsicheln bei weitem den Vorzug. Und überall, vor allem bei den aufgemalten Schmuckelementen, fällt die Allgegenwärtigkeit der abgebogenen Swastiken, Sonnenräder und ähnlicher Sonnensymbole ins Auge (16).

Wenn sich in manchen Gegenden auch der Einfluß rein dekorativer Stile, wie vor allem jener der Epoche Ludwigs XV., durch die Einführung von Muscheln, Palmen und Spiralen bemerkbar macht, so haben sich doch die an den alten magischen Zeichen inspirierten Motive bis in unsere heutige Zeit erhalten. Als das achtzehnte Jahrhundert wieder auf die Motive aus dem Pflanzenreich zurückgreift, bemerkt man, daß die dargestellten Arten in den

14. Man fand beispielsweise auf einem Holzdübel an einer Innentreppe in Höhe der ersten Stufe diese Inschrift: Jesus, Maria, Josef.

15. Lothringen ist besonders reich an Türstürzen mit eingemeißelten Sinnsprüchen etwa folgenden Wortlauts: »Voll Hoffnung schafft der brave Mann« (1582). Ähnlich die Franche-Comté, wo wir folgenden Spruch entdeckten: »Das Schönste an einem Haus ist, in Zufriedenheit darin zu leben« oder in Burgund: »Gott sieht dich, Sünder« (1721).

16. Die Bedeutung dieser Motive, die wir bereits im Zusammenhang mit den aufgemalten Ornamenten an den baskischen Häusern angemerkt haben, läßt sich offenbar ebenso auf die eingemeißelten Zeichen anwenden. Die scheibenförmigen Steine sind schon für sich allein erstaunliche Beispiele dafür.

Es gibt keinen Platz im Bauernhaus, der nicht unablässig gegen unheilvolle Einflüsse geschützt werden müßte. Jede Öffnung, und sei sie auch noch so klein, kann dem Teufel und seinem höllischen Gefolge den Einlaß ins Innere des Hauses ermöglichen. Nur die Zauberzeichen, die ihren festen Platz an diesen strategischen Punkten haben, können ihnen den Zugang verwehren. – An einer Scheune in Savoyen.

Die Wetterfiguren am Haus sind vor allem ein persönliches Zeichen des Besitzers; sie dienen den Handwerkern wie den Gewerbetreibenden als »Visitenkarte«. Jede Zunft ist hier in naiven Darstellungen vertreten, die aus Eisenblech ausgestanzt wurden. Diese Wetterfigur krönt eine Mühle im Poitou und drückt aus, daß das Mehl hier gut geschützt ist.

Von den Bretterwänden der Scheunen im Chalosse, die im Stern- oder Rautenmuster zusammengesetzt sind, bis zu den Balken, die man im Elsaß zu Andreaskreuzen fügt, schöpften die Erbauer der alten Landhäuser ihre Anregungen im wesentlichen aus dem magischen Alphabet.

Haus in der Gegend von Auxerre.

Haus in der Gegend von Beaufort.

Vielfältig sind die Möglichkeiten, Glauben, Ängste, Beruf oder Beschäftigung am Wohnhaus darzustellen: Zeichen, in Stein oder in Ton geritzt, gemalte Sinnsprüche, Holzschnitzereien. Je nach seinem eigenen Geschmack oder dem Talent der Handwerker, die ihm zur Verfügung standen, wußte der Besitzer sich mit einem einfachen Ornament zufriedenzugeben oder er bemühte sich im Gegenteil um eine gewisse Raffinesse. Doch ist der Schmuck am ländlichen Bauwerk nicht nur da als Information für die Mitmenschen; er ist auch für die höheren Mächte bestimmt, die man fürchtet oder von denen man sich Schutz erwartet. Eine Hinwendung zu Gott und seinen Heiligen, eine Zurückweisung des Teufels und seiner Dämonen – das wollen viele dieser Schmuckelemente ausdrücken.

allermeisten Fällen dem magischen Pflanzenbuch angehören: Eichenblätter, Efeu (17) und Farne tauchen dabei am häufigsten auf.

Einen besonderen Platz nehmen an den ländlichen Bauten jene Symbole ein, die in die Mauern eingefügt sind: so zum Beispiel die Kreuze, die man aus den Böden der ins Mauerwerk eingefügten Flaschen bildet und die man in den Giebelwänden mancher Häuser in der Auvergne oder in Burgund entdecken kann. Oder auch die Kreuze aus Muscheln, die man an den Häusern der Atlantikküste findet.

Bei den eingemeißelten oder eingeschnitzten Verzierungen zeigt sich das Problem der keineswegs klar definierten Grenzen zwischen dem rein ornamentalen Motiv einerseits und dem Zeichen mit symbolischer und magischer Bedeutung andererseits besonders deutlich. Die Grenze ist fließend, doch muß die Tatsache, daß die meisten der alten ländlichen Bräuche verschwunden sind, keineswegs bedeuten, daß das Gefühl der Angst oder der Ehrfurcht für diese Zeichen ebenfalls verlorengegangen ist – Zeichen, die früher Teil der volkstümlichen Zaubersprache waren und die heute Teil des kulturellen Erbes einer Gegend sind. Wo die Zeichen noch aus der genauen Kenntnis ihrer Bedeutung heraus verwendet werden und wo man sie weiterhin in Stein oder Holz schreibt, weil man sie als Teil einer alten Volkskunst übernommen hat, ist sehr schwer zu unterscheiden.

Das baskische Beispiel ist in diesem Zusammenhang typisch: die abgebogene Swastika, die ein charakteristisches Motiv der regionalen Volkskunst ist, wird immer noch, auch bei Neubauten, verwendet: gemalt, eingemeißelt oder eingeschnitzt. Ähnlich ist es mit dem Hufeisen, das heutzutage noch häufig die Glückwünschkarten schmückt. Die moderne Gesellschaft hat die traditionelle Symbolik übernommen und für sich umgewandelt und so die alten Bräuche, ihre Zeichen und ihre Gegenstände vor dem Vergessen bewahrt.

17. Seit dem Altertum ist das Efeu Symbol des Lebens und der Treue in der Liebe. Es ist das Zeichen des Bacchus. Es wäre vorstellbar, daß die Herzform vom Umriß des Efeublattes abgeleitet ist.

Die magische Bedeutung der dekorativen und funktionellen Elemente

Abgesehen von jenen Zeichen und Symbolen, die an den alten Bauernhäusern eindeutig der Abschreckung und dem Schutz vor bösen Geistern dienen, gibt es eine ganze Reihe von Elementen an einem solchen Bau, die einen doppeldeutigen Charakter aufweisen, so daß man nur sehr schwer entscheiden kann, ob man sie den dekorativen oder den funktionellen Elementen zuordnen soll oder ob sie zu den Zeichen gegen bösen Zauber gehören. Betrachtet man diese Elemente ein wenig eingehender, drängen sich einige Fragen bezüglich ihrer tieferen Bedeutung auf. Wir haben zuvor schon in diesem Zusammenhang den Zweifel geäußert,

Selbst das Material der Mauern wird einbezogen, wenn es darum geht, ein ausgeklügeltes Netz von Zeichen zum Schutz der Gebäude zu knüpfen. Der Ziegel ist aufgrund seiner Größe und seiner unterschiedlichen Farbnuancen hervorragend geeignet, die verschiedenen Schutzsymbole darzustellen. In den Gegenden, in denen man mit Ziegeln baut, findet man Wellenlinien, Rauten oder magische Quadrate an den Hausfassaden. Im französischen Flandern sind die uralten Zauberrunen auf diese Weise an den Hausgiebeln verewigt. – Haus im Bourbonnais.

Die magischen Symbole am Haus sind nicht immer auf den ersten Blick sichtbar. Unter den Ziegeln der alten Dächer findet man immer wieder welche, die eine geisterbeschwörende Zeichnung oder eine Schutzformel tragen. – Ziegel an einem Haus in der Bresse.

1

ob es Verzierungen mit einzig und allein ästhetischer Funktion überhaupt gibt. Wenn man weiß, daß die verschiedenen Abläufe im traditionellen bäuerlichen Dasein in einem starken inneren, ursächlichen Zusammenhang stehen, dann fällt es tatsächlich sehr schwer, an die »Sinnlosigkeit« zu glauben, die sich in dem Vorhandensein von Dingen ausdrücken würde, die einfach nur zur Verschönerung da sind. Ohne daß wir nun behaupten wollten, es handele sich beim alten Bauernhof um nichts als ein magisches Gehäuse, so darf man doch nicht außer acht lassen, wie bestimmend bei einem solchen Haus der Gedanke ist, ein möglichst wirksames Schutzgebäude gegen die Einwirkungen all der gefürchteten, schwer faßbaren Kräfte zu errichten.

Interessant sind in diesem Zusammenhang die Skulpturen oder Holzschnitzereien, die man an den alten Höfen findet. In den meisten Fällen sind es Fratzen, Fabeltiere, Gorgonen, Monstren. Besonders die elsässischen Häuser sind reich mit diesen Zierelementen ausgestattet: an den Pfeilern der Türeinfassungen, an den Eckpfosten, über den Kellerlöchern – allenthalben überwachen diese »Niedköpfe«, diese fratzenschneidenden Figuren, die wesentlichen Zugänge zum Haus und verwehren jedem bösen Feind den Zugang. Ihre schützende Funktion ist offensichtlich, selbst wenn man heutzutage nur noch ihre ornamentale Bedeutung sieht. Die alten bretonischen Häuser weisen ähnliches Schmuckwerk auf und setzen diese sehr ausdrucksvoll skulptierten oder geschnitzten magischen Figuren sowohl in den Giebelgesimsen ein wie am Giebel selbst. In der Auvergne schnitzte man aus den Köpfen der vorstehenden Deckenbalken wild dreinschauende Tiergesichter. Diese figürlichen Darstellungen können auch von weniger bedrohlichem Aussehen sein, wie zum Beispiel jene Schutzengel darstellenden geflügelten Köpfe, die man manchmal über Haus- oder Stalltüren findet und die besonders im Auxois sehr häufig vorkommen. Das doppelte menschliche Gesicht – das eine grinsend, das andere strahlend – findet man ebenfalls sehr oft: entweder über den Eingängen oder in die Fassadenwand eingemauert.

Auch das Holzwerk der Türen und Fensterläden ist mit solchen Schutzsymbolen geschmückt, selbst wenn sie sich nicht so spektakulär darbieten. Doch finden wir sowohl am Holzwerk wie an den Schlössern und Eisenbeschlägen eine Vielzahl der magischen Zeichen wieder, die uns bereits an anderen Teilen des Hauses begegnet sind. So haben die Eingangstüren häufig Füllungen, die mit Rauten- oder Strahlenmotiven verziert sind: die Raute gilt als Symbol des Glücks und der Fruchtbarkeit und das Strahlenmotiv als Fruchtbarkeitssymbol. Handelt es sich hier nur um eine selbstverständlich übernommene, nachahmende Handlung des Handwerkers, der Formen reproduziert, die seit jeher verwendet werden, oder zeigt sich hier das Bestreben, das magische Zeichen bewußt einzusetzen? Man könnte in Zweifel gera-

2

3

1. Der »Niedkopf« ist ein typisches Schmuckelement der alten elsässischen Bauernhäuser. Die Aufgabe dieses fratzenschneidenden Wesens ist es, die Dämonen und Zauberer zu vertreiben, die versuchen könnten, ins Haus einzudringen.
2. Verzierung an einem Fenster in Burgund. 3. Am Bauernhaus findet man das Rautenmotiv sehr häufig als Wand- oder Türschmuck sowohl bei Ziegelwie bei Holzbauten. Es gilt als glückbringend und als Symbol der Fruchtbarkeit. – Tür eines Hauses in den Vogesen.

1

2

3

Selbst die eigentlichen Baumaterialien werden in den magischen »Schild« integriert, der notwendig ist, um Hausbewohner und Hab und Gut zu beschützen. Sämtliche Zeichen des magischen Alphabets kehren hier wieder, von der besonderen Anordnung der Dachschindeln, der Art des Mauerwerks, der Beschaffenheit der Fassadenverkleidung bis hin zu den Mauersteinen und -ziegeln. Der Schutz des Hauses wird nicht nur durchs Detail, sondern durch seine gesamte Struktur gewährleistet. Kombination von verschiedenfarbigen Ziegeln und Steinen, über Kreuz gelegte Holzlatten oder Schiefern, die Anordnung der Balken beim Fachwerk – all das dient als Vorwand, um Andreaskreuze, Lebensbäume, Rauten, durchbrochene Linien oder Zauberquadrate zu bilden, die alle zu jenem traditionellen Arsenal von Schutzzeichen gehören, die seit Menschengedenken in Gebrauch sind. Zwar haben diese Motive heute nur noch rein dekorativen Wert, doch ändert das nichts daran, daß sie ursprünglich eine völlig andere Funktion hatten.

1. Kreuzmuster in der Schieferverkleidung eines Giebels in der Cornouaille.
2. Ziermuster an einem Fachwerkhaus in Burgund.
3. Rautenmuster über einer Tür in der Champagne.

1

2

3

1. Grobes Mauerwerk im Farnmuster an einem Haus in der Sologne.
2. Giebel an einem Haus im Artois.
3. Kranzgesimsschmuck im Bourbonnais.
4. Lattenwerk an einer Scheune im Bigorre.
5. Fachwerk mit Andreaskreuzen an einem Haus in der Sologne.

18. Vergessen wir dabei nicht, daß man die Türverschlüsse aus Eisen noch gar nicht so lange kennt und daß sie die alten Holzriegel ersetzt haben.

19. In der Aude sagte man, wenn man das Kleidungsstück dort anbrachte: »Caussos al trauc!« (Durchlöcherte Unterhose!)

20. Sehr verbreitet in den alten flämischen Häusern, wo der Lebensbaum »Levens boom« heißt und der Hexenknoten »Toover knoop«. Man findet sie auch häufig in Lothringen.

ten, wenn die Vielzahl der Beispiele nicht so frappierend wäre. Der Bereich um den Türgriff ist oft wie eine Strahlenscheibe ausgearbeitet (18); das Schlüsselloch und die Klinken weisen ebenfalls besondere Motive auf, und auf den Platten der Türschlösser findet man oft entweder das Kreuz ganz allein oder mit Herz, Ring oder Spirale zu Figuren kombiniert.

Man darf sich über die sorgfältige Behandlung, die dem Türschmuck zuteil wurde, nicht wundern. Die Schwelle ist nicht nur in rein praktischer Hinsicht ein Übergangsraum (drinnen–draußen), sondern auch in symbolischer Hinsicht. Wir haben bereits gesehen, daß sich gewisse Rituale direkt darauf beziehen. Dem Volksglauben zufolge schlagen die Geister, die Dämonen, die Hexen stets diesen Weg ein, und man muß ihnen so viele Hindernisse wie möglich in den Weg legen. Da durch das Schlüsselloch ebenfalls ein Eindringen möglich wäre, schützt man es mit den gebräuchlichen Zeichen. Wenn man sich dann trotz allem noch fürchtet, zögert man nicht, an der Innenseite des Hauses weitere Fallen zu errichten. Vielfach verstopfte man abends das Schlüsselloch; in manchen Gegenden verhängte man es mit einer zerschlissenen Hose (19) und stellte einen Eimer Wasser darunter. Der böse Geist mußte so unweigerlich darin ertrinken. Die anderen Öffnungen werden auf ähnliche Weise geschützt, und die Gitter aus Schmiedeeisen oder Eisenblech vor Dachgauben, Fenstern oder Kellerlöchern sollen ebenfalls den bösen Geistern den Zugang verwehren. Sie weisen in der Tat sehr charakteristische Formen auf, die man im übrigen schon von den gemalten, geschnitzten oder in Stein gemeißelten Verzierungen her kennt. Am häufigsten findet man den Lebensbaum oder den »Hexenbesen«. So sind auch die Kämpfer, die man in vielen Gegenden im Bogen über der Eingangstür findet, mit auffallenden schmiedeisernen Ornamenten verziert. Man sieht hier häufig und besonders bei älteren Türen entweder das mehr oder weniger abgewandelte Lebensbaummotiv oder das des Hexenknotens (20). In Nordburgund ist das Holzwerk, das die Glasfenster dieser Kämpfer hält, häufig zu einer Raute oder zu einem Herzen geformt.

Hinsichtlich dieser Fenster- und Türverzierungen findet man immer wieder die Erklärung, daß die einheimischen Handwerker in ihren Möglichkeiten aufgrund von Ausbildung und Talent meistens beschränkt waren und daß sie deshalb systematisch immer wieder die gleichen Formen reproduzierten. Dieses Argument ist keineswegs von der Hand zu weisen, doch ist die Tatsache, daß diese Motive in allen Regionen Frankreichs in nahezu identischer Ausformung anzutreffen sind, zumindest verwirrend, will man nicht eine extreme Armut an Phantasie unterstellen. Doch stünde dies im Widerspruch zu all den Meisterwerken, die man immer wieder entdecken kann. Der Handwerker übersetzte nur die in der Gegend, in der er

An den Türklinken und -schlössern der Bauernhäuser findet man von der Bocksdarstellung bis zum Herz, aus dem ein Kreuz herauswächst, alle Besessenheiten und Vorstellungen des Volkes wieder, für die die Handwerker zum Sprachrohr wurden.
Haustüren in der Bresse.

Betrachtet man die Bauernhäuser einmal bis ins kleinste Detail, findet man Meisterwerke, die im allgemeinen viel zuwenig beachtet werden. Die Handwerker in jeder Gegend, in jedem Dorf, haben ausgehend von allgemeingültigen Symbolen, aber unter Hinzufügung persönlicher Schöpfungen, eine ganze Welt von Formen und Gebilden geschmiedet, die sicher zum einen, wie hier, der Sorge entsprungen sind, diesen wichtigen strategischen Punkt, nämlich das Schloß der Eingangstür, schützen zu müssen. Aber zum anderen ging es ihnen auch darum, dem Haus ein persönliches Merkmal zu geben und einen Beweis ihres Könnens zu hinterlassen.

gerade arbeitete, vorhandenen kulturellen Vorstellungen in eine Ästhetische Form und griff dabei auf die von allen anerkannte und akzeptierte Symbolik zurück.

Die äußeren Fensterläden, die Geländer an Galerien und Balkons machen keine Ausnahme von der Regel. Fast immer haben die Öffnungen darin die Form von Herzen, Rauten, ja sogar Sonnenrädern. Besonders die Berghäuser, vor allem jene im Val d'Abondance, weisen eine bemerkenswerte Vielfalt von solchen Mustern auf: Herzen, Sonnenräder, Kreuze, »Kommata« und sogar Tierdarstellungen, die in das Holz der Balkone und der Verkleidungen der oberen Stockwerke eingeschnitzt sind.

Manchmal führt die symbolhaft betonte Bedeutung der Schwelle ins Extrem. Die Tür wird zum Tempelportikus und die im übrigen schlichte Ausführung des Gebäudes steht in totalem Mißverhältnis zu diesem Eingang. Man baute solche Häuser vor allem im östlichen Lothringen: die Eingangstür ist von einem monumentalen Vordach überschirmt, das manchmal noch einfache Friese oder Verzierungen aufweist und von Pfeilern getragen wird, die zu beiden Seiten der Eingangstür aufwachsen. Bei der Ornamentik dieser Hauseingänge griff man sowohl auf heidnische Zeichen zurück (abgebogene Swastiken, Rosetten, Sterne und strahlende Sonnen) wie auf traditionelle christliche Symbole. Manchmal sind diese Verzierungen zusammen mit dem Eingang zu einem riesigen Kreuz komponiert. In die Giebelfelder dieser Türumrahmungen sind entweder Namen und Datum eingeschrieben, oder sie enthalten eine Nische mit der Statue der Heiligen Jungfrau (21). Die ältesten Daten, die man an diesen überdachten Eingängen finden kann, weisen auf das Ende des siebzehnten Jahrhunderts zurück; sehr zahlreich sind noch die Beispiele aus dem achtzehnten und neunzehnten Jahrhundert. Obwohl sich diese aufwendigen Eingänge im wesentlichen auf das östliche Lothringen konzentrieren, kann man in der ganzen Gegend die eindeutige Tendenz feststellen, die Eingangstür besonders zu betonen. Allenthalben findet man mit Schutzzeichen verzierte Gesimse und Heiligennischen über den Haus- oder Stalltüren (22).

Auffallend sind auch die in Stein gemeißelten verschlungenen Ornamente, die in vielen Fällen die zur Belüftung der Dachstühle gedachten Öffnungen umgeben. In den verschiedenen Teilen der Gascogne, wie Bigorre, Astarc oder Béarn, wo die Scheunen mit einem Gitter aus Holzlatten verschlossen werden, wiederholen sich zwei Motive mit großer Regelmäßigkeit: der sechs- oder achtstrahlige, in einen Kreis eingeschlossene Stern und die konzentrischen Rauten, die aus gekreuzten Holzlatten geformt werden.

Wie sorgsam jeder Teil des Hauses abgesichert wurde, zeigt sich auch am Dach. Häufig ergriffen die Baumeister die Vorsichtsmaßnahme, in regelmäßigen Abständen Ziegel mit Schutzzeichen einzufügen. Die vielfältigen Kreuzformen, die die Dachfirste schmücken,

21. Diese Nische kann auch an der Verbindungsstelle der Kranzgesimse ihren Platz haben.

22. In einem Dorf im Barrois entdeckten wir eine sehr schöne Verkündigungsszene aus dem Jahre 1627 über einem Hauseingang.

Im Quercy: Auf das Dach eines Taubenschlages aufgesetzte Haube aus Steinschindeln.

Tönerne Firstfigur mit vielen Griffen in der Saintonge. Diese Art von Dachspitzen sind in dieser Gegend besonders beliebt.

Viele wollen in den Firstfiguren nur ein dekoratives Element unter anderen sehen. Doch lassen diese Dachspitzen aus Weißblech aufgrund des Platzes, den sie auf dem Dach einnehmen, aufgrund der Formen, die sie überliefern, durchaus den Rückschluß zu, daß sie auch eine schützende Rolle zu spielen haben. In so unterschiedlichen Regionen wie der Champagne, der Franche-Comté der Savoyen treten diese Blechfiguren anstelle der Giebelaufsätze aus Ton oder Stein in Erscheinung. Doch unterscheiden sich die hier verwendeten Formen sehr stark von denen der tönernen Giebelfiguren: Himmelskugeln, Pyramiden, Sterne, Sonnen, Monde, Disteln oder andere Blumen sind alle von unbestreitbar dekorativem Wert, aber man kennt sie auch als traditionelle magische Symbole, die an anderen Stellen des Hauses zu dessen Schutz angebracht wurden.

23. Wir haben bereits weiter vorne gesehen, daß die in Hornform gebrannten Ziegel in manchen Regionen eine ähnliche Rolle spielen.

24. In anderen Gegenden scheinen sie seltener zu sein: In der Picardie ragen manchmal kegelförmige Steingebilde über den Ziegelgiebeln auf, aber in der Mehrzahl der Fälle (das gilt auch für das Artois und Flandern) findet man anstelle der Giebelspitze drei abgeflachte Steinstücke, die pyramidenförmig übereinander gelegt sind.

25. Die Kugel ist ein Fruchtbarkeitssymbol: In der Touraine beförderte man zu Karneval eine Holzkugel unter das Bett der am kürzesten verheirateten Ehefrau, die sie mit dem Besen zurückstoßen mußte. Beim picardischen »Choule-Spiel«, das immer nur im Frühjahr stattfinden durfte, im allgemeinen am Karnevalsdienstag, kämpften Junggesellen und verheiratete Männer um eine Lederkugel, die von der jüngsten Ehefrau des Dorfes ins Spiel geworfen wurde. Auch hierin darf man wieder einen Fruchtbarkeitsritus sehen.

26. An den aus Naturstein gebauten Häusern im Quercy sind ähnlich geformte Gebilde auf den Schlußstein des Bogens aufgesetzt. Wäre es hier nur um ein zusätzliches Gewicht gegangen, wäre man sicher nicht auf einen solchen Stein verfallen, der sich in Zuckerhutform nach oben verjüngt.

27. Man kann sie vielfach in den Tälern Savoyens und in Nordburgund entdecken, aber auch in den Ardennen, in der Bresse, in der Franche-Comté und hier und da in allen Regionen Frankreichs. Zwar findet man diese Giebelspitzen vorwiegend auf Walmdächern, doch kommen sie auch auf Satteldächern vor.

das über einem Firstziegel aufgerichtete Steinkreuz, das über dem Giebel eingemauerte Kreuz, die Holzkreuze, die für die Strohdächer typisch sind, die Kreuze auf den Hütten, die in Windrichtung geneigt sind und an denen man eine Kordel befestigte, um das Haus bei Unwetter zu vertäuen – sie alle dienen dazu, das Haus vor Unbill zu bewahren (23). Dagegen ist bei anderen Schmuckelementen am Dach die Schutzfunktion weniger deutlich erkennbar.

Das gilt für die Firstspitzen wie für die Firsttöpfereien, die über den Giebeln und Dachfenstern der Häuser in sehr vielen Gegenden aufragen. Die verwittertsten unter ihnen sind aus Stein, grob zu Kugeln geformt, die auf einen Sockel aufgesetzt sind. Oder sie haben die Form von Kegeln und sind am obersten Giebelende befestigt (24). Man hat behauptet, ihre Funktion bestünde vor allem darin, durch ihr Gewicht die Überdachung abzusichern, die den Giebel überschirmt. Man kann dem jedoch entgegenhalten, daß die Baumeister dann ebensogut ein schwereres Material und eine plumpere Form hätten wählen können. Steinkugeln und Steinspitzen dagegen sind weder besonders schwer, noch haben sie eine diesem Zweck entsprechende Form. Ihre symbolische Bedeutung wird offensichtlich, wenn man solche Schmuckelemente an den Taubenhäusern im französischen Süden wiederentdeckt. Der Schutz der Giebelsäulen, mit denen man ihr Vorhandensein erklären könnte (doch ragen diese Giebelsäulen häufig nur heraus, damit die Spitze darauf gesetzt werden kann), kommt im Fall der Terrassendächer dieser Gebäude nicht in Betracht. Sind sie Sonnensymbole, die steinerne Kugel und die kegelförmige Firstspitze? Die große Bedeutung, die die Form bei allen anderen Elementen des Hauses hat, legt diese Deutung nahe (25). Der Steinkult ist im übrigen zu tief verwurzelt, als daß er nicht in abgemilderter Form noch hin und wieder zum Vorschein käme: in diesen »aufgerichteten Steinen« nämlich, in diesen kegelförmigen Giebelspitzen (26). Aber die Firstspitze kann auch aus Weißblech bestehen, und in diesem Falle ist die Vielfalt der verwendeten Formen noch viel größer (27). Natürlich kehrt hier auch die Himmelskugel wieder, aber auch Pyramiden, Kegel und vor allem pflanzliche Motive, Stengel mit aufgesetzten Blättern, Tulpen, Disteln, Kohlköpfe, Melonen, Eicheln, und bedeutungsvollere Symbole wie Sonne, Pentagramm und Mondsichel. Manchmal sitzt ein stilisierter Vogel auf einem Stiel, der aus einer Himmelskugel herausragt. Das Repertoire ist also sehr vielfältig und schwer zu deuten: neben den uralten Symbolen finden sich auch realistische Formen. Da man die meisten dieser Dachspitzen auf gutbürgerlichen Häusern oder großen Höfen findet, drängt sich der Gedanke auf, daß ein Zusammenhang bestehen könnte zwischen einfacher Firstspitze und magischer Funktion und künstlerisch gestalteter Dachspitze und rein dekorativer Funktion. Man sollte auch den möglichen Zusammenhang nicht über-

Vielfältig sind die Erkennungszeichen der wandernden Handwerksburschen: durchwandert einer von ihnen ein Dorf oder eine Stadt, kann er mit einem Blick ein befreundetes Haus ausfindig machen, wo man ihn freundlich empfangen wird. Als eines unter diesen Zeichen verweist die Dachgaube »en guitarde« auf das Haus eines »pensionierten« Handwerksburschen. In vollendeter ästhetischer Form sind in die spielerisch miteinander verbundenen Holzstücke Datum, Initiale oder Symbole der wandernden Handwerksburschen eingefügt.

Guitardengaube im Auxerrois.

An einem Haus im Angoumois.

Vielfältig sind die Ornamente an den Bauernhäusern, schwer zu begreifen, niemals belanglos. Eingemeißelte Zeichen, aufgemalte Symbole, Gegenstände aller Art, fanden ihren niemals zufälligen Platz auf den Mauern, Dächern und an den Tür- und Fensteröffnungen. Um diese Zierelemente zu begreifen, muß man eine ganze Reihe von Gegebenheiten gleichzeitig in Betracht ziehen: Überbleibsel heidnischer Vorstellungen, die unbewußt benutzt werden, um dem Haus ein persönliches Zeichen aufzudrücken; der bewußte Wille, die Zauberkraft von Formen, Materialien und Farben einzusetzen, um sich zu schützen; ein vergessenes, aus der Vergangenheit ererbtes Alphabet.

Gebäude im Cotentin.

Trog im Gévaudan.

Türsturz an einem Haus im Elsaß mit dem Gewerbezeichen eines Küfers: Haken und Hammer, miteinander verbunden. Jeder Handwerker bildete sich so ein Zeichen.

sehen, der zwischen den Dachspitzen in Gemüseform und dem alten, im Berry üblichen Brauch bestehen könnte, Jungverheirateten einen Kohlkopf aufs Dach zu setzen.

Die Frage stellt sich in ähnlicher Form in bezug auf die Firsttöpfereien, die wie die Firstspitzen für gewöhnlich Giebel oder Dachfenster überragen. Man findet sie hauptsächlich im westlichen Teil Mittelfrankreichs. Zahlreich vertreten sind sie in der Westnormandie, im Limousin, im Berry, im Angoumois, in der Saintonge und in der Gegend von Guyenne. Sporadischer trifft man sie in der Bretagne an, in der Gegend um Orleans, im Maine und im Poitou, wo sie vor allem auf den großbürgerlichen Häusern in den Marktflecken und auf Gutshöfen aufragen. Die Formen, die Materialien, die Motive wechseln von einer Region zur anderen, und während manche nur einfache tönerne Kegel sind, weisen andere eine Raffinesse und eine Kunstfertigkeit auf, die sie zu äußerst spektakulären Objekten machen (28). Am häufigsten findet man eine Art Kegel, eine konische Form, die sich nach oben wieder zu einer Kugel aufbläht: diese Form ist sehr stark in der Saintonge vertreten, und man pflegt sie hier mit einer leuchtend grünen oder braunen Glasur zu überziehen.

Ausgehend von dieser Basisform, werden die Motive immer komplizierter. Der Kegel endet in zwei Kugeln oder ist mit vielen Henkeln versehen; manchmal ist ganz oben noch einmal eine Figur aufgesetzt. Die Ähnlichkeit mit der kugelförmigen steinernen Firstspitze bleibt jedoch unverkennbar; in der Gegend um Uzerche findet man in großer Anzahl Firsttöpfereien in Form von einfachen roten Kugeln. Eine andere Art von Tongefäßen ist vor allem in der Gegend um Guyenne und im Limousin verbreitet: mehr oder weniger bauchige Krüge mit mehr oder weniger vielen Henkeln; manchmal sitzt zusätzlich noch ein Vogel in Ruhestellung darauf. Schließlich und endlich findet man in anderen Fällen, besonders häufig im Berry und im Cotentin, eine einzelne Vogelfigur auf einem einfachen Sockel. Kann man daraus schließen, daß in diesen Firsttöpfereien eine dreifache Symbolik enthalten ist? Sind die Steinkugeln Sonnenmotive, ist der tönerne Dachvogel ein glückbringender Vogel, ist der Krug ein Pendant zur Flasche, die bei Abschluß der Bauarbeiten am äußersten Ende des Dachfirstes über dem Giebel befestigt wird (29)? Die Tatsache, daß manche von ihnen Faustkeile oder Johanniskräuter enthalten, beweist zur Genüge, daß man auch die Abwehr bösen Zaubers von ihnen erwartete. Im nördlichen Cotentin kommt zu diesem irdenen Dachschmuck noch eine Taftgirlande, die über den First von Giebel zu Giebel gespannt wird und mit der man auch die Dachgauben dekoriert. Zweifellos soll diese Girlande nur ein Schmuckelement sein. Dennoch kann man hierin einen Zusammenhang mit manchen Häusern im Morbihan erblicken, auf deren Dachfirst man aus Eisenblech gestanzte heidnische oder christliche Symbole entdecken kann. Ein weiterer Vergleich drängt sich auf mit den Fir-

28. Die aus dem Limousin sind besonders bemerkenswert wegen ihrer Höhe (manche sind mehr als einen Meter hoch) und wegen ihrer Motive. Die oben aufgesetzten Vögel können sich manchmal drehen und die an den Henkeln befestigten Kreisel pfeifen im Wind.

29. Man findet sie manchmal anstelle der Giebelspitzen. Früher goß man Weihwasser darüber, um dem Haus bleibenden göttlichen Schutz zu sichern.

Die tönernen Giebelaufsätze, die man auf den alten Bauernhäusern findet, wurden in Töpferwerkstätten gefertigt. Jeder Töpfer hatte sein Modell, das er mit geringfügigen Abweichungen in zahllosen Exemplaren immer wiederholte: Krüge mit mehr oder weniger langen Hälsen, mehr oder weniger ausgebaucht, Kegel, Zapfen, sind je nach Gegend vorherrschend. Selten sind menschliche Figuren wie dieser Betende, den wir in der Saintonge entdeckten.

1

2

3

6

7

8

5

10

Beliebter noch als das Kreuz ist das Herz als Symbolfigur an ländlichen Bauten. Man findet es an allen nur möglichen Stellen des Hauses, aus allen nur möglichen Materialien: auf dem Dach, an der Mauer und auf dem Holzwerk der Türen und Fenster: Herzen aus dunklen Ziegeln oder Schiefern auf den Dächern, auf die Fassade gemalte Herzen, in Türstürze eingemeißelte Herzen, in Türen und Fensterläden eingeschnitzte Herzen, aus den Mauersteinen herausgemeißelte Herzen, schmiedeeiserne Herzen in den Kämpfern oder herzförmige Eisen zur Hausverankerung, Ziegelsteine, im Herzmuster angeordnet – stets ist das Herz ein glückbringendes Symbol und Zeichen der Treue zum Hof.

1. An einer Tür im Roussillon.
2. Über einem Türsturz in Burgund.
3. In einem Fensterladen in der Champagne.
4. In einer Mauer im Gévaudan.
5. In einer Scheunentür im Auxois.
6. Auf dem Schlußstein eines Türsturzes im Périgord.
7. Am Eckstein eines Hauses in Corbières.
8. Über der Tür eines Hauses in den Landes.
9. Auf einem Türsturz in den Ardennen.
10. Besitzerzeichen im Limousin.

Unter den Schornsteinen der französischen Regionen sind die aus der Bresse und der Sologne mit Sicherheit die originellsten. In der Bresse waren bis ins vergangene Jahrhundert hinein die »Sarazenenkamine« sehr zahlreich. Heutzutage gibt es nur noch ein paar Dutzend davon, deren Bedeutung man noch immer nicht erklären kann. Ebenso ist es mit den »Rundschornsteinen« in der Sologne, deren doppelte Ziegelsteinröhren sich weit über die Basis einer abgeschnittenen Pyramide erheben. Schon im Mittelalter galten sie als Kuriositäten, und heutzutage existieren nur noch etwa ein Dutzend Exemplare davon. Die Theori die man aufgestellt hat, um die eigenartige Form dieser Schornsteine in der Bresse unc der Sologne zu erklären, konn ten bisher alle nicht begründe werden. Eindeutig zeigen dies Kamine jedoch, daß die Baum ster früher diesem Teil des Hauses einen besonderen Wer beimaßen, wobei die symbolische den Vorrang vor der re funktionellen Bedeutung geha haben dürfte. Sie regen uns an, auch in anderen Regionen die Schornsteinmündungen, die auf den ersten Blick sehr einfach wirken, mit größerer Aufmerksamkeit zu betrachte

Die Schornsteine haben die Handwerker aller Zeiten sehr stark beschäftigt. Ihre Doppelbedeutung – die eine, rein praktische Funktion als Schmuckelement an der höchsten Stelle des Hauses, und die andere als Einschlupfmöglichkeit für die Mächte des Bösen – verlangten den Einsatz ihrer gesamten handwerklichen Fähigkeiten. Als Schutz reichte ein einfaches Eisenkreuz, ein Steinaufsatz oder eine Heiligennische vollkommen aus. Aber manchmal wird der Schornstein zu einem regelrechten Altar, wie bei diesen sogenannten »Sarazenenkaminen« in der Bresse – merkwürdige Minarette, hoch über den weiten Ziegeldächern.

sten der Stroh- oder Schilfdächer in der Normandie und in der Gegend von Grande-Brière, die von den Dachdeckern sorgfältig mit Erdklumpen belegt werden, in denen Zwiebel- oder Fettgewächse enthalten sein müssen. Zweifellos haben diese Pflanzen die Funktion, mit ihren Wurzeln das Erdreich festzuhalten, das wiederum den First gegen Wasser abdichten soll. Aber wir haben zuvor bereits festgestellt, daß in den Gegenden, in denen Strohdächer üblich sind, die Hauswurz seit jeher zum Schutz des Hauses auf das Haus gepflanzt wurde. Bei den Häusern der Vendée zeigt sich sehr klar, wie bedeutsam das Dach als Träger symbolischer Verzierungen ist. Man schmückt die Dächer mit Brautsträußen und mit Taufsträußen, mit regelrechten kleinen Altären aus flachen oder gewölbten Ziegeln, auf die weitere Steinkissen aufgelegt sind und die obenauf manchmal noch ein Kreuz tragen.

Unter diesen vielen verschiedenartigen Elementen mit mehr oder weniger prophylaktischer oder apotropäischer Funktion nimmt die Wetterfigur einen besonderen Platz ein. Als erstes fällt dabei auf, daß sie im allgemeinen auf einen Untersatz aus gebranntem Ton oder aus Eisen aufgesetzt ist und daß man sie auf Strohdächern nur selten findet. Bis zur Revolution von 1789 war sie dem Adel vorbehalten, wenn sie mit einem Wappen verbunden war, aber ohne Wappen konnte sich im Prinzip jeder eine solche Figur aufs Dach setzen. Man darf deshalb davon ausgehen, daß bis zum Ende des achtzehnten Jahrhunderts nur große Höfe diesen Schmuck aufweisen. Interessant ist, daß man die Wetterfiguren in großen Mengen im nördlichen Frankreich findet, besonders in der Champagne, in der Gegend um Orleans, im Maine, im Anjou, in der Touraine, im Berry, im Nivernais und in Burgund, während sie in anderen Provinzen seltener sind, manchmal gar völlig fehlen. Ganz offensichtlich spielen sie in den meisten Fällen die Rolle eines Aushängezeichens, einer »Visitenkarte«. Sie stellen nur selten religiöse Symbole oder Sonnensymbole dar; wenn man solche findet, so sind sie immer jüngeren Datums (30). Dafür kann man sehr häufig aus Eisenblech gestanzte Motive entdecken (früher schmiedete man sie), die Auskunft über den Beruf oder die wesentlichen Beschäftigungen des Hausbesitzers geben. Alle Zünfte sind hier vertreten: Holzfäller, Weinbauer, Bauer, Gärtner, Schmied, Zimmermann, Schlachter, Gastwirt, Seemann ... wie auch der Fischer und natürlich der Jäger samt Hund und erlegtem Wild. Manchmal ist auch nur das Werkzeug allein dargestellt oder ein Tier, wie zum Beispiel das Pferd für eine Umspannstation, eine Taube auf einem Taubenschlag oder ein Fisch für einen Fischer und natürlich der Hahn, der allerdings sehr viel seltener auftaucht, als man geglaubt hätte. Er bleibt als Symbol der Kirche vorbehalten. Vielfach findet man auch Fabelwesen, wie etwa den Drachen, der eine gespaltene Zunge herausstreckt. Als eher bedrohliche Figur ist er von allen diesen Motiven das einzige, dem man eine Funktion zur Abwehr bösen Zaubers unterstellen

30. So gibt es Monde, Sonnen, Sterne oder Kometen oder auch Engel, die Trompete blasen. Im Bordelais und im Norden der Saintonge kommen sehr häufig richtige Wetterfahnen vor.

Wetterfiguren in den unterschiedlichsten Formen wachsen auf den Dächern. Von der Wetterfahne auf dem Gutshof zum Wetterhahn an der Dorfkirche – bäuerliche Werkzeuge, wichtige Tätigkeiten, alles wurde so in Weißblech oder Eisen verewigt. Die meisten der ländlichen Zünfte sind vertreten, in manchmal naiven und manchmal auch sehr künstlerischen Darstellungen. Sucht man nach Spuren der echten alten Volkskunst, können die Dächer der Bauernhäuser zu einem außerordentlich ergiebigen Forschungsfeld werden. Ob diese Figuren nun einfach Verzierung sind, ob sie als Gewerbezeichen oder tatsächlich als Wetterzeichen dienen, immer verleihen sie den im übrigen sehr schlichten Häusern eine bemerkenswert persönliche Note. In einigen Gegenden sind sie besonders verbreitet, so in der Champagne und im Anjou: In manchen Orten sieht man vorwiegend Darstellungen der Tätigkeiten des Weinbauern, in anderen wiederum bäuerlicher Arbeiten; doch findet man in allen Dörfern stets auch die lückenlose Skala sämtlicher Handwerke.

O
E

könnte, das einzige, das eine gewisse Ähnlichkeit mit den grimassierenden Gesichtern aufweist, die man an anderen Stellen des Hauses den feindlichen Kräften entgegensetzt.

Als strategischer Punkt auf dem Dach verdient der Kaminschlund besondere Aufmerksamkeit; eine ganze Symbolik verbindet sich damit, die insbesondere in den Volkssagen zum Ausdruck kommt. Ob Weihnachtsmann, ob Hexe – ihnen allen ist der Kamin bevorzugter Einschlupf. Es verwundert daher nicht, wenn er durch die gewohnten, zur Abwehr bösen Zaubers verwendeten Zeichen oder Gegenstände geschützt wird: Inschrift am Kamin, Faustkeil, der innerhalb des Schlundes befestigt wird, besondere Form der Kaminöffnung oder des Schornsteinaufsatzes. Wenn diese Elemente auch in erster Linie rein funktionelle Bedeutung haben, nämlich den Kaminabzug zu gewährleisten und die Öffnung zu schützen, so sind die sorgfältig ausgeführten Verzierungen doch verräterisch. Wie sonst könnte man die besonders originelle Form der sogenannten »Sarazenenkamine« in der Bresse erklären, regelrechte Kapellen, von einem Eisenkreuz überragt (31)? Auf bescheidenerem Niveau stellen uns die steinernen Aufsätze, die die Öffnungen zahlreicher Schornsteine schützen, vor die gleichen Fragen, die bereits bei den Firstspitzen auftauchten. Ähnlich ist es mit den figürlichen Darstellungen, die wir an den Schornsteinen in der Castagniccia entdeckt haben – als einzige Schmuckelemente an im übrigen sehr schlichten Häusern. In manchen Fällen ist der Schornstein Symbol für das Haus, aus dem er herauswächst: wie zum Beispiel in einigen Dörfern in Savoyen, wo sich in der Silhouette des Schornsteins die Silhouette des Hauses wiederholt, zu dem er gehört.

Noch bei der Betrachtung der kleinsten und scheinbar unwichtigsten funktionellen und dekorativen Details am Bauernhaus stellt sich immer wieder die Frage nach der tieferen Bedeutung dieser verschiedenen Elemente. Wenn man sich auch davor hüten muß, ihnen um jeden Preis eine magische Bedeutung zu unterstellen, so wäre es doch genauso falsch, ihre prophylaktische und apotropäische Funktion von vornherein von der Hand zu weisen und die Verzierungen automatisch sogleich dem rein ästhetischen Bereich zuzuordnen. Zweifellos ließen sich die ländlichen Baumeister auch von ästhetischen Vorstellungen leiten, doch hatten diese nicht den Vorrang, sie mußten in jedem Fall hinter den notwendigen Schutzmaßnahmen zurückstehen: Anordnung und Verwendung der Materialien am Bau beweisen es uns.

31. Ebenso schwer zu erklären sind die geheimnisvollen »Rundkamine« in der Sologne, die früher sehr zahlreich waren und von denen heute vielleicht ein Dutzend übriggeblieben sind. Die zylindrischen Ziegelschlünde ragen weit über den First empor. Es heißt, sie seien in früheren Zeiten manchmal mehrere Meter hoch gewesen. Die verschiedenen Deutungen, die man versucht hat (sie sind seit dem 12. Jahrhundert nachgewiesen), halten einer näheren Untersuchung nicht stand.

Als bildliche Darstellung der dämonischen Wesen, zu deren Abschreckung sie dienen, bewachen diese aus Holz geschnitzten oder in den Stein gemeißelten grimassenschneidenden Masken zahlreiche und vor allem die sehr alten Landhäuser. Der Fratze wird seit jeher ein geisterabschreckender Wert zuerkannt. Es sind die gleichen, tiefverwurzelten Vorstellungen, die zugrunde liegen: die bösen, fratzenhaften Masken, mit denen man früher am Karnevalsdienstag die Wintergeister vertrieb, findet man an den Gehöften wieder. Das doppelte menschliche Gesicht, das eine lachend, das andere traurig, das man im Mauerwerk erstaunlich vieler Häuser findet, soll daran erinnern, daß Heiterkeit und Unglück sich im Haus stets abwechseln werden. – Haus im Auxois.

An einer alten Komturei in der Ile de France.

1

2

3

Die heidnischen Idole fielen nach und nach den kirchlichen Missionaren zum Opfer; die Bilder der Götter und Dämonen sind allmählich verschwunden und haben Statuen der Jungfrau und der Heiligen oder Kruzifixen Platz gemacht. Doch sind profane Darstellungen noch immer sehr häufig, und wenn sie auch manchmal Ausdruck der überströmenden Phantasie eines talentierten Handwerkers sind, so verleiht ihnen doch die Schlichtheit der Mittel die Authentizität einer spontanen Geste. Man findet die menschlichen Köpfe eingemeißelt in die Mauer über den Türstürzen, im Schlußstein, an der Giebelwand und manchmal auch gleich neben der gewohnten Heiligennische. Sie verdeutlichen den gespaltenen Seelenzustand einer Bevölkerung, die noch immer schwankt zwischen der dogmatischen Kirche und der Naturreligion.

5

6

1. Burgund. –
2. Lothringen. –
3. Auxois. – 4. Poitou. –
5. und 6. Elsaß.

Daß auch die Baumaterialien ganz unmittelbar als Waffen gegen die okkulten Mächte verwendet werden, ergibt sich wie selbstverständlich aus dem Denken einer bäuerlichen Gesellschaft, die es gewöhnt ist, jeden Ort und jede Sache mit negativen oder positiven Eigenschaften auszustatten. Somit ist es nur eine zusätzliche Vorsichtsmaßnahme, wenn auch das Baumaterial Bestandteil von Schutzsymbolen wird. Jede Möglichkeit wird genutzt, wenn es darum geht, das Haus und seine Bewohner zu sichern. Hier werden die beiden grundsätzlichen Funktionen des Hauses vermischt. Rein praktisch wie auch symbolisch bietet es Schutz und Unterschlupf.

Besonders gut lassen sich Ziegelsteine und Holzbretter zu Schutzsymbolen anordnen; sehr eingeschränkt sind diese Möglichkeiten dagegen bei Mauern aus Naturstein und völlig ausgeschlossen bei Lehmmauern. In allen diesen Fällen erreichte man die symbolischen Verzierungen durch Wechsel in Farbe, Form und Anordnung der verwendeten Materialien. Die flämischen Baumeister bildeten mittels einer entsprechenden Aneinanderfügung der verwendeten Ziegelsteine auf Giebelwand oder Fassade Schutzsymbole, die an die alten germanischen Runen angelehnt sind. Gelbe oder schwarze Ziegelsteine zeichnen so auf rotem Grund die wichtigsten Runenzeichen nach, denen die nordischen Völker im Altertum übernatürliche Kraft beimaßen. Daß dieses Zierelement erst relativ spät in Erscheinung trat, könnte man damit erklären, daß es erst mit der Erfindung des Ziegelsteins möglich wurde. Denn es gab eine Regel, nach der die magischen Runen auf gar keinen Fall mit einem spitzen Werkzeug ausgeführt werden durften, so daß es absolut untersagt war, sie in Holz, Stein oder Ton einzuritzen. Die wesentlichsten der verwendeten Symbole stehen in direktem Bezug zur Fruchtbarkeit, wie die Rune »Ing«, die in Form einer Raute auftaucht und die manchmal ein Andreaskreuz einschließt; hin und wieder wiederholt sie sich auch als Motiv auf der ganzen Giebelwand (32). Die Runen können auch die heilige Bedeutung des Familienbesitzes symbolisieren; so die von der Rune »Odal« abgeleiteten Zeichen in Form von zwei ungefähren Kreisen, die durch Zweige in Form von »Kirschenstielen« verbunden sind. Das Herz, das wir als magisches Zierzeichen bereits näher betrachtet haben, findet sich auch an den Ziegelmauern, entweder allein oder in Verbindung mit anderen Motiven. Manche Autoren wollen diese Ornamente, die typisch sind für flämische Häuser, einfach als ästhetische Bemühung abtun oder gar als die Verwendung von schlecht gebranntem Material: das hieße, im Bauernhaus nicht mehr als ein »Dach über dem Kopf« zu sehen und Baumeistern und Bewohnern zu unterstellen, daß es ihnen einzig und allein um Komfort und Bequem-

32. Dieses gleiche Symbol, das Glück und Fruchtbarkeit gewährleisten soll, haben wir sehr häufig auch als Muster an Holztüren und als schmiedeeisernen Einsatz in den Kämpfern entdeckt. Es ist besonders verbreitet in Nordburgund.

Die von den Bauernfamilien verwendeten Wappen sind sehr häufig von sehr einfacher, wenn nicht gar naiver Machart. Nur die Großbauern ließen sich Wappen nach dem Vorbild der Adeligen schmieden. – Hauseingang im Poitou.

Die Bedeutung des Hauseingangs als einer Grenze zwischen zwei Welten, der Gesellschaft draußen und der Familiengemeinschaft drinnen, drückt sich manchmal in einem Außenschmuck aus, der in totalem Mißverhältnis zur Strenge und Einfachheit der Gebäude steht. Die reiche Steinornamentik über den Eingängen und an den Türeinfassungen, die Sinnsprüche, die Akkoladenform – sie sollen alle die symbolische Bedeutung des Einganges betonen und sie verleihen ihm zusätzlich zu seiner sozialen Bedeutung einen beinahe religiösen Anstrich.

1. Türverzierung im Tournais.
2. und 3. Schmuck an einem H
in der Cornouaille.

1

2

3

77

lichkeit ginge. Dieses Argument fällt von selbst in sich zusammen, wenn man weiß, wie tiefgehend und differenziert die Reaktionen der traditionsgebundenen Landbewohner auf ihre alltägliche Umgebung sind und welche Bedeutung sie jedem Zeichen zumessen, das irgendeinen Einfluß auf die natürlichen und übernatürlichen Kräfte ausüben könnte. (33)

Fraglich ist auch, wie man ein weiteres Ziegelmuster deuten soll, das wir an ländlichen Bauten entdeckten. Handelt es sich bei jenem im Farnmuster angeordneten Ziegelmauerwerk der Fachwerkhäuser in der Sologne nur um eine kunstvolle Verwendung des Materials, oder muß man hierin eine Ornamentik sehen, die bösen Zauber abwenden soll, wie man aus der Übereinandersetzung regelmäßiger Winkel schließen könnte? Diese vielleicht ein wenig gewagte Deutung ist dennoch eine Überlegung wert, da diesem Motiv seit jeher magische Bedeutung zugemessen wurde (34). Auch die Tatsache, daß es vom Holzwerk umgeben ist, das seinerseits Formen aufweisen kann, die sich nicht allein aus den Notwendigkeiten des Windschutzes erklären, erlaubt es nicht, diese Hypothese einfach zu verwerfen.

Wir sagten bereits, daß die Grenze sehr fließend ist zwischen den Formen, die sich aus der Befolgung der Regeln ergeben, und jenen anderen, die Auswirkungen der psycho-kulturellen Reaktionen der Erbauer sind. Beim Muster des Fachwerks kommt dieser Doppelsinn auf hervorragende Weise zum Ausdruck. Hier sind die Gleichgewichtsgesetze zum Ausgleich des Drucks in Einklang gebracht mit den Zeichen der magischen Schrift. Die aus Holz gebildeten Rauten, die man in der Champagne über den Eingangstüren findet, sind keineswegs aus der Notwendigkeit heraus entstanden, die Kräfte zu verteilen, die auf den Türsturz einwirken. Solch ein Motiv taucht im übrigen an keinem anderen Teil des Gebäudes auf, das im Gegenteil in der Anordnung der Balken von großer Regelmäßigkeit und Einfachheit ist. Ähnlich findet man in der Picardie über dem Hauseingang Ornamente, die von Hof zu Hof wechseln: die Felder über der Tür enthalten Motive, die aus geraden und gebogenen Holzstücken ohne Füllung bestehen und die entweder zu einfachen Andreaskreuzen zusammengefügt sind oder, und das ist häufiger, zu komplizierten Ornamenten zusammengesetzt sind: Kreise, mit einem Kreuz ausgefüllt, Kreise mit Strahlenmotiven, Rauten mit Querbalken usw. Abgesehen von der persönlichen Note, die dieses Zierwerk über der Tür dem Eingang verleiht, ist seine symbolische Bedeutung unverkennbar, da hier die in der Volkskunst altbekannten magischen Motive verwendet werden.

Die vielen Andreaskreuze im Holzwerk der alten Häuser in der Sologne oder in der Normandie, muß man sie auch als Folge technischer Gegebenheiten deuten? Oder die Holzstükke, die an manchen alten Häusern in Burgund zu »Sparrenfriesen« gefügt sind? Auch hier liegt eine funktionelle Notwendigkeit keineswegs auf der Hand; man ist versucht, hierin

33. Interessant ist in diesem Zusammenhang auch der seltsame Giebelschmuck jener in gemischter Bauweise errichteten Häuser in der Picardie. Hier wurden in den Kalkstein in regelmäßigen Streifen Ziegel eingefügt: ein Muster, das an den Lebensbaum erinnert. Doch könnte diese Art des Mauerverbandes sich leicht damit erklären lassen, daß man gerade am Giebel dem porösen Kalkstein einen weniger durchlässigen Stein hinzufügen wollte. Doch ergab sich aus der Kombination dieser beiden Materialien in manchen, allerdings selteneren Fällen ein Ziermuster aus vertikalen Wellenlinien – ein Motiv, das es bereits in prähistorischen Zeiten gab (siehe oben) und das ganz offenbar keinen praktischen Zweck erfüllt.

34. Wir sollten darüber nicht vergessen, daß die Mauerfüllung der ganz bescheidenen Häuser einfach nur aus Strohlehm bestand.

Die symbolische Bedeutung des Hauseingangs wird manchmal durch ein Schmuckwerk hervorgehoben, das, verglichen mit der Schlichtheit der Häuser, zu denen es gehört, äußerst überladen erscheinen mag. Das gilt auch für diese Häuser in Südlothringen, deren Giebeltüren Tempeleingängen ähneln.

ganz einfach die Verwendung von Symbolen zu sehen, die seit jeher eingesetzt werden, um den Bösen Blick abzuwenden. Die elsässischen Häuser sind in dieser Hinsicht noch typischer; sie würden alleine schon ausreichen, um die rein technische Begründung für die Anlage mancher Fachwerkhäuser in anderen Gegenden in Frage zu stellen. Denn hier findet man an ein und demselben Gebäude eine Anhäufung aller beim Fachwerk als Dekor verwendeten magischen Figuren: Andreaskreuze, Hexenbesen, abgebogene Swastiken und Rauten sind nicht nur durch die Anordnung der Balken dargestellt, sondern auch im »Kratzputz«. Die Aufmerksamkeit, die in dieser Gegend auch dem geringsten Detail am Bau gewidmet wurde, das als Schutzelement einsetzbar war, läßt keinen Zweifel darüber zu, wie diese Schmuckelemente am Fachwerkbau zu deuten sind.

Auch bei den Dächern wird das Material manchmal – flache Schindeln, Schiefern – in einer Art und Weise eingesetzt, die mit rein technischen Erfordernissen schwer zu erklären ist. Die magischen Zeichen, großenteils Kreuze, wie in der Bretagne oder in der Picardie, werden oft durch gegensätzliche Farbzusammenstellungen gebildet (dunkle Ziegel auf rotem Grund etwa) oder durch die Form (ausgezackte Schiefern zum Beispiel). Aber bei Gebäuden aus dem neunzehnten Jahrhundert tragen die Schindeln häufig auch Initialen und Daten, die hier als Zeichen der Besitzer ähnlich eingesetzt sind wie an den Türstürzen. Man findet diese Zeichen auch manchmal an Giebelwänden, die mit Schindeln oder Schiefern gegen Wind und Wetter abgedeckt sind.

Selbst die Eisen zur Mauerverankerung dienen als Vorwand für Verzierungen, hinter denen manch einer nicht einzig und allein das Geschick des Schmiedes sehen möchte, der sich dem Geschmack des Augenblicks anpaßte. Ohne daß wir nun mit Gewißheit behaupten wollten, daß mehr als ein einfaches dekoratives Bedürfnis dahintersteckte, fällt doch auf, daß in manchen Gegenden, wie zum Beispiel in Flandern und in der Picardie, gerade diesen Hausverankerungen eine sehr liebevolle Behandlung zuteil wurde: herzförmige Eisen, die in Spiralen auslaufen, Daten der Errichtung des Hauses und Initialen, die in Eisen ausgeführt sind, findet man an den Häusern dieser Provinzen in Hülle und Fülle. Im Marais de Dol in der Bretagne kann man an Schornsteinen, Ziegeln oder Steinen die kunstvoll aus Eisen gebildeten Initialen der Hausbesitzer entdecken.

1

2

3

Das Mauerwerk der alten Bauernhäuser ist überzogen von einem ganzen Netz von Zeichen und Symbolen. Der Maurer, der sein Werk mit Hilfe von Richtschnur und Zirkel zeichnet, der Zimmermann, der seine Signatur in den Hauptbalken einschnitzt, der Steinmetz, der sein Zeichen einmeißelt, der wandernde Handwerksbursch, der einen Nachweis für seinen Aufenthalt an diesem Ort hinterlassen möchte – wer genau hinschaut und zu begreifen versucht, kann eine Vielzahl von Bedürfnissen dahinter entdecken.
1. Zeichen eines Baumeisters. –
2. Zeichen eines wandernden Handwerksburschen. –
3. Maurerzeichen. –
4. Zeichen eines wandernden Handwerksburschen.

Selbst in den winzigsten Details, selbst in Elementen, die eine unmittelbare praktische Funktion haben, verrät sich beim alten Bauernhaus somit auf unverkennbare Weise das Bedürfnis nach weit mehr als einem simplen »Dach über dem Kopf«. Wir müssen deshalb das Bauernhaus als ein sehr komplexes Gebilde betrachten, das gewiß auch nicht zuletzt das Ergebnis technischer Erfordernisse ist, aber nicht minder das Produkt einer bestimmten geistigen Einstellung sowie von Emotionen und Vorstellungen, die in all den vielen so tief in unserem Kulturkreis verwurzelten Zeichen und Motiven zum Ausdruck kommen.

Die Zeichen der Eigentümer, der wandernden Handwerksburschen, der Baumeister

Eine ganze Reihe von Zeichen, die an den Hofzugängen oder am Bauernhaus direkt angebracht sind, sollen nicht vor okkulten Mächten schützen, sondern geben Auskunft über den Eigentümer des Hofes. Oder es sind Zeichen, die die Handwerker auf den von ihnen bearbeiteten Stein- oder Holzteilen hinterlassen haben. Es erscheint uns deshalb logisch, sie in das vorliegende Kapitel aufzunehmen, da es sich hier um Symbole handelt, die vom Menschen gefertigt wurden, um seinen Platz in der dörflichen Gesellschaft zu umreißen.

Wenn die Zeichen der Hauseigentümer auch anders als die zuvor beschriebenen Zeichen – die einer der gesamten Bevölkerung gemeinsamen »Schrift« angehören – in der Mehrzahl individualisiert sind, so greifen sie doch im Prinzip auf einfache, stilisierte Motive zurück. Diese Besitzerzeichen trifft man nicht nur im unmittelbaren Wohnbereich an, denn die Grenzsteine der Felder, wie im übrigen auch die häuslichen Gegenstände und das Vieh – gehören alle zum Hof und tragen häufig auch die gleichen Symbole.

Sieht man einmal ab vom aufgemalten oder eingemeißelten Besitzerzeichen, so verfügt die Bevölkerung einer jeden Gegend stets auch über ein großes Arsenal von Symbolen im weitesten Sinne des Wortes, die für eine Warnung oder für ein Verbot stehen und die ebenfalls ein Eigentum bezeichnen können. Die Einfriedung, das beschriftete Schild, sind sehr moderne Formen, um Eigentum zu demonstrieren. Sehr häufig sind es nur ein Bündel Stroh, das an einem Baum befestigt wird, ein Busch oder ein in die Erde gerammter Pfahl, die die Grenze des Besitzes anzeigen oder dem Vieh den Durchgang untersagen. In den Landschaften der lebenden Hecken übernimmt ein Baum – Eiche oder Pappel – oder der alte Stumpf eines Weißdorns die Funktion des Grenzsteins. Manchmal sind es auch Bäume, die auf offenen Feldern die vier Ecken des Besitztums anzeigen (35). Hin und wieder grenzt man die Felder auch mit unbehauenen, unübersehbaren Steinblöcken ein, die manchmal zudem ein erkennbares Zeichen tragen; doch waren die Besitzer immer so vorsichtig, diese Natursteine noch genauer zu

35. In vielen Regionen herrschte der Brauch, die Kinder zu züchtigen, wenn dieser Grenzbaum eingepflanzt wurde, um ihnen den Augenblick der Einpflanzung tief ins Gedächtnis einzuprägen.

Schutz der in die Scheune einge brachten Ernte, des Weines im Keller, des Fleisches in der Salzlake – so setzten die Bauer in etwa die Vorrangigkeiten. Diese kostbaren Güter mußten vor Dieben und den verschiedensten Nagetieren, aber auch vor bösen Geistern bewahrt werden, die der Zauberer oder der Teufel selbst geschickt hatt Vor allen Dingen, um diese Gehilfen des Teufels abzuhalte

Es war einmal ein Mann, der hieß Lucas, aber man nannte ihn immer »Lucas der Grenzsteinversetzer«. Er starb, und von der folgenden Nacht an hörte man einen höllischen Lärm auf dem Speicher. Die Witwe und ihre Kinder wurden von Furcht erfaßt, aber sie erzählten niemandem davon. Der Lärm wiederholte sich einen Monat lang jede Nacht. Die Witwe hielt es schließlich nicht mehr aus und beschloß, den Pfarrer aufzusuchen, um ihm von der Sache zu erzählen.

»Das ist eine Seele in Not, meine gute Frau«, sagte der Pfarrer zu ihr, »das ist zweifellos die Seele Eures Mannes. Sobald der Lärm von neuem beginnt, betet und wartet ab.«

In der folgenden Nacht begann die Witwe zu beten, während die Kinder im Zimmer nebenan schliefen. Alsbald erblickte sie ihren Mann, der zur Tür deutete und hinausging. Sie folgte ihm bis an den Rand des Dorfes auf ein Feld, das ihm gehörte. Er setzte sich zuerst auf den Grenzstein und sprang dann an den vier Seiten seines Feldes entlang. Er führte sie so auf alle ihre Äcker und machte jeweils auch einen Sprung in die Mitte des Feldes. Die Witwe hatte verstanden. Gleich am nächsten Morgen machte sie sich mit Hilfe ihrer Kinder daran, die Grenzsteine, die Lucas versetzt hatte, wieder an ihren richtigen Platz zurückzutragen.

Von da an hörte der Lärm auf.

Félix Chapiseau
Folklore de la Beauce et du Perche. Paris 1902

achteten die Baumeister sehr sorgsam darauf, daß die Hausöffnungen mit magischen Ornamenten aus gestanztem Eisenblech verziert wurden, wie zum Beispiel Lebensbaum oder Hexenbesen. – Eisendekor im Roussillon.

Dachgaube in Guitardenform am Haus eines wandernden Handwerksburschen, der sich zur Ruhe gesetzt hat. (Burgund)

markieren, indem sie direkt darunter eindeutig identifizierbare Nachweise in der Erde vergruben: Ton- oder Glasscherben beispielsweise, oder Holzkohle oder Nägel (36). Nur Steine, die herrschaftliche Domänen, kirchliche oder Gemeindeländereien begrenzen, sind von imposanterem Ausmaß und tragen auf den beiden Seiten die Wappen oder die Erkennungszeichen der Nachbarn. Ähnliche Markierungen erhalten die Schafe, Ziegen oder Kühe der Gemeindeherden: Zeichen oder Buchstaben der Gemeinde, entweder mit roter Farbe auf Kopf oder Seite aufgemalt oder eingebrannt auf Schenkel oder Hörner. Aber die gemeinschaftliche Viehmarkierung schließt die Bezeichnung individuellen Besitztums keineswegs aus, und jeder Betrieb markiert seine Tiere mit Farbe oder Brandzeichen auf Fell oder Hörnern oder mit Einschnitten an den Ohren.

Das Familienzeichen wird natürlich keineswegs nur zur Markierung des Viehs verwendet. Man findet es in waldreichen Gegenden ebenso auf den Stämmen der geschlagenen Bäume wie auf den meisten Eigentumsgegenständen des jeweiligen Bauern: Werkzeug, Hausrat und Möbel. Das Familienoberhaupt gab das Zeichen jeweils an den ältesten Sohn weiter, während die anderen Kinder sich Zeichen nach ihrer eigenen Phantasie entwarfen. Wenn diese Zeichen auch lange sowohl auf Gemeinde- wie auf Familienebene das beliebteste Mittel waren, um Besitz nach außen hin zu demonstrieren (in manchen Gegenden ersetzten sie selbst auf Urkunden die Unterschriften) und häufig zur Klärung nachbarlicher Streitfälle herangezogen wurden, so haben sie doch heute ihre Bedeutung im wesentlichen verloren.

Ursprünglich orientierten sie sich in den meisten Fällen an den Initialen des Besitzers. Sie wurden dann, je nach Werkzeug, mit dem man sie ausführte (Einschnitte mit Axt oder Messer zum Beispiel) fortlaufend deformiert oder vereinfacht. Zahlreiche geometrische Motive, die Kreise, Kreuze, »Kommata« oder Winkel miteinbeziehen, greifen zweifellos auf uralte

36. Als es noch kein Grundbuch gab, kam die Bedeutung dieser Besitztumsbegrenzungen in vielen regionalen Legenden zum Ausdruck, die von den ruhelosen Seelen der »Grenzsteinversetzer« erzählten: Dazu verurteilt, mit dem Stein auf der Schulter umherzuirren, fanden sie erst dann ihren Frieden wieder, wenn sie die Grenzsteine an ihren rechtmäßigen Platz zurückversetzt hatten.

1

2

3

4

Symbole zurück oder gehören vergessenen Alphabeten an. Man sieht diese Erkennungszeichen häufig auch eingemeißelt in die Schlußsteine an Vorbauten oder Türstürzen oder auf dem tragenden Schwellenbalken der Fachwerkhäuser. Sie können mit dem Namen und den Initialen des Besitzers und dem Datum der Erbauung verbunden sein. Häufig findet man auch die Namen der beiden Ehegatten (37). Das verwendete Symbol kann die bildliche Übertragung des Familiennamens sein.

Nicht selten meißelt man in die Türstürze auch das Berufszeichen des Hausbesitzers ein; dann übernehmen diese Zeichen die Funktion des Aushängeschildes, in ähnlicher Weise wie eine Wetterfigur: die Axt des Holzfällers, die Werkzeuge des Küfers, das Messer des Weinbauern, das Brot oder das Brötchen des Bäckers, das Hufeisen oder der Amboß des Hufschmiedes; alle Zünfte sind durch ihre Erzeugnisse oder Arbeitswerkzeuge vertreten. Manchmal werden Berufs- oder Handwerkszeichen mit den regionalen Wappen kombiniert, woraus sich dann ein echt bürgerliches Wappen ergibt. An manchen Höfen der Bresse weist die Unterschwelle des Holzportals, das in die große Vorhalle führt, ebenfalls eine Verzierung auf, die von Hof zu Hof anders ist. Überdies sind in die Mitte des hölzernen Türsturzes Kreuz oder Doppelkreuz hineingeschnitzt und zu beiden Seiten die Namen der Besitzer oder die Initialen und das Datum der Errichtung, verziert mit allerlei Symbolen, wie etwa dem umgekehrten Herzen.

Wieder andere Zeichen machen, eingemeißelt in den Stein oder eingeschnitzt ins Holz, nicht die geringste Aussage über den Besitzer des Hofes, sondern sind die Signatur der Handwerker, die zur Errichtung des Hauses beigetragen haben. So die Zeichen der Steinmetze, die in die Blöcke, die sie bearbeitet hatten, stets ihr persönliches Zeichen einmeißelten, damit der Baumeister die Arbeit jedes einzelnen erkennen konnte. Diese Zeichen, die in den meisten Fällen sehr einfach sind und die mit Zirkel, Winkelmaß und Meißel ausgeführt wurden, stellen Dreiecke, fünf- oder sechsstrahlige Sterne, aber manchmal auch sehr viel persönlichere Motive dar, wie etwa ein Werkzeug im Profil oder die Initialen des Steinmetzen. Bemerkenswert ist auch, daß die Ziffer 4 sehr häufig das Grundelement für die Zeichen der Steinmetzen ist. Jeder Steinmetz besaß sein Zeichen, mit dem er seinen Stein markierte und das er häufig an seine Kinder weitergab. Hier zeigt sich die Bedeutung des Eigentums nicht im Endprodukt, sondern in der Ausführung. Sobald der Dachstuhl fertiggestellt und der traditionelle Umtrunk vorüber war, schnitzten auch die Zimmerleute ihren Namen oder ihr Zeichen in den Hauptbalken (38). Die Bestätigung der Arbeit durch eine Signatur wird so zum Ritual, zeugt von überstandener Mühsal.

Diese Handlung erinnert an jenen in früheren Zeiten in ländlichen Gegenden sehr verbrei-

37. Man findet Initialen oder Vornamen der beiden Eheleute in manchen französischen Provinzen auch auf dem Mobiliar wieder, im Baskenland zum Beispiel auf dem Hochzeitsschrank.

38. Diese Zeichen haben nichts mit jenen üblichen Markierungen zu tun, die alle Zimmerleute verwenden, um beim Gebälk die Anordnung der Holzbalken anzugeben: In diesem Fall handelt es sich um einen Verständigungscode unter Handwerkern.

Die Besitzerzeichen an den alten Landhäusern weisen die verschiedensten Formen auf. Geometrische Zeichen, die in Stein gemeißelt oder in Holz geschnitzt werden und an allen häuslichen Gegenständen wiederaufgenommen werden, ein Familienmotto, das über die Haustür oder die Vorhalle geschrieben wird – so erstellten sich die Bauernfamilien mit der Zeit regelrechte Wappen, die von Generation zu Generation weitergegeben wurden. Aber am allertypischsten sind jene Besitzerzeichen, die sich meistens am Türsturz über dem Eingang finden: der ausgeschriebene Name oder die Initialen des Hausbesitzers. Zusammen mit dem Datum der Hauserrichtung und verziert mit einfachen Ornamenten wie Herz, Kreuz oder Rad sind sie häufig an Häusern, die im übrigen sehr bescheiden sind, der einzige sorgfältig und überlegt eingesetzte Schmuck. Manchmal handelt es sich auch um ein schmiedeeisernes Schmuckelement, das an der Fassadenwand oder gar am Schornstein befestigt wird und Datum der Errichtung und Initialen des Besitzers nennt.

1. Türsturz im Avranchin. –
2. Schornstein in der Bretagne. –
3. Türsturz in der Franche-Comté. –
4. Türsturz in Burgund.

1

2

3

4

5

1. Hufschmied (Gegend um Mâcon)
2. Weinbauer (Burgund)
3. Zimmermann (Elsaß)
4. Gastwirt (Languedoc)
5. Küfer (Elsaß)

teten Brauch, auf dem tragenden Balken des Gemeinschaftsraumes oder am Kaminbogen die wichtigsten Ereignisse im Familienleben festzuhalten: Übernahme des Hauses, Hochzeit, Tod, Geburt, das Jahr einer guten Ernte oder einer guten Weinlese. Der ländliche Kalender fand hier einen ihm gemäßen Platz, ähnlich dem Einband der Bibel oder der Innenfläche der Schranktüre, die ebenfalls diesem Zweck dienten. Doch sind dies ganz persönliche Zeichen, die eine Gedächtnisstütze sein wollen und keineswegs dazu bestimmt sind, von jedem gesehen zu werden.

Die Zeichen der wandernden Handwerksburschen kann man mit ihnen vergleichen, obwohl diese sie stets auf die Außenmauern der Bauwerke einritzten, an denen sie mitgearbeitet hatten: Sie interessieren uns in diesem Zusammenhang nur insofern, als sie sie nicht nur »unterwegs« auf den Gebäuden hinterließen, sondern auch an den sehr einfachen Behausungen der »Pensionäre«, an den Häusern jener Handwerksburschen also, die berühmt waren für ihr Können. Hier hinterließ jeder vorbeiziehende Handwerksbursche mit Begeisterung sein Zeichen, um seinem Kollegen damit Ehre zu erweisen. Oft ging es dem von großer Reise zurückgekehrten Handwerksburschen darum, mitzuteilen, welche Stellung, welchen Rang er sich erworben hatte: Ein bezeichnendes Wappen mit einem Sinnspruch, die Statue des Schutzpatrons mit den Werkzeugen und dem Zeichen der Zunft oder ganz schlicht die sehr typischen Dachgauden »en guitarde« oder »en capucine« reichten völlig aus, damit ein Handwerksbursche »auf der Walz« auf dem schnellsten Wege, in jedem Dorf und in jeder Stadt, das befreundete Haus fand. Seltener fungierte die Wetterfigur als Erkennungszeichen der wandernden Handwerksburschen, so wie beispielsweise die, die wir im Bresse entdeckten – samt Zirkel und Winkelmaß.

Zum guten Schluß gilt es, noch weitere Zeichen zu nennen, die man manchmal an den Hausmauern und -türen findet. Wir denken dabei an das magische Alphabet der Zigeuner, die, nachdem sie einen Hof besucht haben, die dort gesammelten Informationen über die Familie, deren Stand und den Empfang, den sie Vorüberziehenden bereitet, in Zeichensprache niederlegen: Ein Kreuz bedeutet soviel wie unfreundlicher Empfang, zwei gekrümmte Linien, daß die Hausfrau sich ein Kind wünscht, zwei horizontale Linien über zwei vertikalen Linien, daß hier ein Beamter wohnt, zwei einzelne vertikale Linien, daß man sich von dieser Familie etwas erhoffen kann... (39)

39. Vgl. Martin Block: *Mœurs et coutumes des Tziganes,* Paris 1936.

Auch die Zeichen, die die Schornsteinfeger hinterließen, indem sie ihren Namen mit Holzkohle oder mit Rötelkreide niederschrieben, wollen wir allen übrigen noch hinzufügen. So ist das Haus wie ein Buch, das die Geschichte seiner Erbauer erzählt, seiner Bewohner, seiner Besucher: Ein sehr umfassendes Buch, das man in allen seinen Einzelheiten studieren muß.

1

Die Handwerker früherer Zeiten pflegten auf den Schlußstein über der Tür ihr Zeichen einzumeißeln – zum einen, um voll Stolz die Zugehörigkeit zu dieser oder jener Zunft zu demonstrieren, zum anderen als Hinweis für einen eventuellen Kunden. Die Wiedergabe der typischen Werkzeuge des Berufes, den sie ausübten oder der Produkte, die sie herstellten, vermittelt uns heute ein lebendiges Bild vom ehemals lebhaften Treiben in den nun verlassenen Dörfern: das Brot des Bäckers, die Werkzeuge des Schmiedes, die Haken und der Hammer des Küfers, die Erzeugnisse des Hufschmiedes, das Messer des Weinbauern oder gar das Glas und der Krug des Gastwirtes – zahllose gewissenhafte Handwerker sind heute auf diese Weise im Stein verewigt.

1. Hufschmied (Normandie)
2. Küfer (Elsaß)
3. Hufschmied (Burgund)

2

3

Der magische und symbolische Charakter der Pflanzen und der Farben

Die Bedeutung der Vegetation im Volksglauben.
Die Bedeutung der Farbe im Volksglauben.

Perſil
ffeniculus

Wir haben bereits mehrfach auf die große Bedeutung der Pflanzen im Volksglauben hingewiesen. Sie werden wegen ihrer prophylaktischen Eigenschaften eingesetzt, wegen ihrer unheilvollen Wirkung gefürchtet und wegen ihrer schützenden Kraft gesucht. In den tagtäglichen Riten der bäuerlichen Familie haben sie einen festen Platz. Doch werden die Eigenschaften dieser Pflanzen nur wirksam, wenn man sie unter gewissen Umständen zu gewissen Zeitpunkten des Jahres pflanzt. Generell weisen diese Pflanzen, die man keineswegs für vernunftlose Wesen hält, einen widersprüchlichen Charakter auf, der typisch für alle Dinge und Wesen ist, aus denen sich die Umgebung der traditionellen bäuerlichen Gesellschaft zusammensetzt. Sie sind zugleich Gift und Gegengift, Gott und Dämon.

Es ist somit nur natürlich, daß ihre Anwesenheit in der Umgebung des Hauses erwünscht, beziehungsweise gefürchtet ist und daß man besonders darauf achtet, jedem Kontakt mit den unheilbringenden Arten aus dem Weg zu gehen, um wiederum die unmittelbare Nähe derjenigen zu suchen, die Glück, Gesundheit und Reichtum bringen. Wir haben bereits gesehen, daß Pflanzen, von denen man annimmt, daß sie vor Blitz oder Krankheit bewahren, nicht nur an, sondern sogar auf dem Haus wachsen, wie die Hauswurz, die man beinahe überall auf den Dächern oder den Umfassungsmauern der Bauernhöfe finden kann: Es wäre ein Sakrileg, diese Pflanze auszureißen, die von selbst auf dem Haus wächst.

Andere Pflanzen zieht man nahe dem Wohnhaus, wie zum Beispiel den Fenchel, dem man die Fähigkeit beimißt, bösen Zauber abwenden zu können; ebenso ist es mit dem Knoblauch (1). Man verschmäht auch die Nähe des Farns nicht, dessen wunderbare Fähigkeiten bei allen möglichen Gelegenheiten eingesetzt werden. Dagegen ist es streng verboten, Petersilie dicht beim Haus zu säen, denn es besteht kein Zweifel, daß das den Tod des Hausherrn nach sich zieht. In der Touraine glaubt man, daß der Duft der Bohnenblüten wahnsinnig machen könnte (während des ganzen Altertums ist die Bohne regelrecht tabu), und man nimmt an, man könne sich vor Fieber bewahren, wenn man das erste Veilchen ißt, das man findet.

1. Die Knoblauchknollen, die in vielen Regionen an den Hausfenstern oder an der Stalltür hängen, scheinen ein deutlicher Beweis dafür zu sein, daß dieser Glaube noch immer besteht.

Manche Pflanzen sind wesentliche Hilfsmittel im täglichen Kampf der ländlichen Bevölkerung gegen Hexen und Teufel. Knoblauch, Farn und Fenchel werden seit dem Altertum gegen bösen Zauber und zur Bekämpfung von Hexen verwendet.

Doch zeigten sich diese Vorstellungen nicht nur bezüglich der Pflanzen, Büsche und Bäume, die eine vorrangige Rolle in der bäuerlichen Pflanzenverehrung spielen. Der uralte Baumkult, den die Kirche durch ihre ganze Geschichte hindurch bekämpft hat, hielt sich bis in die heutige Zeit hinein, wofür die Maifeiern ein lebendiges Beispiel sind. Die Zauberkraft des Baumes, das Eigenleben, das man ihm zugesteht, die glückbringenden oder unheilvollen Kräfte, die man in ihm vermutet, prägen die Beziehung des Landbewohners zu den Pflanzen und Bäumen, die ihn umgeben. Die enge Beziehung kommt in vollkommener Weise in den regionalen Bräuchen zum Ausdruck, die mit der Pflanzung, dem Schutz und der Verwendung der Bäume zusammenhängen. Aber abgesehen von ihren eigentlichen Eigenschaften sind die Bäume auch Ausdrucksmittel, um Liebe, Bewunderung oder Tadel anzudeuten. So haben die Bäume, die die jungen Männer vor der Tür der Mädchen aufpflanzen, die sie heiraten wollen, je nach verwendeter Spezies eine ganz präzise Bedeutung. Eine Bedeutung, die im übrigen nach Regionen variieren kann: Während in Flandern ein Kirschbaumast besagt: »Ich möchte dich gern heiraten«, heißt er in der Franche-Comté soviel wie »flatterhaftes Mädchen«; umgekehrt ist die Bedeutung in diesen beiden Regionen für den Flieder: in Flandern ist er eine Beleidigung, während er in der Franche-Comté schmeichelhaft gemeint ist.

Aber man darf nicht übersehen, daß das Pflanzen eines Baumes einen symbolischen Stellenwert haben kann, wenn man es vornimmt, um die Erinnerung an ein Ereignis wachzuhalten. Das gilt zum Beispiel für die Bäume, die anläßlich der Erbauung eines Hauses eingepflanzt werden und die in gewisser Weise die Inbesitznahme von Grund und Boden symbolisieren. Die meisten alleinstehenden Bäume, die in der Nähe der Hausfassaden emporragen, haben keine andere Bedeutung. In diese Kategorie fallen auch die Begrenzungsbäume, die, wie wir bereits gesehen haben, die Grenzen einer Besitzung anzeigen (2). Schließlich gehört auch der Baum, der anläßlich der Geburt eines Kindes in unmittelbarer Umgebung des Hauses gepflanzt wird, in die Gattung dieser »Baummonumente«. Auch der Baum, der sich auf dem Dorfplatz erhebt, hat Symbolwert: Unter der hundertjährigen Linde, der Ulme, dem Ölbaum oder der Platane werden die dörflichen Probleme besprochen, versammeln sich die Alten, um zu beraten. Hier zeigt sich eine ähnliche Funktion wie beim »Palaverbaum« in Afrika, bei der Eiche der Gerechtigkeit im französischen Mittelalter. Es ist jedoch nicht so sehr diese Funktion des Baums, die dem Ort Weihe verleiht, als der Baumgott selbst, der die Handlungen, die sich unter seinem Blattwerk vollziehen, segnet.

Die Pflanzung eines Baumes, von dem man sich einen wie auch immer gearteten Nutzen erwartet – sei es die Ernte seiner Früchte oder die Verwendung seines Holzes – macht eine Art ausgleichendes Opfer an die Mächte der Erde erforderlich, beziehungsweise an den Baum selbst, den man berauben will. So findet man in diesem Zusammenhang häufig Trank-

2. Im Lozère, wo die Weißdornsträucher der Ackerbegrenzung dienten, hieß »einen Weißdorn pflanzen« im Volksmund soviel wie »ein Feld eingrenzen«.

Manche Bäume – einmal ganz abgesehen davon, daß bestimmte Arten als heilig gelten – nehmen in den Riten und Vorstellungen der Bauern eine Sonderstellung ein. Stets ist der Symbolcharakter sehr groß, und häufig ist bei den verschiedenen Arten die Grenze zwischen glückbringend und unheilvoll fließend. Die Römer unterschieden bereits den »arbor felix« vom »arbor infelix«. Der Baum kann auch Element einer Symbolsprache sein: so ist der Zweig des Kirschbaums, des Holunders oder des Nußbaums, den man einem heiratsfähigen Mädchen auf die Fensterbank legt, je nachdem ein Kompliment oder eine Beleidigung.

Bäume spielen bei allen möglichen häuslichen oder kulturellen Anlässen auf dem Lande eine Rolle. Sie sind häufig Träger einer Funktion, die weit über die schützende Bedeutung hinausgeht. Noch bis vor sehr kurzer Zeit waren sie Mittelpunkt eines regelrechten Familienkults. Man pflanzte sie anläßlich der Geburt eines Kindes, man hüllte sie in Trauer, wenn einer der Hofbewohner starb – meist Bäume, die im Hof oder an einer Hausecke standen.
Sie können auch Symbol sein für Besitz und sie können dessen Grenzen bezeichnen.

Camomila

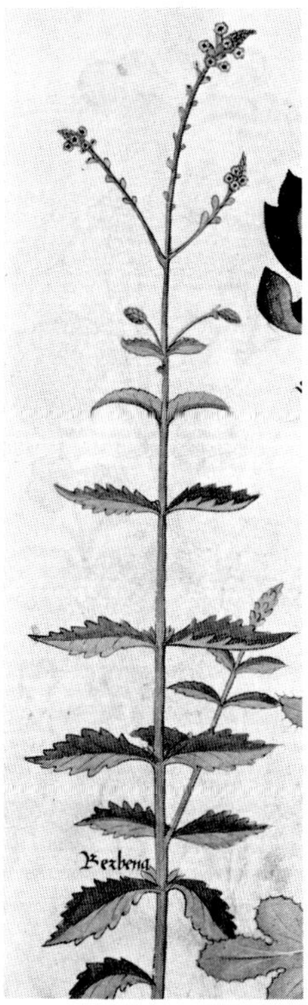
Verbena

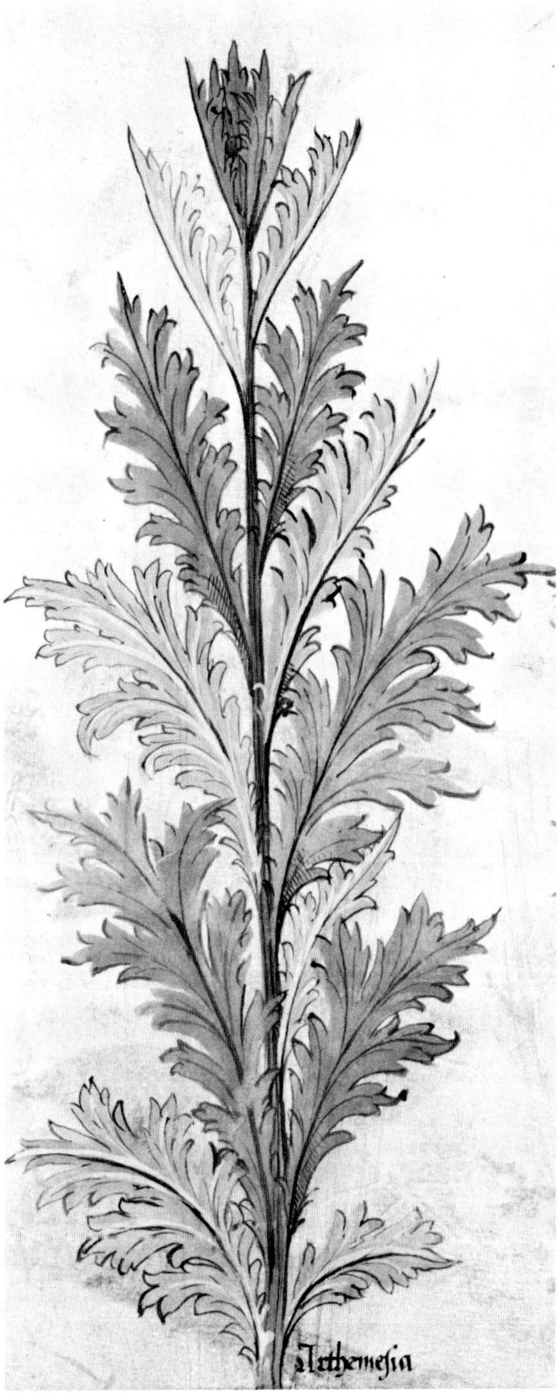
Arthemesia

opfer an den Baum und an die Erde, die in das Loch gegossen werden, das den Baum aufnehmen soll: Apfelwein für einen Apfelbaum, Wein für einen Weinstock. In manchen Fällen müssen die Exkremente des Besitzers dargebracht werden, um dem Baum, den man pflanzt, einen besonders schönen Wuchs zu sichern (3).

So wie vor dem Sammeln der Pflanzen gewisse moralische und physische Bedingungen erfüllt sein müssen, gehen der Einpflanzung des Baumes gewisse Riten voraus, die dazu bestimmt sind, die Naturkräfte versöhnlich zu stimmen und sich gegen die Untaten des Bösen abzusichern. In diesem Zusammenhang ist es bezeichnend, daß eine gewisse Reinheit der Seele im Augenblick der Einpflanzung erwünscht ist, denn ebenso, wie sich die der Pflanze innewohnenden Kräfte dem Menschen vermitteln können, strahlen auch die Eigenschaften des Menschen auf sie zurück. Auf diese Weise ist die Osmose vollkommen.

Es erstaunt daher nicht, wenn man zum Schutz des Baumes, zu seiner Erhaltung, auf die gleichen Mittel zurückgreift, auf das gleiche magische Arsenal, auf die gleichen Riten, deren man sich auch zum Schutz der Familie, des Viehs, der Gebäude bedient. Um das Wohnhaus oder den Schafstall vor Blitz und Krankheit zu bewahren, vergräbt man einen Donnerstein unter der Türschwelle oder legt ihn auf den Dachboden. In ähnlicher Weise geht man mit Werkzeug aus dem Neolithikum vor. Um die Bäume zu schützen, vergräbt man bei ihren Wurzeln eine Steinaxt oder eine Pfeilspitze, die man im Nachbarfeld gefunden hat. In der Franche-Comté verteilt man die Asche des »Klotzes«, des Weihnachtsscheits, unter den Obstbäumen, damit sie eine größere Ernte bringen.

Wir haben bereits gesehen, daß Tieropfer erforderlich waren, um einem Gebäude die Weihe zu geben. So pflegte man früher auch am Fuße eines kranken Obstbaumes eine Katze zu vergraben, damit er seine Kraft zurückgewinnen konnte. Wie bei allen anderen Gegebenheiten des Bauernhofes vermischen sich die heidnischen Schutzbräuche aufs engste mit den Inhalten der offiziellen Religion. Um die Raupen im Obstgarten zu bekämpfen, schrieben einst die Bauern in Lothringen auf Papierbänder, die sie um die Baumstämme wickelten: »Christus regnat, Christus vincit, Christus vobis imperat. Ibi ceciderunt qui operantur iniquita« und beteten gleichzeitig zur heiligen Gertrude, damit sie ihnen helfe, den Insekten den Garaus zu machen (4). In der Grafschaft Nizza pflegte man den Raupen und den Maulwürfen eine eigene Parzelle zuzuteilen, damit sie die Gärten der Menschen in Ruhe ließen.

Aus einem ähnlichen Denken heraus sind manche Kirchenfeiertage der Sorge um die Bäume geweiht: in der Bretagne der Ostermontag dem Pfropfen der Apfelbäume, der Heilige Abend der Bekämpfung der bösen Geister. Aber wichtig ist vor allem der Brandsonntag, den man – und das in ganz Frankreich – mit der »Fête des brandons« beging. Dieses Fest, das

3. P.-Y. Sébillot beschreibt diesen Brauch in: *Le Folklore de la Bretagne* in bezug auf die Gegend um Dinan.

4. Vgl. de Westphallen, a. a. O.

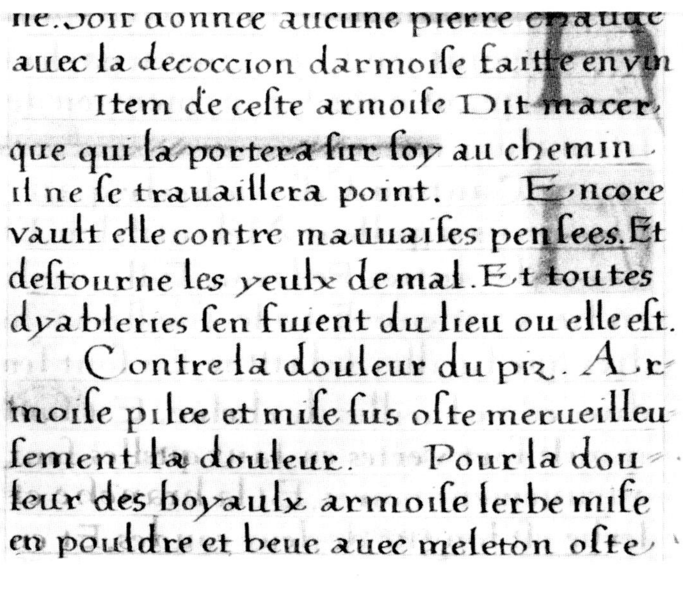
ne soit donnee aucune pierre chaude
auec la decoccion darmoiſe faitte en vin
Item de ceſte armoiſe Dit macer
que qui la portera ſur ſoy au chemin
il ne ſe trauaillera point. Encore
vault elle contre mauuaiſes penſees. Et
deſtourne les yeulx de mal. Et toutes
dyableries ſen fuient du lieu ou elle eſt.
Contre la douleur du piz. Ar
moiſe pilee et miſe ſus oſte merueilleu
ſement la douleur. Pour la dou
leur des boyaulx armoiſe lerbe miſe
en pouldre et beue auec meleton oſte

Die Johanniskräuter mit ihrer Zauberkraft hatten seit jeher eine wesentliche Bedeutung in den Schutz- und Heilsriten. Zur Bekämpfung von bösem Zauber, Gewitter, Krankheit und Dämonen verwendete man manchmal die Kamille, häufig das Eisenkraut und immer den Beifuß zusammen mit anderen Pflanzenarten als Zutat für die verschiedensten Aufgüsse und Tränke. Manchmal hängte man sie einfach in den Kamin oder befestigte sie über der Tür. Bereits die Dichter der Antike sprechen von diesen und ähnlichen Verwendungsformen.

Die Hauswurz, die auf Hausdächern oder auf den Eingangspfosten wächst, ist trotz ihres äußeren Anscheins keineswegs eine »harmlose« Pflanze. Als magisches Mittel beim Schutz des Hauses hatte sie und hat sie noch immer eine wesentliche Funktion: Der »Jovisbart« gilt in jedem Fall als unfehlbares Mittel gegen Gewitter und als unbestreitbarer Glücksbringer.

Der Birnbaum, der in manchen Gegenden vor keiner Hausfassade fehlt, wurde nicht allein aus ästhetischem Bedürfnis heraus oder weil man sich irgendeinen Nutzen davon erwartete, gepflanzt. Man muß wissen, daß er lange Fruchtbarkeitssymbol war, wenn man die große Bedeutung erklären möchte, die er in den Dörfern mancher Gegenden der Normandie oder der Picardie hat.

Laurier

ganz und gar heidnischen Ursprungs ist, symbolisiert die Jagd auf die bösen Geister des Winters, die noch über die Felder und durch die Obstgärten spuken: Die Kinder und die jungen Leute zogen bewaffnet mit Strohfackeln über die Äcker, schrien und sangen dabei aus vollem Halse: »Mort aux nielles et aux chardons« (Tod den Kornraden und den Disteln) in der Touraine; »Plus de fruits que de feuilles« (Mehr Früchte als Blätter) in der Bresse; im unteren Berry sagte man noch: »Brand'lounous la gnielle, la gnielle, Brand'lounous la gnielle et les échandons« (Wir wollen die Kornraden und die Disteln verbrennen). Im Beauce schrie man: »Gerbes à boisseaux« (Garben in Mengen). Diese Prozessionen, so glaubte man, schlugen die Ratten, die Maulwürfe oder schädliche Insekten in die Flucht.

Aber der Baum gehört auch zur Familie. Man spricht zu ihm, man hält ihm Strafpredigten. Er hat genauso teil an den wesentlichen Ereignissen wie die Tiere auf dem Hof, wie die Menschen. In vielen Regionen wünschte man den Bäumen im Obstgarten ein gutes neues Jahr, damit sie viele Früchte trügen; im Auxois zogen die Kinder am Silvesterabend mit Strohfakkeln hinaus, klopften an die Wurzeln der Bäume und sagten dazu: »Bonne année de pores, bonne année de pommes« (gutes neues Jahr den Birnen, gutes neues Jahr den Äpfeln) (5). Entsprachen die Ernten unglücklicherweise dennoch nicht den Hoffnungen, die man in sie gesetzt hatte, dann zögerte man nicht, die Obstbäume zu schlagen, wie man auch die Heiligenstatuen beschimpfte oder mißhandelte, wenn sie die Gebete nicht erhört hatten. In manchen Gegenden schlug man die Bäume sogar im voraus.

5. Vgl. Paul Sébillot, a. a. O.

Wir haben bereits gesehen, daß der Tod des Hausherrn auch den Bäumen verkündet wurde, die dann einen Trauerflor bekamen. In Nordfrankreich trug der Baum, der zur Einweihung des Hauses gleich daneben gepflanzt worden war, so viele Holzkreuze, wie es seit seiner Einpflanzung Todesfälle im Haus gegeben hatte. Hier ähnelt der Baum auf seltsame Weise einem heidnischen Familienaltar – in direkter Linie den Kultvorstellungen früherer Zeiten entsprungen, als man die Bäume mit Fetischen und Amuletten bedeckte.

Die Vorliebe oder die Abneigung, die die Bauern gegenüber verschiedenen Pflanzenarten verspürten, führen ebenfalls in die Hochantike zurück. Die Griechen und die Römer suchten oder fürchteten die gleichen Baumarten. So hatte der Lorbeer seit jeher eine wichtige Schutzfunktion. Im Süden Frankreichs steht er ähnlich wie die Zypresse oft ganz dicht am Haus. Wie sie ist er zugleich Symbol des Lebens, Symbol der Heiterkeit, Sonnensymbol und Erinnerung an die Toten. Ähnlich, wie die Zypresse die Friedhöfe ziert, bezeichnet der Lorbeer oft ein Grab. Pflanzt man ihn nahe beim Haus, schützt er vor Blitz. Seine vielfältige Wirkung ist nur vergleichbar mit der des Weißdorns, der eine wichtige Rolle in den magischen Alltagsbräuchen spielt. Auch er wehrt den Blitz ab, und deshalb pflanzt man ihn nahe beim Haus; in

Der Baum Apollos, der Lorbeer, ist der »schönste Baum des Parnaß«. Man weihte ihn anläßlich der Feste, die diesem Gott zu Ehren gefeiert wurden. Die Griechen und die Römer hingen seine Zweige an den Türen ihrer Häuser auf. Die Christianisierung hat wenig an diesem Brauch ändern können: Am Palmsonntag werden die Lorbeerzweige geweiht, die man am oder im Haus sorgfältig aufbewahrt, um den Blitz abzuhalten und Krankheiten vorzubeugen.

Weißdorn ist die »alba spina« der Römer, deren Wirkungskraft gegen Krankheit und Hexerei nahezu unbegrenzt ist. Die Bauern pflanzten ihn dicht beim Haus, um es gegen Blitzeinschlag zu schützen. Weißdorn findet auch als Ackerbegrenzung Verwendung. Aber vor allem bei Fieber ging man ihn um Hilfe an. Der Kranke brachte dem Strauch ein Opfer dar, sprach dazu ein Gebet oder eine rituelle Formel, mit der er seine Fieberschauer an den Weißdorn weitergab und kehrte dann nach Hause zurück, überzeugt von seiner baldigen Genesung.

manchen Gegenden glaubte man, er könne den Teufel und die Schlangen vertreiben, wie übrigens auch der Holunder, von dem man einen Ableger an jeder Hausecke einsetzte. Im Berry bevorzugte man auf den Bauernhöfen den Buchsbaum.

Andere Bäume schätzt man wegen ihrer glückbringenden Eigenschaften: die Buche in den Pyrenäen, die Eberesche in der Provence, den Nußbaum in der Bretagne, den Eßkastanienbaum im Nivernais. Wieder andere fürchtete man, wie zum Beispiel den Feigenbaum: Verbrannte man in einem Haus, in dem eine Amme wohnte, einen Feigenzweig, dann, so sagte man, versiege ihre Milch. Ebenso mißtrauisch stand man dem Zürgelbaum gegenüber, dessen Zweiggabelungen man jedoch benutzte, um Steinschleudern daraus zu machen. Die Bedeutung des Nußbaums ist noch ambivalenter. Er ist sehr beliebt auf den Bauernhöfen der Picardie oder der unteren Normandie, und in manchen Gegenden glaubt man, das am Johannistag gepflückte Nußbaumblatt bewahre vor Blitz; doch glaubt man auch, daß der Schatten dieses Baumes tödlich sei. Im Jura sagt man sogar, daß das Gras, das im Schatten des Nußbaums wächst, unheilvoll für die Milchkühe sei. Die meisten dieser Vorstellungen sind noch immer im Volk lebendig.

Das alles zeigt, wie vielfältig und ambivalent die Beziehungen der Landbewohner einst zu den Pflanzen waren. Die Fruchtbarkeit des Baumes, die Möglichkeit, seinen Schatten, sein Blattwerk oder sein Holz zu nutzen, waren allein keineswegs Erklärung genug für die Anziehungskraft oder die Abwehr, die man ihm gegenüber verspürte. Bäume, in Nähe des Hauses gepflanzt, sollen häufig Schmuck sein oder Nutzen erbringen, doch hatten der Baum und die Pflanze in ländlichen Gegenden lange eine ganz andere Bedeutung. So ist es auch zu erklären, wenn man gewisse Arten in auffallender Häufigkeit vor den Häusern mancher Gegenden antrifft. Der Birnbaum, der dicht an der Fassade emporwächst, oder die Pinie, die man an vielen Häusern der östlichen wie der westlichen Normandie findet, müssen so mit Sicherheit mit dem Fruchtbarkeitssymbol in Verbindung gebracht werden, das sie lange Zeit hindurch darstellten, und mit dem Kult, der daraus erwuchs (6).

Ebensowenig zufällig sind die Farben, die man im traditionellen Bauernhaus verwendete. Niemand wird ihren Wert bestreiten, wenn es zum Beispiel darum geht, bei traditionellen Umzügen die Zugehörigkeit zu diesem oder jenem Dorf, zu dieser oder jener Vereinigung oder Gemeinschaft anzuzeigen. Wir haben bereits untersucht, welch glückbringende oder unheilvolle Bedeutung bei Tieren die Farbe von Fell oder Gefieder haben kann. So stellt man fest, daß über den sozialen Farbwert hinaus einzelne Farben das Böse, den Dämon symbolisieren, andere dagegen das Gute, die Reinheit: Immer wieder steht das dämonische Schwarz im Gegensatz zum läuternden Weiß.

6. In diesem Zusammenhang ist zu beachten, daß der wilde Birnbaum in den meisten Fällen als Baum des Teufels galt.

Der Feigenbaum, Baum des Dionysos, war seit jeher Symbol der Fortpflanzung und der Fruchtbarkeit. Obwohl er ein Baum von großer »Nährkraft« ist, darf man ihn nicht in einem Haus verbrennen, in dem gerade eine Amme stillt, weil sonst ihre Milch versiegen würde.

Ficus

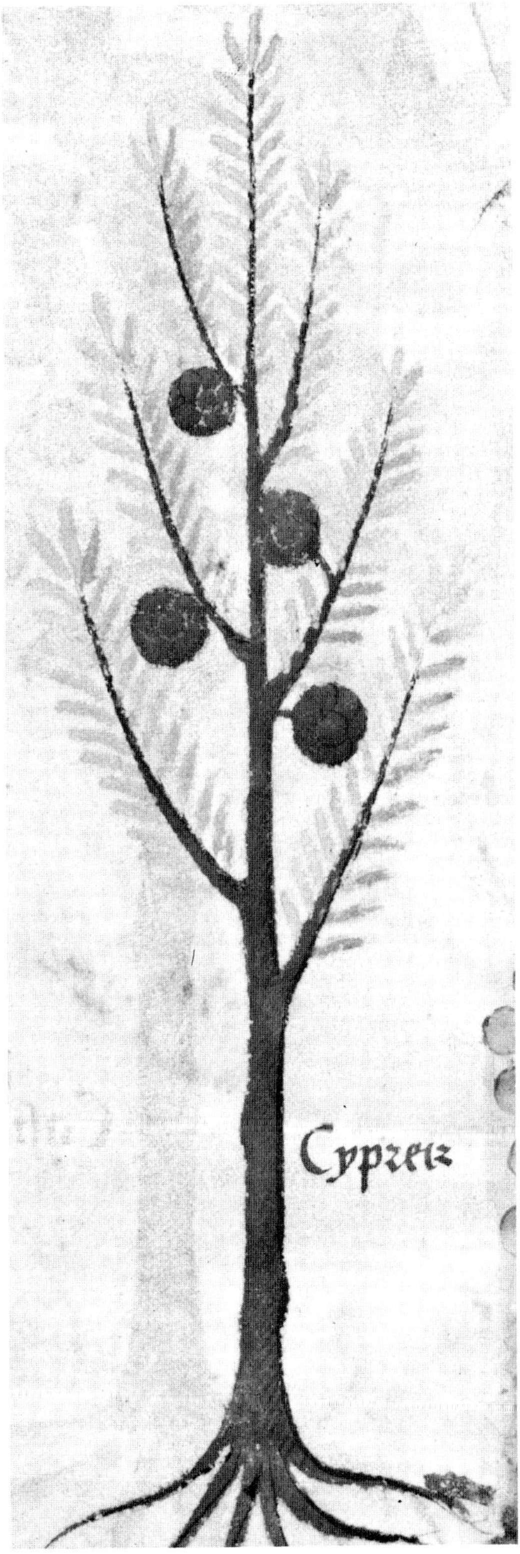

Die Zypresse war der Baum Plutos, des Totengottes, und deshalb pflanzten die Römer sie auf Friedhöfen und machten Särge aus ihrem Holz. In Frankreich wurde er Jahrhunderte hindurch auf die gleiche Weise verwendet. Als immergrüner Baum ist er zudem Symbol für die Unsterblichkeit der Seele.

In den romanischen Ländern stellte man in Feldern oder Weingärten, um sie vor Dieben zu schützen, aus Pinienholz geschnitzte Priapusstatuen auf; daß dieser Baum in südlichen Ländern so verbreitet ist, hat auch mit der Bedeutung zu tun, die er im Altertum in diesen Gegenden hatte.

All dies beweist, daß der Gebrauch der Farben im bäuerlichen Umkreis präzisen Regeln gehorcht, die ihn zu einer Geheimsprache machen. Auch die im Haus verwendeten Farben waren den Bauern nie gleichgültig: Allein die begrenzten technischen und finanziellen Mittel waren der Grund für den äußerst sparsamen Einsatz von Farben; man findet in der Hauptsache Schwarz und Weiß.

Die Verwendung dieser beiden Farben im Wohnbereich hat keineswegs in erster Linie Symbolcharakter: Wenn man zum Beispiel die Hausfassaden in der Picardie und im Artois zu Frühlingsbeginn oder zu Ostern mit Kalkmilch auffrischt, so hat das gewiß auch mit der Idee der Auferstehung und dem Anfang des neuen Lebens zu tun, aber vorwiegend ist diese Arbeit aus technischen Gründen erforderlich. Man will den Putz gegen Luftfeuchtigkeit schützen. Sie hängt nicht zuletzt auch von etwaigen Kalkvorkommen in der Gegend ab. So kann man wohl auch den in diesen Landschaften üblichen Brauch, zu eben dieser Jahreszeit den unteren Teil der Mauern mit dunklen Farben, schwarz oder rotbraun, aufzufrischen, wahrscheinlich nur damit erklären, daß man diesen empfindlichen Bereich damit schützen will. Außerdem sucht man so zu verhindern, daß das Haus durch vom Regen herangepeitschte Schlammassen verschmutzt wird. Es fällt in diesem Zusammenhang auf, daß der Haussockel häufig mit der gleichen Farbe wie das Boot des Hausbesitzers gestrichen ist.

Die weiße Farbe gebraucht man oft unter Umständen, die weniger leicht erklärbar sind oder die jedenfalls von der Bevölkerung verschieden gedeutet werden. So interpretieren die Hausbewohner den weißen Putzrahmen, mit dem man Türen und Fenster in Regionen wie der Bretagne, dem Maine und dem Poitou versieht, damit, daß bei sehr kleinen Fensteröffnungen mehr Licht ins Innere des Hauses dringt und die Hausöffnungen vor Insekten geschützt werden. Außerdem legt man einen Beweis für die Instandhaltung des Hauses ab, wenn man alljährlich dieses Mörtelzierband erneuert. Auch bezüglich der Eingangsvorbauten in der Champagne, die ebenfalls mit Kalkmilch überstrichen werden, erhält man keine befriedigende Auskunft.

Bei anderen Farben wird die Schutz- oder Abwehrfunktion deutlicher, etwa beim Rot, das man in manchen Gegenden für das bäuerliche Mobiliar verwendet, um die bösen Geister zu verjagen. Wir können nur noch einmal mit Nachdruck betonen, wie schwer die Farbverzierungen beim traditionellen Bauernhaus zu interpretieren sind. Die technisch-pragmatischen Erklärungen sind oft nur vordergründig. Sie kaschieren, wie wenig man bislang von Bedeutung und Verwendung der Farben weiß.

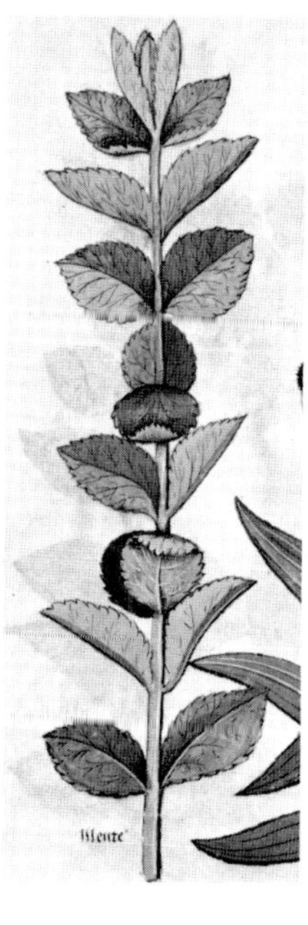

Die Johanniskräuter, zu denen in vielen Gegenden die Minze zählt, wurden häufig zu Kränzen geflochten oder zu Sträußen gebunden, die man in dieser berühmten Nacht an die Haustür oder in den Stall hing, damit sie Zauberei und unheilvolle Einflüsse fernhielten.

Schlußstein im Türsturz eines Weinbauernhauses in der Gegend von Auxerre.

Der Mensch im Schutz des Hauses

Die Hauskobolde.
Familienbräuche. Kultstätten im Haus.
Wichtige Stellen und deren Schutz.
Position, Verzierung und magische Funktion des Mobiliars und des Kamins.
Verzierung des Hausrats.

A.D.

Die Hauskobolde

Trotz der Vielfalt der Schutzvorrichtungen, die wir in den vorangegangenen Kapiteln beschrieben haben, dürfen wir nicht vergessen, wie viele böse Kräfte dennoch vorhanden sind, die das Familienleben bedrohen können. Keinesfalls ist eine vollständige Sicherheit gewährleistet, keine Stelle im Haus ist total geschützt. Nie kann ein Gleichgewicht hergestellt werden zwischen den Mächten des Bösen und den Maßnahmen, die ihnen entgegengesetzt werden. Es scheint, als ob das Haus einnehmbar, in höchstem Maß gefährdet und verwundbar sei, denn die Vielfalt der Fallen und Hindernisse, die gegen den Teufel, gegen Hexen und andere Unheilbringer aufgestellt werden – um das Haus herum, auf dem Haus und im Haus –, können deren Eindringen niemals ganz ausschließen.

Überall im Haus lauern immer wieder neue Gefahren, jede häusliche Aktivität ist den entsprechenden Gegenmaßnahmen unterworfen. Jeder Gegenstand im Haus hat seine Aufgabe bei den Riten, die gnädig stimmen, reinigen und heilighalten sollen; jeder Gegenstand nur sehr schwer ist Teil einer ganz bestimmten, wenn auch manchmal nicht zu durchschauenden Hierarchie. Türschwelle und Kamin, Bett und Herdstelle, Backtrog und Spinnrocken, Mahlzeit und Gebet, all das wird durch Zeichen, Symbole und Riten einer besonderen Bestimmung übergeben.

Die hierarchische Ordnung aller häuslichen Funktionen, Gegenstände und Lebewesen läßt dennoch Raum für das Unvorhergesehene, das Unbestimmbare und das Nicht-Voraussehbare. In diesem Moment tritt der Kobold, der Hausgeist, auf und übernimmt die Rolle, das Unerklärbare zu erklären und der Familie eine logische Begründung für alle Ereignisse zu geben, die vom Gewohnten abweichen, die in ihrem Wesen außer-ordentlich sind (1).

1. Der Schutzengel spielt in der bäuerlichen Tradition eine ganz andere Rolle. Er war der ständige Begleiter dessen, der unter seinem Schutz steht. In manchen Gegenden wurde er sogar mitgegrüßt, wenn sich zwei Leute auf der Straße begegneten. So sagte man im Jura: »Bonjour Monsieur à vous et à votre compagnie« (Einen guten Tag Ihnen und Ihrer Begleitung), oder in der Provence: »Bonjour Moussu, la Coumpagnio«, und im Bourbonnais: »Bonjour Monsieur, la Compagnie.« Vgl. Bérenger-Féraud: *Superstitions et survivances.* Vgl. D. Monnier und A. Vingtrinier: *Traditions populaires comparées.*

»... die ›esprits servants‹ in der Franche-Comté, die ›sotrets‹ in Lothringen, die ›dracs‹ in der Provence, die ›solèves‹ oder ›sarvans‹ in Savoyen, die ›gobelins‹ in der Normandie, die ›corandons‹ in der Nord-Bretagne, die ›fulletus‹ auf Korsika, die ›cadets‹ im Lyonnais ...«

Diesen zweideutigen Wesen mit ihrem ambivalenten Charakter kam in der bäuerlichen Welt seit jeher eine große Bedeutung zu. Wenn sie auch von Gegend zu Gegend, ja sogar von Ort zu Ort, anders benannt werden, sie sind doch überall Teil der Familienfolklore, und sie sind die direkten Nachfolger der Schutzgeister der Antike, der Laren.

Manche Häuser galten als bevorzugtes Domizil dieser dienstbaren – zuweilen aber auch lästigen – Hausgeister. Diese rätselhaften Wesen galten besonders als Helfer bei der Hausarbeit: Während die Hausfrau schlief, wuschen sie das Geschirr, kehrten, staubten die Möbel ab, holten Wasser vom Brunnen usw. Aber viel lieber noch kümmerten sie sich um die Tiere und um die kleinen Kinder. Wenn ein Kind nachts aufwachte oder wenn es allein zu Hause war, unterhielten sie es mit Geschichten und wiegten es in den Schlaf.

Ihr eigentliches Betätigungsfeld aber waren Scheune und Stall. In vielen Sagen vom Lande wird erzählt, wie da und dort auf einem Bauernhof die Kobolde des Nachts das Korn droschen und das Getreide schwangen, vor allem aber, wie sie sich um Pferde und Kühe kümmerten. Sie pflegten die Tiere mit besonderer Sorgfalt, sie striegelten ihnen das Fell, und sie sollen besonders geschickt gewesen sein, wenn es um das Flechten von Schweif und Mähne der Pferde ging. Mit den Pferden unternahmen sie auch nächtliche Spaziergänge; sie molken sogar die Kühe, wenn sie sich vor deren Hörnern sicher wußten. Kurz, diese Hausgeister verhalfen den Haus- und Hofbesitzern zu Ansehen und Wohlstand, die klug genug waren, ihre Anwesenheit anzuerkennen und sie mit Geschenken, Speisen und kleinen und liebevollen Aufmerksamkeiten zu belohnen. Die Bäuerin vergaß nicht, ihnen jeden Morgen eine Schale Milch, einen gebutterten Pfannkuchen oder einen Napf Suppe in den Kornspeicher zu bringen, denn dort sollen sie sich tagsüber aufgehalten haben. Man dachte auch daran, einen flachen Stein auf den Herd zu legen und etwas Glut im Kamin zu lassen, damit sie sich in den kalten Nachtstunden wärmen konnten.

Ob es nun die »esprits servants« in der Franche-Comté sind, die »sotrets« in Lothringen, die »dracs« in der Provence, die »solèves« oder »sarvans« in Savoyen, die »gobelins« in der Normandie, die »corandons« in der Nord-Bretagne, die »fulletus« in Korsika oder die »cadets« im Lyonnais, alle diese dienstbaren Geister wirkten nicht nur zum Wohl eines Hauses. Ihre Anwesenheit wirft auch so manches Problem auf, wenn sie zum Beispiel die häusliche Ordnung durcheinanderbringen. Manchmal wird so ein dienstbarer Geist zum Plagegeist – und manchmal sogar gefährlich. Man sagte ihnen nach, daß sie Möbel verrückten oder Küchenutensilien verräumten, daß sie sich Schlafenden auf die Brust setzten, um ihnen die Luft zu nehmen, oder ihnen die Haare zerwühlten, daß sie das Garn auf dem Spinnrocken ver-

Laßt euch sagen, was ich fast vergessen hätte: es gab Geister! Keiner soll mir sagen, daß es sie nicht gegeben hätte – ich weiß, was ich gesehen und gehört habe ... In unserem Stall geisterte einer herum. Mein armer Vater, Gott hab' ihn selig!, schlief einmal in der Scheune. Plötzlich höre ich, daß das große Scheunentor geöffnet wird. Ich gehe zum Fenster – und was sehe ich? Ich sehe alle unsere Tiere, das Muli, den Maulesel, den Esel und das Zicklein, die – alle miteinander gehalftert – im Mondschein zur Tränke gehen. Mein Vater hat gewußt, daß es der Fantasti war, der sie hinausgelassen hat – er hat das schon öfter gesehen –, und deshalb ist er gar nicht erst aufgestanden ... Aber am nächsten Morgen stand das Scheunentor noch immer weit offen! Man sagt, daß der Fantasti von Viehglocken in den Stall gelockt wird. Wenn er Viehglocken hört, dann lacht er – lacht, lacht, lacht, wie ein kleines Kind, dem man eine Rassel vors Gesicht hält. Glaubt aber nicht, daß er bösartig ist ..., weit gefehlt ..., aber er ist ein Schelm und ein Plagegeist. Wenn er gut gelaunt ist, striegelt er die Pferde und flicht ihnen die Mähne, oder er streut frisches Stroh und macht den Futtertrog sauber ... Man muß auch erwähnen, daß dort, wo der Fantasti umgeht, ein Tier immer besonders munter ist; das kommt daher, daß sich dieses kapriziöse Wesen immer einen besonderen Freund aussucht. Dann geht er von Raufe zu Raufe und stibitzt den anderen Tieren Heu, um es seinem Liebling zu geben.

Wenn es aber der Zufall will, daß im Stall etwas anders steht, als er es gewohnt ist oder es haben will, dann wehe! wehe! wehe! Dann hast du in der nächsten Nacht einen Hexensabbat! Dann verknotet und verschmiert er jedem Tier den Schwanz und verwickelt ihre Füße im Geschirr. Oder er wirft mit großem Getöse die Falltür zum Keller zu. Und in der Küche scheppert er mit den Pfannen und dem Kesselhaken. In einem Wort: er bringt im Haushalt alles durcheinander ... Mein Vater war diese Streiche leid und beschloß, ihnen ein Ende zu setzen.

Er nimmt also eine Handvoll Erbsen, klettert in den Heuschober, verstreut die Körner im Heu und überall in der Scheune und ruft den Fantasti an: »Fantasti, mein guter Freund, such' mir sofort alle Erbsen hier an diesem Ort.« Und der Geist, der jede Unordnung verabscheut, der alles an seinem Platz wissen möchte, machte sich daran, Erbse für Erbse aufzuklauben. Denn immerhin fanden wir überall in der Scheune sorgsam aufgeschichtete Häufchen davon.

Aber (und mein Vater wußte das) als er dieses mühselige Geduldsspiel beendet hatte, floh er aus der Scheune. Wir haben ihn dort nie mehr gesehen.

Ich habe ihn aber doch noch einmal gesehen. Eines Tages, denkt nur – ich war elf Jahre alt –, kam ich gerade vom Kommunionsunterricht. Wie ich an einer großen Pappel vorbeigehe, höre ich aus den Zweigen Gelächter. Ich blicke auf und sehe im Baumwipfel den Fantasti, der mir zulacht und bedeutet, zu ihm hinaufzukommen. Ah! Ihr könnt mir glauben! Um nichts in der Welt wäre ich hinaufgeklettert! Ich rannte davon, wie vom Teufel gejagt, und das war dann das Ende.

Frédéric Mistral
(zit. in Bérenger-Féraud: *Traditions et Réminiscences populaires de la Provence.* Paris 1885)

wirrten oder in Scheune und Stall einen Höllenlärm machten. Manche waren lüstern und belästigten junge Mädchen oder alleinstehende Frauen. Wieder andere holten die Kinder aus der Wiege und versteckten sie an den unmöglichsten Orten. Der Diener wird zum Teufelchen, und man fürchtet und verabscheut ihn, wenn er den Hausbewohnern seine tausendundeinen Streiche spielt. In vielen Fällen wurde dann versucht, ihn loszuwerden, wofür es ebenso viele Mittel gibt, wie der Übeltäter Charakterzüge aufweist. Nichts war schlimmer für ihn, als wenn man ihn ansprach, wenn man seine Anwesenheit offiziell zur Kenntnis nahm. So genügte es meistens, ihn zu überraschen und mit ihm zu sprechen, damit er den Ort verließ – allerdings nicht, ohne sich ein letztes Mal auf spektakuläre Weise zu rächen. Es gab noch eine weitere wirksame Methode, die übrigens noch überall angewandt wird, wo ein Hausgeist über Nacht unschädlich gemacht werden soll: man verstreut auf dem Fußboden Schnupftabak, Hirse, Getreidekörner oder alles, was feinkörnig oder krümelig ist. Der Kobold macht nämlich dann unverzüglich Anstalten, die Körnchen zu zählen – jedes einzelne.

Wenn man sie von den Wiegen oder Betten fernhalten wollte, machte man darauf ein Kreuzzeichen oder – wie zum Beispiel in Lothringen – band rote Bänder an alle vier Pfosten. Ein am Palmsonntag geweihter Buchsbaumzweig unter dem Kopfkissen erfüllte den selben Zweck. Um ganz sicher zu gehen, daß die Nachtruhe ungestört blieb, mußte man die Arme oder Füße überkreuzen oder, noch besser, ein offenes Messer auf die Brust legen. Wollte man sie von den Stallungen fernhalten, dann hängte man dort einen Rosenkranz aus Eierschalen auf oder verbrannte Roßhaar, das mit dem Wachs einer geweihten Kerze bestrichen war. Ebenso wirkungsvoll war ein Ziegenbock im Pferde- oder Kuhstall. Das aber sind Bräuche, die eher der Bekämpfung von Hexenzauber galten. So paßt auch das grausame Mittel, den Herdstein, auf dem sich der Hausgeist gewöhnlich ausruhte, bis zur Weißglut zu erhitzen, nicht so recht zu dem eher familiären Verhältnis zwischen Bewohnern und Kobolden.

Bis zum Beginn des zwanzigsten Jahrhunderts war der Hausgeist überall in Frankreich sozusagen ein Mitglied der Familie. Man weiß sogar, wie er aussieht: klein – aber er kann seine Größe verändern und sich sogar unsichtbar machen –, manchmal nackt, manchmal in Rot oder Schwarz gekleidet, immer struppig, aber niemals mißgestaltet. Eigentlich sieht er aus wie ein Mensch, obwohl er sich nur ganz selten in dieser Gestalt zeigt. Er ist gleichzeitig mutig und arglistig, verkörpert sowohl Ordnungsliebe und Arbeitseifer wie Dreistigkeit und Launenhaftigkeit. Es scheint, als hätten die verschiedenen bäuerlichen Gesellschaften alles, was sie täglich bewegte oder ihnen unerklärlich war, in den Kobold hineinprojiziert: dringende Arbeit, die am Abend liegenbleibt, oder Angst vor dunklen Ecken, die das schwa-

Die Fleischgerichte zu den bäuerlichen Mahlzeiten bestanden in den vergangenen Jahrhunderten hauptsächlich aus Schweinefleisch. Der Schlachttag war ein Fest, zu dem Freunde und Nachbarn zum reichen Mahl geladen wurden. Wie bei der Vorbereitung bestimmter Mahlzeiten mußten auch hier die erforderlichen Vorsichtsmaßnahmen getroffen werden. Geschlachtet wurde nur bei abnehmendem Mond oder bei Nordostwind; nur der Beste durfte das Tier abstechen, nachdem zuvor mit dem Schlachtmesser ein Kreuz über ihn geschlagen worden war.

Die alten baskischen Bauernmöbel sind besonders reich mit geometrischen Mustern verziert. Hier eine Schnitzarbeit an einer Truhe.

Auch wenn die Motive auf den alten Bauernmöbeln – mit gewisser Verspätung – von den großen Stilrichtungen beeinflußt waren und trotz regionaler Unterschiede in Technik oder handwerklicher Kunstfertigkeit: immer wieder fanden sich darauf die gleichen Schmuckelemente wie überall im Haus. Die buntbemalten Tannenholztruhen aus den Vogesen sind ein besonders gelungenes Beispiel für die geometrische Anordnung von Schutzsymbolen wie Wolfszahn, Rosetten, Herzen und religiösen Emblemen wie Monstranzen.

1, 2, 3: Truhen aus den Vogesen.

4. Unterer Querbalken eines baskischen Schrankes.

1

3

2

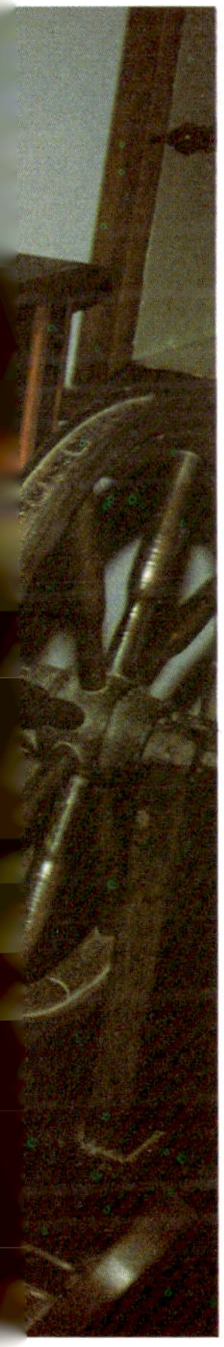

4

Das Ei galt durch seine magischen Kräfte nicht nur als Talisman zum Schutz vor Brand und Hexen, sondern auch als besonderes Gericht bei bestimmten rituellen Mahlzeiten. Das Omelett, das früher an Sonnwend bei Sonnenaufgang vielerorts angeboten wurde, hatte die gleiche symbolische Bedeutung wie das Ei in oder auf österlichen Gerichten. Es war Symbol für Sonne, für Leben und für Ewigkeit.

Korsischer Osterkranz mit Ei.

che Kerzenlicht nicht ausleuchtet, oder die Erklärung für Alpträume und ungewöhnliche Geräusche in der Nacht, oder die Beharrlichkeit, mit der Dinge verschwunden bleiben, wenn man sie sucht, oder Gegenstände nicht da sind, wo man sie hingetan hat. Auf diese Weise hält man sich größere Aufregungen vom Leibe, baut um sich eine Art Schutzschild gegen die eigenen Ängste. Denn trotz der vielen Fallen, die im Haus selbst und in der nächsten Umgebung aufgestellt sind, geschehen immer wieder Dinge, die man selbst nicht kontrollieren kann. Das ist dann das letzte Mittel, um das häusliche Gleichgewicht zu wahren.

Der Ursprung des Hauskobolds verliert sich im Dunkel der Vergangenheit. Alle Völker dieser Erde haben ihre eigenen Geister, die sich nur unwesentlich von denen unterscheiden, die in Frankreich bis in jüngste Zeit existierten. Ihre Allgegenwart, ihr Wesen und Wirken wurde im Lauf der Jahrhunderte immer wieder beschrieben: in antiken Texten findet man ausführliche Erwähnungen, und die gallischen »duz« gleichen den Laren der Römer bis aufs Haar. Sie sind halb Gott, halb Mensch. Sie sind halb Dämon, halb Fee, deren jeweilige Kräfte sie nach Belieben einsetzen.

Familienbräuche

Seit jeher war das Leben auf dem Lande strengen Bräuchen und Regeln unterworfen, die nicht nur für große Ereignisse galten, sondern auch für die kleinsten Handlungen des täglichen Lebens. Ständig war man bestrebt, nicht nur mit der Dorfgemeinschaft – in der die Familie einen Mikrokosmos darstellt – in Harmonie zu leben, sondern auch mit allen Kräften der Natur, der Herrscherin über alle Lebewesen. Es ist deshalb sehr bezeichnend, daß die Nahrungsbereitung zu den Mahlzeiten ebenso gewissen Regeln unterworfen ist wie die Bearbeitung der zum Hausbau benötigten Materialien: die Verarbeitung und Einverleibung von Produkten, die die Natur geschaffen hat, erfordern in beiden Fällen die gleiche pflegliche Behandlung und in etwa das gleiche Ritual. So achtete man zum Beispiel an der Küste der Bretagne darauf, daß ein Schwein nur bei steigender Flut geschlachtet wurde, damit die Qualität des Fleisches nicht litt. Auch das zum Schlachten benötigte Wasser mußte bei Flut geschöpft werden. Im Béarn wurde nur bei abnehmendem Mond geschlachtet, ebenso im Forez – dort aber auch bei Nordostwind. Immer aber machte man über dem Schlachttier und über dem Behälter, in dem das Blut aufgefangen wurde, mit dem Schlachtermesser das Kreuzzeichen. Beim Brotbacken gab es ebenfalls magisch-religiöse Rituale, die das Gelingen des Unternehmens beschwören und möglicherweise sogar dazu verhelfen sollten, daß mehr und besseres Brot als üblich aus dem Ofen kommen möge. Daß dieses Wunder geschehen möge, betete man in der Bretagne zu Sankt Alour und Sankt Rioual – oder zu Sankt Yves, während der Teig geknetet wurde (2). Bevor in der Unteren Normandie das Brot in den Ofen geschoben wurde, sagte man folgenden Spruch auf: »Pain que le feu te cuise et que Dieu te bénisse.« (Brot, möge das Feuer dich backen und Gott dich segnen.)

2. »Heiliger Alour und heiliger Rioual hilf, daß wir morgen zweimal soviel haben« oder: »Aufgegangen oder nicht, möge der heilige Yves helfen, daß es im Ofen größer wird.« Vgl. P.-Y. Sébillot, a. a. O.

Die Herstellung von Butter wurde von ähnlichen Ritualen begleitet. Wollte man zum Beispiel in der Sologne sichergehen, daß die Butter gelingt, so mußte die Arbeit ganz im Geheimen und ohne Zuschauer verrichtet werden. Und jeder, der Butter stampfte, mußte dazu den Vers herunterleiern:

»Beurri, beurra, Mon beurre se f'ra	(Beurri, beurra, meine Butter wird gemacht
Beurri, beurré, Mon beurre est fait.«	Beurri, beurra, meine Butter ist vollbracht.)

Wenn im Anjou Nußöl gepreßt wurde, mußte ein bestimmtes Lied gesungen werden, damit das Öl dünnflüssig blieb. In Brie wurde das Salz für den Käse mit etwas Asche vom Johannisfeuer vermischt, um Maden fernzuhalten. Das zur Käseherstellung benötigte Wasser mußte in Beauce am Johannistag geschöpft worden sein. Außerdem durften an bestimmten Tagen bestimmte Hausarbeiten nicht getan werden: mittwochs zum Beispiel durften keine Betten gemacht oder frisch überzogen werden.

Was für bestimmte Wochentage galt, galt auch für bestimmte Zeiten im Jahr: in Saintonge wurde in den Bittwochen nicht gebacken, weil man sonst das ganze Jahr verschimmeltes Brot haben würde. In dieser Zeit wurde auch nicht gewaschen, weil sonst die Wäsche Stockflecken bekommen würde. In der Vendée sagte man: »quand on lave aux Rogations il sort un corps de la maison« (wenn man zu Rogate wäscht, ein Leichnam bald das Haus verläßt) und in der Franche-Comté: »celui qui fait la bue aux Rogations sera au lit pour les moissons« (wer zu Rogate Waschtag hat, der liegt zur Erntezeit im Bett). In der Touraine wurde am Fastnachtsdienstag nicht gesponnen, weil sonst die Ratten das Garn annagen würden. Besonders für Karfreitag galten überall in Frankreich ähnliche Verbote. Im Forez sagte man, wer am Bittsonntag in den Garten gehe, hätte das ganze Jahr die Hühner darin.

Wir kommen nun zu den Speisen und Gerichten, denen magische Kräfte zugesprochen werden und deren Zubereitung schon von rituellen Handlungen begleitet wird (3). So gilt zum Beispiel in der Gironde das Fenchelomelett als hervorragendes Mittel zur Abwehr von

3. Auf das Ritual bei der Zubereitung von Zaubertränken und -pulvern soll hier nicht eingegangen werden.

Die Bäuerin kennzeichnete ihre Butter mit einem Stempel, um sie beim Verkauf als ihr Produkt auszuweisen. Die Model auf der Butterkelle waren zum Zweck der einfacheren Handhabung meistens nur mit geometrischen Mustern verziert.

bösen Geistern. Im Poitou mußte man an Lichtmeß Eierkuchen essen, damit die Hühner besser legen – allgemein bedeutete das aber auch Glück und Geld für das ganze Jahr (4). Ihre Zubereitung erfordert ganz bestimmte rituelle Gesten, die den symbolischen Charakter dieses Gerichts unterstreichen: in den Teig wird ein Kreuz gezeichnet, der erste Pfannkuchen wird auf den Schrank geworfen und muß dort bis zum nächsten Jahr liegenbleiben, beim Wenden der Eierkuchen in der Pfanne hält man ein Geldstück in der Hand. Die gleiche symbolische Bedeutung haben die hartgekochten Eier, die in der Auvergne und anderswo in Frankreich an Ostersonntag gegessen werden. Wenn einem Mädchen im Bourbonnais ein Heiratsantrag gemacht wurde, buk es ein Omelett, wenn es den Bewerber abweisen wollte, oder einen Krapfen, wenn es seinen Antrag annahm. Es würde hier zu weit führen, alle die besonderen Zubereitungsarten und Formen der Gerichte und Kuchen aufzuzählen, die zu bestimmten Anlässen – seien es Familienfeste oder Feiertage – gekocht, gekauft oder angeboten werden mußten. Es ist nur immer wieder auffallend, daß manche uralten Symbole auch auf die Zubereitungsform der überlieferten Speisen Einfluß nahmen (5).

Bestimmte Bräuche gelten aber auch für die täglichen Mahlzeiten. So sind nicht nur die Sitzordnung und die Reihenfolge, in der das Essen ausgeteilt wird, festgelegt, sondern auch die obligatorischen Gesten und Verbote. Die bäuerlichen Tischsitten unterscheiden sich von Region zu Region nur unwesentlich voneinander. Doch in einem Punkt herrscht überall Einigkeit: das Brot ist heilig und muß bei jeder Mahlzeit voll Ehrfurcht gewürdigt werden. Es versteht sich von selbst, daß jede Scheibe vor dem Verzehr bekreuzigt wird, und es ist ebenso selbstverständlich, daß man das Brot nicht auf den Rücken legt oder von der Kruste her aufschneidet, denn das würde dem ganzen Haus Unglück bringen (6). Der Kaffee darf nicht im Stehen getrunken werden. Überall kennt man auch die Bedeutung, daß verschüttetes Salz Unglück bringt; in manchen Gegenden ist es nicht ratsam, Salz und Pfeffer gleichzeitig zu streuen. Es ist dagegen üblich, daß die Schalen der Eier, die gegessen wurden, zerstoßen werden. Auch bringt es Unglück, wenn das Eßbesteck über Kreuz gelegt wird.

Die Sitzordnung bei Tisch unterstreicht den rituellen Charakter der Mahlzeiten. So saß der Hausherr am Kopfende und – auf großen Gütern – ihm gegenüber der erste Fuhrmann oder der Großknecht. Sie führten die Aufsicht über die Mahlzeit, sprachen das Gebet und teilten das Essen aus. In der Unteren Normandie markierte das Salzfaß auf dem Tisch die Grenze zwischen Familienangehörigen und Gesinde. Meistens bekamen die Männer zuerst ihr Essen, dann die Frauen und zum Schluß die Kinder. Bis vor gar nicht langer Zeit aßen in manchen Gegenden die Frauen an einem Extratisch, der entweder am Kamin stand oder in

4. In manchen Gegenden tauchten die Frauen ihren Ehering in den Pfannkuchenteig.

5. Laisnel de la Salle erwähnt in seinem Buch *Croyances et légendes du Centre de la France,* daß früher in Chârtres (Berry) zu Weihnachten Kuchen verkauft wurden, die in Form von Pferden, Lämmern oder dem alten gallischen Sonnensymbol gebacken worden waren.

6. Die magische Bedeutung des Brotes zeigt sich auch im folgenden bretonischen Brauch: da das Brot nur zum menschlichen Verzehr bestimmt ist, müssen Ratten und Mäuse davon ferngehalten werden. Es genügt, ein dem Nachbarn heimlich entwendetes Stückchen Brot an die Ratten zu verfüttern, damit sie ins Nachbarhaus umziehen und das eigene Haus verschonen.

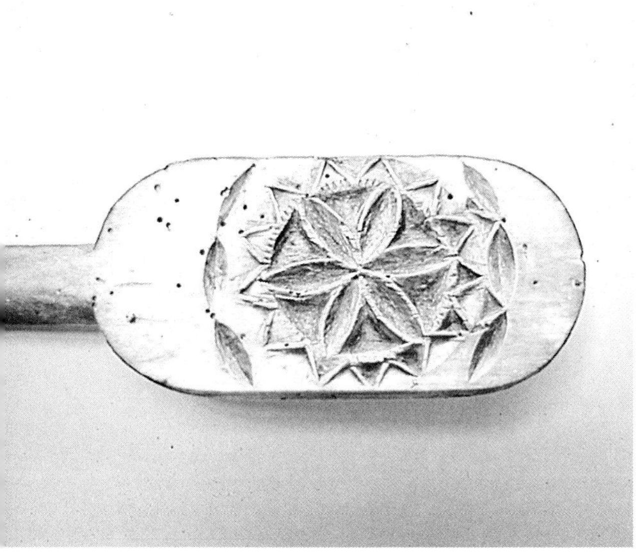

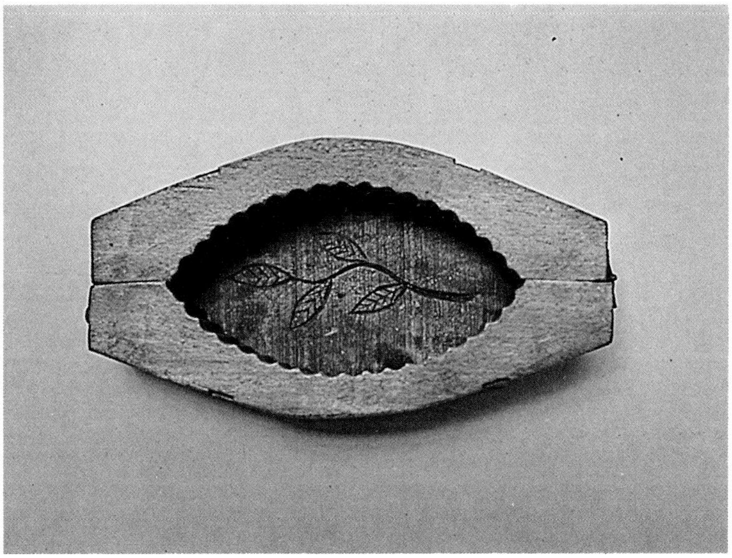

der Küche, falls eine Küche vorhanden war. Meistens blieb die Hausfrau stehen, um zu servieren. Je nach Region wurde das Essen gemeinsam begonnen oder aber die anderen warteten, bis der Hausherr und der Großknecht ihre Suppe gegessen hatten (7). Der streng geregelte Ablauf und die nach Alter, Geschlecht und Aufgabenbereich aufgegliederte Hierarchie verliehen den Mahlzeiten eine gewisse Feierlichkeit. Die Familie im eigentlichen Sinn des Wortes kommt hier kaum zum Vorschein, denn die Mahlzeiten sind für das gesamte Personal einer Landwirtschaft ein außerordentlich wichtiges Lebenselement.

7. Einem alten Brauch entsprechend goß jeder Tischgefährte ein wenig Suppe auf die Erde, bevor er zu essen anfing: eine Art heimliches Opfer an die Hausgötter.

Herausragende Ereignisse wie Geburt, Hochzeit und Tod brachten das feste Gefüge des gesamten Hofes – einschließlich Vieh – zum Wanken, denn jeder war auf die eine oder andere Weise davon betroffen. Ob ein Neuankömmling zu begrüßen war, ob eine Familiengründung zu feiern oder ein Toter zu beklagen war – das vorher bestehende Gleichgewicht war gestört. Jeder einzelne mußte das Ereignis abwägen, für sich selbst akzeptieren und in eine Rangordnung bringen. So galt es für jeden, ein neugeborenes Kind vor allen bösen Einflüssen zu bewahren, denen es ausgesetzt sein würde. So mußten die Toten versöhnt werden, damit sie die Lebenden in Ruhe ließen. Für jedes dieser Ereignisse verfügte man über Vorsichtsmaßnahmen, die für kurze oder längere Zeit das Haus und seine Tür- und Fensteröffnungen gegen alles Böse abschirmen würden. In Ostfrankreich war es üblich, die Kreuze, die für gewöhnlich auf die Türen gezeichnet waren, mit Kalkmilch nachzuziehen, wenn eine Frau schwanger war. Dieser Brauch kündigte nicht nur offiziell den Zustand der jungen Frau an, sondern bedeutete auch, daß sie jetzt ganz besonders gegen alle Angriffe der bösen Geister gefeit war. Man legte dort auch Eisenkraut ins Bett einer schwangeren Frau, damit die Geburtswehen nicht so schmerzhaft sein sollten.

Die Geburt eines Kindes wurde ebenfalls zum Anlaß für eine ganze Reihe ritueller Handlungen genommen: vor allem den Bienen mußte sie angezeigt werden, und so band man ein Band an den Bienenstock, um die Ankunft eines Jungen anzukündigen. In manchen Gegenden wurde ein Baum gepflanzt, wenn das erste Kind ein Junge war.

Vor allem aber mußte die Wiege des Neugeborenen vor bösem Zauber geschützt werden. So wurden Kreuze ins Holz geschnitzt oder mit Kreide aufgezeichnet; oder man legte einen Buchsbaumzweig, der am Palmsonntag geweiht worden war, hinein. Wir haben weiter oben festgestellt, daß rote Farbe den Säugling vor Belästigungen durch die Hausgeister schützt. Aus diesem Grund wurden früher in Lothringen die Wiegen rot angestrichen. Aber auch das Kind selbst mußte vor Unheil bewahrt werden. Gleich bei seiner Geburt wurde immer wieder das Kreuzzeichen über ihm gemacht. Wenn das Neugeborene nicht am selben Tag getauft werden konnte, legte man zu seinem Schutz ein Stück Eisen in die Wiege oder eine

Die meisten Ursachen für eine Krankheit waren nicht bekannt. Krankheit galt als Strafe Gottes oder seiner Heiligen oder auch als Teufels- und Hexenwerk. Deshalb dienten die Mittel zur Krankheitsbekämpfung ebensosehr dem Zweck, die Verursacher zu versöhnen, wie auch den Kranken zu heilen. Worte und Gesten besaßen die gleiche Heilkraft wie Medizin.

Hose seines Vaters, und man ließ die ganze Nacht eine Lichtmeßkerze brennen. Kein Dämon konnte ihm dann etwas anhaben (8). In der Ile-de-France wurde aus dem gleichen Grund ein Kranz aus Beifuß auf den Kopf des schlafenden Kindes gelegt. Eine Vielzahl von Riten war auch an die Vermählung eines Sohnes oder einer Tochter des Hauses geknüpft. Wir wollen aber nur die erwähnen, die die Ausschmückung des Hauses betreffen.

8. In *Les Bigoudens* – 1894 – erwähnt G. de Ritalongi einen Brauch, der zu diesem Zeitpunkt nicht mehr existierte, über den aber noch berichtet wurde: In manchen Gegenden schloß man das Neugeborene im Schrank oder in der Truhe ein, damit sich der Teufel nicht seiner Seele bemächtigen könne. Tod durch Ersticken war manchmal die traurige Konsequenz dieses Unternehmens.

In Südfrankreich wurde häufig ein Lorbeerzweig über der Tür zur Wohnung des künftigen Ehepaares befestigt. So wurde nicht nur die bevorstehende Hochzeit angekündigt, sondern auch das junge Paar von allem Anfang an unter den Schutz dieses Glücksbringers gestellt. Eine weit auffälligere Ankündigung des kommenden Ereignisses aber war der Hochzeitsbaum, ein Baumstamm, der – abgesehen von der Krone – von allen Ästen befreit wurde und entweder vor dem Brauthaus oder vor der künftigen Wohnung des Ehepaares errichtet wurde. Bevor dieser Baum aufgestellt wurde (gewöhnlich am Vorabend der Hochzeit), goß man manchmal Wein in den dafür geschaffenen Aushub. In halber Höhe wand man einen Kranz aus Blattwerk und bunten Bändern um den Stamm. Dieser Brauch wird auch heute noch gepflegt, nur, daß man zusätzlich ein Transparent mit guten Wünschen am Stamm befestigt, wie zum Beispiel: »Zu Ehren der Jungvermählten« oder »Dem jungen Paar alle guten Wünsche«. In manchen Gegenden findet man auch noch den Brauch, daß am Hochzeitsbaum ein kleiner Schuh oder eine Puppe befestigt wird, die erst dann abgenommen werden, wenn dem jungen Paar das erste Kind geboren wurde. Es ist offensichtlich, daß es sich hierbei um Fruchtbarkeitssymbole handelt.

Ebenso wie von einer Geburt wurden die Bienen auch von einer Hochzeit im Haus benachrichtigt: ein weißes Band am Bienenkorb gab Kunde davon.

Derselbe Brauch galt auch für einen Trauerfall. Den Tieren wurde die Trauerbotschaft ebenso feierlich überbracht wie den Menschen; über der Stalltür wurde ein Trauerschleier befestigt und Ochsen und Pferde wurden von der Arbeit freigestellt, um weithin sichtbar zu machen, daß dies ein Ort der Trauer sei. Übrigens spielten die Tiere bei der Bestattungszeremonie eine große Rolle, denn sie galten als bevorzugte Gesprächspartner des Verstorbenen. Allerdings mußte man zuvor den zum Trauerzug ausgewählten Ochsen oder Pferden erklären, daß sie einen Leichnam befördern würden. Unterwegs wurde niemals versucht, sie anzutreiben, und wann immer sie stehenblieben, so wurde das als Wunsch des Toten interpretiert, daß der Trauerzug anhält, um ein Bittgebet zu sprechen. Im Périgord wurden die Tiere aus dem Stall geführt, wenn der Sarg vom Hof gebracht wurde.

1

2

Der Hochzeitsbaum, der von den Brautführern geschmückt und vor dem Haus der Neuvermählten aufgestellt wird, darf nicht »geplündert« werden. Erst zur Geburt des ersten Kindes nehmen die jungen Leute im Dorf die verschiedenen Fruchtbarkeitssymbole ab und überreichen sie der Braut.
1. Hochzeitsbaum im Bourbonnais und 2. im Bordelais.

Selbst die Pflanzen wurden in einigen Gegenden betroffen, wenn der Bauer starb. Mit den Worten: »Euer Herr ist tot« wurden im Garten die Bäume geschüttelt, und an ihren Zweigen befestigte man Trauerschleifen.

Die Anwesenheit des Todes in einem Haus verändert alles, auch die Beziehungen der Menschen zu ihrer Umwelt.

Sobald es sicher schien, daß ein Mensch im Sterben lag, mußten unverzüglich Maßnahmen eingeleitet werden, mit deren Hilfe dem Sterbenden der Übergang ins Totenreich erleichtert werden sollte und die letzten Übergriffe der Dämonen abgewehrt werden konnten. Zur Rettung seiner Seele wurde Salz ins Kaminfeuer gestreut und die brennende Lichtmeßkerze ans Bett gestellt – die nämliche Kerze, die das Jahr über vor Krankheiten und Gewitter schützte, die einen Lebensbund segnete, die alles in allem als Symbol für ein intaktes Familienleben galt. Früher wurde sie an Lichtmeß in der Kirche angezündet und brennend nach Hause getragen, wobei man sehr sorgfältig darauf achtete, daß die Flamme nicht erlosch. Eine ebenso große Bedeutung hatte das Salz, das einen Menschen von seiner Geburt bis zu seinem Tod vor bösem Zauber bewahrte.

Die Aufbahrung eines Leichnams wurde ebenfalls mit größter Sorgfalt vorgenommen. In Saintonge zum Beispiel mußten die Füße des Toten eng geschlossen sein, sonst würde das Haus noch im gleichen Jahr von einem weiteren Todesfall betroffen werden. Überall wurden die Uhren angehalten, Spiegel und andere glänzende Gegenstände verhängt, der Türklopfer umwickelt, die Fensterläden geschlossen und Vorhänge vorgezogen. Am Sterbetag selbst durfte nicht gekocht werden.

In der Bretagne wurde das Sterbebett mit Tüchern verhüllt, die mit Ginster und Lorbeer besteckt waren, und manchmal wurde dieser Trauerschmuck erst nach Ablauf des Trauerjahrs wieder entfernt. Im Languedoc durften während des Trauerjahrs die Zimmer nicht frisch gestrichen werden. Außerdem wurde an Allerseelen jede Hausarbeit vermieden, um ja nicht die Toten zu stören, die zu einem Besuch der Lebenden zurückkamen. In zahlreichen Gegenden war es üblich, im Sterbezimmer einen Eimer mit Wasser aufzustellen, damit die Seele des Verstorbenen sich reinigen könne (9).

Selbst die Fassade des Hauses mußte mit Zeichen der Trauer versehen werden. Im Languedoc zeichnete man ein Kreidekreuz über die Eingangstür, und in Nordfrankreich nagelte man ein kleines Holzkreuz an die Tür oder den Baum, der dem Haus am nächsten stand. Viele dieser Bräuche sind heute noch üblich.

9. Im Anjou stellte man einen Wassereimer ins Haus, der die ausschließliche Aufgabe hatte, die Familie vor unerwartetem Tod zu bewahren.

Über einen mehr oder weniger großen Zeitraum bleibt ein Haus mit allerlei Zeichen der Trauer versehen, wenn ein Bewohner gestorben ist: ein auf die Tür gemaltes Kreuz, die geschlossenen Fensterläden, Trauerflor an Bäumen und Tieren bekunden das Leid, das über die Familie gekommen ist.

Die Riten, die früher das Familienleben der Bauern bestimmten, nahmen einen großen Raum ein. Nicht nur im Wohnhaus, sondern überall in den Anbauten, im Garten und auf dem Feld gab es Zufluchtsorte, an denen der einzelne oder die ganze Hausgemeinschaft Schutz für sich selbst und für das gesamte Hab und Gut herbeirufen konnten. Am reichsten ausgeschmückt aber waren die Kultstätten innerhalb des Hauses – die Hausaltare, die Heiligenwinkel und oftmals auch die Weihwasserkessel.

Was für die Außenwände der Häuser galt – wir haben bereits über die religiöse Bedeutung der Bildsäulen an Häusern in der Limagne und der westlichen Normandie gesprochen –, gilt um so mehr für das Hausinnere. Eine besondere Bedeutung kommt dabei dem Weihwasserkessel zu, der sich meistens gleich neben der Eingangstür befindet. Im Baskenland, besonders im Gebiet von Soule, ist er in das Mauerwerk des Stiegenhauses eingelassen. Schon an der Tür mahnen Weihwasser und Heiligenbilder – besonders das der Heiligen Jungfrau – zur Läuterung beim Betreten eines Raumes oder zu Gebeten um Gnade und Schutz vor dem Gang aufs Feld. Kathartische und apotropäische Funktionen sind hier miteinander verknüpft.

In anderen Regionen, so zum Beispiel im Bourbonnais, in der Bretagne oder in Lothringen, befinden sich Weihwasserkessel und Betaltar – im Roussillon übrigens »capelleta« genannt – nicht neben der Tür zum Gemeinschaftsraum, sondern in der Schlafkammer. Dort finden sie ihren Platz neben all den anderen »Reliquien«, die ihren Ursprung nicht in der christlichen Religion haben. Selbst das Bett ist ein Gegenstand, der symbolische Bedeutung hat. Die Stelle, an der es steht, ist alles andere als zufällig gewählt: fast in ganz Frankreich achtet man sehr darauf, daß das Bett nicht quer unter dem Stützbalken der Decke steht, weil das den sofortigen Tod des darin Schlafenden bedeute. Manchmal galt dies nur für das Bett eines Kranken. Sehr merkwürdig mutet die Erklärung hierfür an: dieselben Menschen, die das Kreuz als Schutzzeichen ansehen, fürchten das Kreuz, das ein Bett mit dem quer dazu verlaufenden Deckenbalken bildet. Könnte diese Furcht nicht daher rühren, daß auf diese Weise die natürliche Linienführung der Bäume – denn daraus sind ja die Deckenbalken – unterbrochen und so das bestehende Gleichgewicht gestört würde?

In anderer Form dient das Kreuz durchaus als Zeichen des Schutzes: in Lothringen pflegte man an allen vier Bettpfosten ein Strohkreuz zu befestigen, um Alpträume und böse Geister zu verjagen. Denn Schlaf bedeutet nicht nur Erholung, sondern auch Ausschaltung des Bewußtseins, das heißt Wehrlosigkeit gegenüber den Angriffen der Dämonen und den Strei-

Am Kopfende des Bettes war oft ein Madonnenbild oder ein kleiner Weihwasserkessel angebracht. Im Bett nämlich spielten sich die wesentlichsten Ereignisse des Familienlebens ab: Geburt und Tod.

Bett im Bourbonnais.

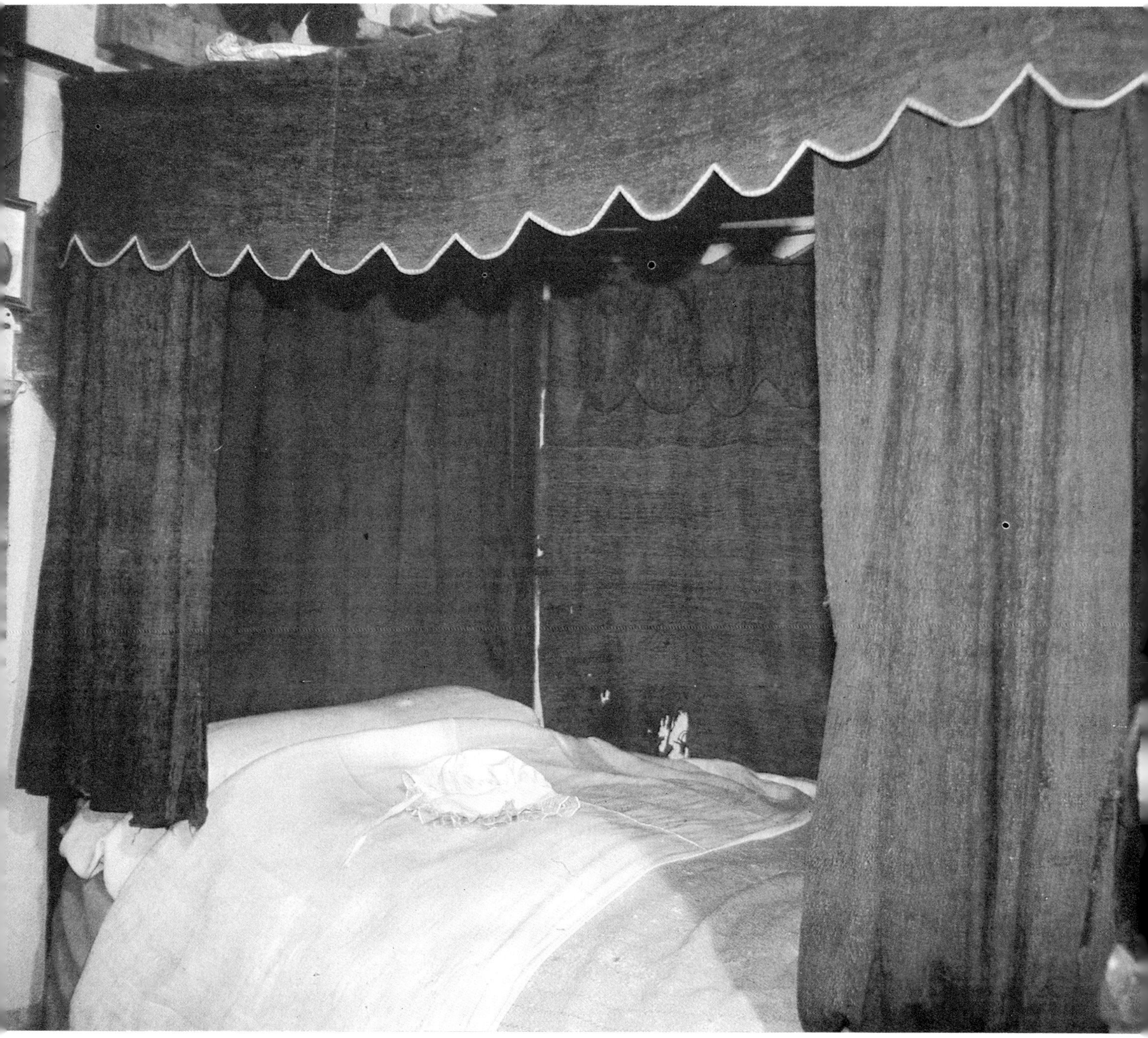

chen der Hausgeister. Um davor sicher zu sein, mußte die Schlafstelle mit einem Schutzschild abgeschirmt werden. So findet man an der Wand hinter dem Bett neben dem Kruzifix und dem Rosenkranz diverse Gegenstände heidnischen Ursprungs, die in christianisierter Form auch heute noch magische Bedeutung haben. Dazu gehört der am Palmsonntag geweihte Lorbeerzweig oder das elsässische »Glückhampfele«, d. h. der Ährenstrauß, der zum Abschluß der Getreideernte gebunden wurde, aber auch – in der Champagne – die Papierkügelchen, die mit Zauberformeln beschrieben wurden, oder im katholischen Elsaß Bildchen der heiligen Agathe, auf denen geschrieben steht: »Mentem sanctam spontaneam, honorem Deo et Patriae liberationem sur in ejus vit. Omnes spiritus laudent Dominum – Sancta Agatha ora pro nobis« (10).

10. Vgl. J. Variot: *Contes populaires et traditions orales de l'Alsace*, 1936.

Auch das Bettgestell mußte sehr sorgfältig präpariert werden, um den Schläfer vor diversen Plagen zu bewahren. In der Bretagne war es Brauch, den Holzrahmen dann zu pflegen, wenn zum Hochamt oder zum Vespergottesdienst geläutet wurde. In der Touraine schlug man mit einem an Karfreitag geschnittenen Haselstock auf das Kopfende, um die Flöhe aus dem Bett zu verjagen. Im Bocage Normand war man vor Insekten geschützt, wenn einige Blätter vom Nußbaum zwischen den Laken lagen. Im Comté de Foix wurden die Wanzen aus dem Bett vertrieben, wenn man die Bettpfosten mit Rinderleber abwischte. Sehr oft lag unter dem Bett ein halbverkohltes Holzscheit aus dem Johannisfeuer – in der Touraine allerdings eher zu dem Zweck, daß die Hühner legefreudig blieben. Aber auch der Strohsack durfte nicht übergangen werden, denn er war der Lieblingsplatz aller Quälgeister. In ihn wurden allerlei Dinge eingenäht, die diese Geister fernhalten oder austreiben konnten. Das war zum Beispiel blühendes Heidekraut, das um Mitternacht gepflückt wurde, oder ein Kräutersäckchen, dessen Inhalt vom örtlichen Exorzisten zusammengestellt wurde. In der Touraine mischte man eine Handvoll Heu unter das Stroh, damit keine Mäuse ins Bett kamen. In Saintonge hätte man unter gar keinen Umständen Tauben- oder Rebhuhnfedern in das Kopfkissen, den Kopfkeil oder die Nackenrolle gefüllt. Denn das hätte bedeutet, daß jeder, der einmal darauf gelegen hat, einen qualvollen Todeskampf würde erleiden müssen. Trotz aller dieser Vorsichtsmaßnahmen geschah es aber immer wieder, daß der Mensch von Krankheit, Alpträumen und Schlaflosigkeit heimgesucht wurde. Dann gab es nur ein Mittel: nachts – und mit nüchternem Magen – den Strohsack zu einer Wegkreuzung bringen und ihn verbrennen.

Das Bett als Ort der Erfüllung der Ehe symbolisiert aber auch Fruchtbarkeit. Der kirchlichen Zeremonie folgten eine ganze Reihe von rituellen Handlungen, die den Segen der

Bett im Bauernhaus in der Sologne.

11. In *Folklore de la Touraine* – 1943 – beschreibt J.-M. Rougé einen dieser Riten: an Karneval ziehen die jungen Burschen und Mädchen eines Dorfes in Gruppen zu den Häusern von Ehepaaren, die im letzten Karneval noch nicht verheiratet waren. Sie versuchen, mit Hilfe von Schlägern eine Holzkugel, die vorher von der jungen Frau hinausgeworfen worden war, unter das Ehebett zu praktizieren. Ehepaare, die noch im selben Jahr ein Kind bekommen hatten, waren von diesem Brauch ausgeschlossen.

Fruchtbarkeit für das junge Paar erflehen sollten (11). Da gab es zuerst den »Kampf mit den verknoteten Schnürsenkeln«, von dessen Bestehen es abhing, ob eine Vereinigung zustandekommen würde. Früher war es auch üblich, daß der Priester mit großem Zeremoniell das Bett der Neuvermählten erst dann segnete, wenn das Paar bereits zu Bett gegangen war. Ein Hufeisen oder eine Steinaxt im Strohsack sollte die Eheleute vor Unfruchtbarkeit bewahren und zahlreiche Nachkommenschaft garantieren.

Dem Schrank als Symbol für Reichtum wurde ebenfalls große Bedeutung zugemessen. Wir haben bereits erwähnt, wie feierlich seine Ankunft im Haus des jungen Ehepaares begangen wurde, denn er war das wertvollste Möbelstück, sowohl vom Preis wie von der kunstvollen Ausführung her. Er war sozusagen das »Statussymbol« einer jeden Familie, und sein äußeres Dekor wie sein Inhalt bezeichneten den sozialen Rang seiner Besitzer. Wann immer wichtiger Besuch kam – und das war besonders der Fall, wenn ein Kind des Hauses im heiratsfähigen Alter war –, wurden die Schranktüren halb geöffnet, um den Blick auf die geheimen Reichtümer der Familie freizugeben; vor allem auf die, die man in Haus und Hof nicht auf den ersten Blick entdecken konnte. In diesem Schrank liegt das Vermögen verborgen, und zwar nicht nur das Geld, sondern auch die Erfahrungen der vergangenen Jahre. Auf den Innentüren des Schrankes findet man häufig Rezepte, Alltagskniffe und wichtige Daten und Ereignisse einer Familie. Aufzeichnungen, die das Lebensbuch der Familie schreiben. In diesem Schrank sind auch alle Urkunden, militärischen Auszeichnungen, Photographien und selbstverständlich das Herzjesu-Bild aufbewahrt. So ist der Schrank gleichzeitig Geldschrank und Altar: neben der Brautkrone liegt ein Stück vom Weihnachtsscheit, das vor Blitzschlag bewahrt. Johanniskräuter zur Abwehr von Dämonen werden dort ebenso aufbewahrt wie die Lichtmeßkerze und das Kästchen mit allem möglichen Gegenzauber. Ungeweihte Hostien an den Innentüren heben den quasi religiösen Charakter dieses Möbelstücks noch hervor. Da gibt es auch noch den ersten Pfannkuchen von Lichtmeß, der das ganze Jahr über auf dem Schrank liegen bleiben muß.

Vom Tage seines triumphalen Einzugs in das Haus an ist der Schrank – oder an seiner Stelle die Truhe – ein Symbol, eine geheiligte Arche, die mit ihren In- und Aufschriften die Lebensgeschichte der Familie erzählen würde. Ein anderes Bauernmöbel wurde übrigens wirklich »Arche« genannt: der Backtrog. Ihm galt die gleiche Ehrfurcht wie dem Brot, und es wäre niemandem in den Sinn gekommen, sich daraufzusetzen oder etwas dort abzustellen, weil sonst der Teig nicht gehen würde.

Von allen häuslichen Kultstätten aber spielte der Kamin die größte Rolle. Seine zentrale

99.

O. Perrin del. Reveil sc.

Ankunft des Schrankes.

Bis Anfang des zwanzigsten Jahrhunderts war der Schrank das teuerste und wichtigste Möbelstück eines Bauernhauses. Oft schon lange vor der Hochzeit angefertigt – mancher Vater erteilte den entsprechenden Auftrag schon bei der Geburt seiner Tochter –, wird der Schrank bei seinem Einzug ins Haus richtig gefeiert. Der Schreiner, der ihn angefertigt hat, bringt ihn in Begleitung der Dorfjugend zu seinem neuen Domizil, und erst wenn das Möbelstück aufgestellt ist, ist ein Haus richtig eingeweiht.

100.

O. Perrin del. Reveil sc.

Einzug des Schrankes und Einweihungsfeier.

»... Die enge Verbundenheit zwischen Mensch und Tier, die Rangordnung im sozialen Gefüge, alles, was uns heute nur schwer verständlich erscheint, muß im Rahmen eines reibungslosen Zusammenlebens gesehen werden, das bis in jüngste Zeit zumindest für die unteren sozialen Schichten als Existenzgrundlage galt. Bevor Kühe und Hühner ihr eigenes Domizil bekamen, lebten sie unter einem Dach mit der Familie, hatten den gleichen Tagesablauf, wärmten sich am gleichen Feuer ...«

Bedeutung im täglichen Leben wie in den familienüblichen Riten zeigt sich schon in den dekorativen Elementen, mit denen die Feuerstelle ausgeschmückt wird. Wir haben bereits die zeremoniellen Akte genannt, mit denen der Kamin eines neuen Hauses eingeweiht wurde: Einsegnung, Besprengen mit Weihwasser und Tieropfer. Es gab Tage, an denen ein Kamin nicht seiner Bestimmung übergeben werden durfte: am Freitag oder an den Namenstagen der Jungfrau von Orléans und des Sankt Lorenz (die beide den Feuertod starben).

Die Feuerstelle, ein Symbol der Katharsis und ein Zentrum der häuslichen Aktivitäten, wurde nicht umsonst als Synonym für Familie genannt: die hierarchische Struktur einer Hausgemeinschaft spiegelte sich in der Sitzordnung am Feuer wider. Dem Familienältesten – der übrigens bei den Weihnachtsriten eine große Rolle spielte – war die Bank direkt am Kamin vorbehalten. Aber auch andere fanden dort ihren Platz: der Hausgeist, der Wandersmann oder der Bettler. So gab es zum Beispiel im Roussillon an jedem Kamin eine »Armenbank«. So wurde im Périgord die der Salztruhe zugewandte Bank freigehalten, weil dies der »Platz des Teufels« war. Dort sagte das Sprichwort: »la saliera d'un bord, la matogotiera de l'autre« (das Salzfaß an der einen Wand, den Teufel an der anderen).

Auch im gesellschaftlichen Umgang mit anderen Menschen spielte der Kamin im Familienleben eine große Rolle. Dort fand die Unterredung zwischen den Eltern einer Tochter und dem Brautwerber statt; hier erhielt dann der Bewerber die zustimmende oder ablehnende Antwort. Eine solche Unterredung durfte zum Beispiel in der Auvergne nur so lange dauern, wie ein Buchenscheit brauchte, um im Feuer zu verbrennen. In einigen Gegenden, wie zum Beispiel in der Bretagne, im Bourbonnais oder im Lyonnais, galt die Unterredung für beendet und der Heiratsantrag abschlägig beschieden, wenn ein verkohltes Holzscheit aus dem Feuer gehoben wurde. In der Champagne kniete der Antragsteller vor der Feuerstelle nieder und kratzte die Asche zusammen: wenn niemand dabei das Wort an ihn richtete, galt sein Heiratsantrag als abgelehnt. Wollte ein junger Mann sein Verlöbnis lösen, dann legte er im Haus der Brauteltern ein Holzscheit quer über das Kaminfeuer. Das Feuer als wichtiger Faktor in den sozialen Beziehungen tritt auch in dem alten Brauch der »Feuerleihe« zutage: war morgens ein Feuer erloschen, dann holte man sich aus dem Nachbarhaus etwas Glut. Lediglich am Neujahrstag durfte man kein fremdes Feuer annehmen. Manchmal wurden in der Familie auch turnusmäßig Nachtwachen aufgestellt, die das Feuer in Brand halten mußten.

Der Kamin ist aber auch eine Stätte für manchen magischen Brauch. Wir haben bereits erwähnt, daß bei einem Gewitter Johanniskräuter, ein Stückchen vom Palmzweig oder eine

Blume von der Fronleichnamsprozession ins Feuer geworfen wurden. Im Périgord trocknete die besorgte Mutter einen Kranz aus Geißblatt im Kamin, damit ihr Kind keine Blattern bekommen sollte. In der Franche-Comté hängte man darin ein Kreuz aus Schilfrohr auf, wenn jemand unter Weißfluß oder Mundfäule litt. In der Touraine wurde der Kamin mit einem Haselzweig geschmückt, der in der Heiligen Nacht um Mitternacht abgeschnitten worden war. Trieb dieser Zweig Blüten, bedeutete das Glück für die ganze Familie, blühte er nicht, brachte das Unglück. Die Feuerstelle wurde also immer mit wichtigen Ereignissen im Haus in Verbindung gebracht und war deshalb selbstverständlich – ebenso wie das Bett oder der Schrank – eine Stätte, die mit allen möglichen gebräuchlichen Talismanen bestückt war. Die Gegenstände auf dem Kaminsims oder in der Esse waren deutliche Zeichen für alles, was die Familie fürchtete oder verehrte.

Ein geweihter Buchsbaumzweig oder ein Holzkreuz hängen dort ebenso wie ein Hufeisen, ein Ei von Gründonnerstag oder Karfreitag, Heiligenbilder und Urkunden und – seit neuestem – Photos und der Kirchenkalender. So ist der Kamin ein Hausaltar, auf dem sich kultische Gegenstände aus Christentum, Naturreligion und allen ihren Nebenreligionen miteinander verbinden.

Strategisch wichtige Stellen und deren Schutz

Trotz aller Barrieren, die zum Schutz gegen Hexen und den Teufel errichtet werden, ist das Haus in höchstem Maße gefährdet. Nichts fürchteten die Bauernfamilien von früher mehr als Schicksalsschläge; so unternahmen sie alles, um sich vor den Mächten des Bösen zu schützen. Ob der böse Dämon in eine Person, die außerhalb der Dorfgemeinschaft lebte, gefahren war oder sein Unwesen anonym trieb – immer und überall mußte man vor ihm auf der Hut sein. In Südfrankreich geisterte er als »Maske« um das Haus oder er zeigte sich in Gestalt einer alten Frau, die vor der Kirche darum bettelte, mit nach Hause genommen zu werden, um dann Mensch und Tier zu quälen, die Ernte zu verderben und die Felder zu verwüsten. Für diese Übeltäter war es auch ein Spiel, sich durch die kleinste Öffnung und den engsten Spalt in ein Haus einzuschleichen. Deshalb mußten jede Zufahrt, jedes Fenster und jede Tür, die das Haus mit der Außenwelt verbanden, besonders sorgfältig abgeschirmt werden, denn das waren die Schwachstellen eines jeden Hauses, die strategischen Punkte, die verstärkt abgesichert werden mußten. Wenn aus Unachtsamkeit vergessen wurde, vor dem Haus ei-

Die Umtriebe der Geister und Hexen werden auf dem Land noch immer gefürchtet. Mensch, Tier und Habe müssen gegen ihre magischen Übergriffe und Einmischungen gleichermaßen abgeschirmt werden. Mit Gebeten, Amuletten und Gegenzauber werden sie ferngehalten und vertrieben.

LE LOUP-GAROU.

Jean-Claude vivait en paix : mais il avait des poules et croyait aux sorciers.

Il va donc un beau jour trouver le père Grenouille, qui passait pour un de ces derniers, et lui conte :

Qu'il a vu de ses propres yeux, un animal étrange emportant deux de ses poules.

C'est un *loup-garou*, lui répond le père Grenouille : moyennant un écu je vous en débarrasserai.

Jean-Claude, rentré chez lui, dort sur ses deux oreilles.

Dès son lever, il va visiter son poulailler : il lui manque encore deux poules !

Il confie son aventure à un de ses voisins.

Qui lui conseille de mettre un piége à loup devant son poulailler : ce qu'ils font aussitôt.

Puis ils entrent tous deux chez Jean-Claude.

Et se mettent à jouer aux cartes pour passer le temps.

Ils entendent bientôt des cris vers le poulailler.

Et trouvent dans le piége à loup, le père Grenouille en Loup-Garou.

Fabrique de PELLERIN, Imprimeur-Libraire, à ÉPINAL.

nen Besen auf den Kopf zu stellen, oder wenn aus unerfindlichen Gründen die Wirkung des geweihten Palmzweiges und der Johanniskräuter über der Tür versagten, dann kamen diese teuflischen Wesen bis vor die Tür oder versuchten, durch irgendeine Öffnung in das Haus zu gelangen.

Die verschiedenen Dämonen – wie die »masques« im Languedoc, die »bruixas« im Roussillon, die »strege« auf Korsika, die »chauceus« im Jura oder die »cauco-vielho« im Périgord – krochen sogar durch das Schlüsselloch, um Neugeborenen das Blut auszusaugen und sich dem Schlafenden auf die Brust zu setzen und ihm den Atem abzuschnüren. Um diesen Zugang zu verbarrikadieren, befestigte man in manchen Gegenden bestimmte Gegenstände am Türschloß, die die Geister in die Flucht jagen sollten: im Languedoc und im Comté de Foix hängte man eine Unterhose vors Schlüsselloch, die mit der Zauberformel »caussos al tauc« (Hose mit Loch) besprochen war. Und hinter der Tür wurde ein Gefäß mit Wasser auf den Boden gestellt, in das – sollte der Geist trotzdem ins Haus gelangt sein – er heulend hineinfallen würde. Vorsorglich sprach man auch die Formel »pet sur felho, passo la chiminiero« (Geist, weiche durch den Kamin), damit der Dämon das Haus sofort wieder verlassen möge. Im Béarn schob man einen Fenchelzweig ins Schlüsselloch und sprach dazu:

»Si passa peu hourat, a noeyt, nat sourcier boü
Hèt plàa senti, fenoulh, et d'entra qu'aura poü«

(Verbreite den Geruch von Fenchel, und der Geist,
der heute Nacht hier eindringen will, bekommt Angst.)

Die nachts dicht verriegelten Fenster mußten aber auch tagsüber vor den bösen Eindringlingen geschützt werden, also hängte man einen Strauß Johanniskräuter daran auf. Diese Kräuter halfen auch gegen Krankheit, Fieber oder – ganz einfach – gegen Insekten. Als Insektenvertilgungsmittel galt auch im Anjou der Kopf einer Sardine, der am St.-Markus-Tag an die Tür genagelt werden mußte. Dem Holzscheit aus dem Johannisfeuer wurde in Beauce Abwehrkräfte gegen Flöhe zugesprochen. Ferner wurde das magische Ei vom Karfreitag, über dessen apotropäische und prophylaktische Wirkung wir bereits gesprochen haben, nahezu in allen Landstrichen auf den Fenstersims gelegt. Weit verbreitet war auch der Brauch, an Mariä Lichtmeß nach dem Kirchgang mit dem flüssigen Wachs der geweihten Kerze ein Kreuz auf die Tür zu zeichnen.

Die Angst vor dem Wolf, die früher auf dem Lande sehr wohl begründet war, ist in vielen Legenden verewigt. Sie führte manchmal zu einer richtiggehenden Psychose, der Wolfssucht.

Bleibt noch der Kamin, der durch das Feuer und den Kesselhaken, die Salztruhe und mancherlei Talismane an ihm und um ihn geschützt war, dessen Schlot als möglicher Zugang zum Haus aber immer wieder sorgfältig untersucht und abgeschirmt werden mußte. So hängte man in die Esse eine Steinaxt, die – neben allen anderen Zaubermitteln – nunmehr ausreichend Schutz vor unerwünschten Eindringlingen bot.

Trotz aller Vorsichtsmaßnahmen verspürten die Bewohner eines Bauernhauses in gewissen Abständen das Bedürfnis, das Haus von oben bis unten gründlich zu putzen, um so alle bösen Geister, die sich vielleicht doch eingenistet hatten, zu vertreiben. Geschah im Haus irgend etwas, das auf die Anwesenheit von Hexen schließen ließ, mußte unverzüglich der Exorzist herbeigerufen werden. Der ging dann ein paarmal um das Haus, murmelte magische Beschwörungen und brachte an verschiedenen Stellen des Hauses geheimnisvolle Zeichen an. Oder aber man rief den Pfarrer, der zur Austreibung von Dämonen über ganz bestimmte Gebete verfügte. Dieses Privileg wurde in manchen Gegenden auch dem Dorflehrer zugestanden. Doch auch wenn nichts Außergewöhnliches geschah, war es üblich, das Haus am Tag vor Ostern vom Keller bis zum Dach gründlichst sauberzumachen und dann den Pfarrer zu bitten, jeden noch so kleinen Winkel mit Weihwasser zu segnen. In manchen Gegenden wurde diese Benediktion am Vorabend des 1. Mai vorgenommen. Darüber hinaus war es der Brauch, daß der Hausherr am Abend vor Mariä Lichtmeß mit dem flüssigen Wachs einer geweihten Kerze in jedem Zimmer ein Kreuz auf den Fußboden zeichnete.

Der Kamin war ein strategischer Ort. Seine Öffnung mußte besonders geschützt werden, da sie den bösen Mächten als bevorzugter Zugang zum Haus offenstand. Normandie.

»... Es scheint, als ob das Haus einnehmbar, in höchstem Maße gefährdet und verwundbar sei, denn die Vielfalt der Fallen und Hindernisse, die gegen den Teufel, gegen Hexen und andere Unheilbringer aufgestellt werden – um das Haus herum, auf dem Haus und im Haus –, können deren Eindringen niemals ganz ausschließen ...«

Platz, Dekoration und magische Funktion des Mobiliars

Wir haben gesehen, daß das Bauernhaus mit all seinem lebenden und toten Inventar nicht nur funktionellen und materiellen Ansprüchen genügen mußte, sondern auch Erfüllungsstätte aller Wünsche und Hoffnungen seiner Bewohner sein sollte. Jedes Möbelstück, der Platz, wo es aufgestellt wurde, die Pflege, die ihm gewidmet wurde, die Bedeutung, die ihm zugemessen wurde, alles dies hatte symbolischen Charakter. Als beredter Zeuge der Geschichte einer Familie (wir haben bereits erwähnt, daß man in manchen Möbelstücken eine ganze Chronik eingeschnitzt fand) ist das Möbelstück nicht einfach ein totes Stück Holz, sondern ein durchaus lebendiges Mitglied einer Hausgemeinschaft. Ebenso wie das Vieh dienen auch die Möbel oft als Schaltstellen zwischen dem Diesseits und dem Jenseits, als Vermittler zwischen den Menschen und den übernatürlichen Mächten. Jedes Knarzen wird als Mitteilung der Toten interpretiert, die entweder auf sich aufmerksam machen wollen, wenn sie sich vergessen glauben, oder aber ihre Zustimmung zu wichtigen Entscheidungen im Hause geben wollen. Das Eigenleben – die Personifizierung – eines Möbelstücks beginnt an dem Tag, an dem es zum erstenmal benützt wird oder den ersten Eintrag zur Familienchronik erhält. Als Bewahrer der Geschichte einer Familie erhält das Möbelstück den Charakter eines Heiligtums. Ja, es wird sogar unantastbar, wenn bestimmte Ereignisse eintreten. So sind zum Beispiel plötzlich alle Möbel tabu, die ein Verstorbener kurz vor seinem Tod noch benützt hat: sie dürfen für eine bestimmte Zeit nicht von der Stelle gerückt werden, meistens werden sie zum Zeichen der Trauer auch noch verhüllt. Die Identifizierung eines Möbelstücks mit seinem Benützer wird besonders beim »Schrank der Großmutter« oder bei der »Bank des Familienoberhaupts« offenbar, denen im Haus der gleiche Respekt gezollt wird wie der Person, der sie gehören.

Der Status der Unverrückbarkeit und die ehrerbietige Behandlung eines Möbelstücks weisen diesem auch einen ganz bestimmten Platz in einem Zimmer zu. Je nach Aufgabe, die ihm zugedacht ist, und je nach symbolischer Bedeutung, die ihm zu eigen ist, wird das oftmals maßgerecht für ein Zimmer hergestellte Möbel ein für allemal an einen eigens dafür vorgesehenen Platz gestellt. Die hierarchisch festgelegte Anordnung der Möbel in einem Zimmer bestimmt aber auch die Anzahl der Schritte, die zum Zweck der Benutzung des einen oder anderen Gegenstandes zurückgelegt werden müssen. Diese Gänge verlieren selbst durch die Macht der Gewohnheit nicht einen gewissen rituellen Charakter. So kann man gut verstehen, daß jedes Mitglied einer Hausgemeinschaft eine ganz persönliche Beziehung zu jedem Gegenstand im Haus entwickeln muß.

Der Tisch zum Beispiel wird so aufgestellt, daß er vom einfallenden Tageslicht beleuchtet und gleichzeitig von der Feuerstelle gewärmt (und abends erhellt) wird, und daß er in der Nähe des Stützbalkens ist, an dem die Geschirrborde befestigt sind. Der Bewegungsraum zwischen Tisch und Kamin, in dessen unmittelbarer Nähe sich nur die ranghöchsten Mitglieder eines landwirtschaftlichen Anwesens aufhalten dürfen, ist ganz genau festgelegt. Je nach Alter, Geschlecht und Rang hat innerhalb dieses Raumes jeder seinen bestimmten Platz und eine ganz spezifische Beziehung zu den Gegenständen und Möbeln um ihn herum. Der Bank des Hofältesten gilt hierbei die gleiche Verehrung wie der Salztruhe; so ist es kein Zufall, daß beide ihren Platz nahe der Feuerstelle haben, und daß nur das Familienmitglied mit dem höchsten Ansehen Salz – dem ja magische Kräfte zugesprochen werden – entnehmen darf. Von dieser strategisch wichtigsten Stelle eines Hauses geht die größte Kraft aus, wobei es nicht so wichtig ist, ob der Älteste das Salz hütet oder das Salz den Ältesten beschützt. Eine ähnliche Verehrung gilt dem Backtrog, denn er besitzt dieselben heiligen Kräfte wie das Brot, das in ihm bereitet wird. Sich auf seinen Rand zu setzen ist eine ebenso große Sünde wie auf ein Stück Brot zu treten.

Die Verzierungen an den Möbelstücken unterstreichen die Wertschätzung, die den letzteren entgegengebracht wird. Wenn auch – und besonders seit dem achtzehnten Jahrhundert – das Dekor immer stärker überregionalen modischen Einflüssen unterworfen war, so läßt sich seine traditionell bäuerliche Herkunft nicht bestreiten. Hier – wie überall im und am Haus – finden sich die gleichen geometrischen Formen, die gleichen Motive magischer Symbolkraft wie zum Beispiel Hakenkreuze, Räder, fünf- oder sechszweigige Margeriten, Drudenfuß in einem Kreis, Herzen und Sterne. Regionale Unterschiede lassen sich nur im Reich-

Das gekrümmte Hakenkreuz taucht als Symbol immer wieder auf, besonders in den Mustern zur Verzierung von Möbelstücken, aber auch an Türstürzen, auf Steinplatten und Haushaltsgegenständen oder an Giebelbogen.

1

Vor dem Schrank war die Truhe wichtiges Möbelstück. Jeder Handwerker wandte bei ihrer Herstellung die größte Sorgfalt auf. Besonders die Aussteuertruhe, die baskische »kutcha«, wurde reich verziert. Meistens waren es ganz einfache geometrische Muster, die eingeschnitzt oder eingelegt wurden.
1. Detail eines lothringischen Schrankes. 2. Baskische Truhe. 3. Buttermaschine aus Lothringen.
4. und 5. Schranktruhe aus dem Baskenland. 6. Detail einer baskischen Truhe.

2

4

3

5

tum der Ausstattung und in der Anwendung der Technik – wie Gravur, Malerei, Bildhauerei oder Intarsienarbeit – feststellen. Ob auf dem »zülülu« (Bank des Ältesten) im Baskenland, auf der Aussteuertruhe im Dauphiné oder auf dem »trustel« (Altenbank) in der Bretagne: überall finden sich die gleichen antiken Zeichen und Symbole. Neben diesen Motiven heidnischen Ursprungs werden aber auch christliche Symbole verwandt, wie zum Beispiel das Kreuz, das Monogramm Christi »IHS«, das flammende Herz und die Monstranz. So geschmückt wird das Möbelstück zu einer häuslichen Kultstätte. Besonders reich verziert ist das halb oder ganz umbaute Kastenbett, das im Leben des einzelnen eine herausragende Rolle spielt. Manche Bettstatt erinnert in der Vielfalt an religiösen Motiven an ihren Wänden an eine Sakristei. In der Bretagne werden sogar die verschiedenen Ebenen eines solchen Bettes in drei Welten eingeteilt: so ist der schmucklose Unterbau die Hölle, die mit christlichen Symbolen verzierte eigentliche Schlafstatt das irdische Jammertal und der Baldachin mit der Muttergottesnische das Paradies.

Im Bett – diesem für die Übergriffe der bösen Mächte so anfälligen Ort – mußte sich der Mensch besonderen Schutzes versichern. Da der Schlaf in gewisser Weise als todesähnlicher Zustand angesehen und die ausgestreckte Lage mit der eines aufgebahrten Leichnams verglichen wurde, bevorzugte man eine unbequeme, aber »sichere« halb sitzende Schlafposition. Die Furcht vor dem Tod erklärt, weshalb die alten Bauernbetten so kurz waren. Die Verzierungen an einem Bett sind oft noch durch einen Sinnspruch gekrönt, wie etwa den, den wir auf einer Lagerstatt in Queyras entdeckt haben: »pêcheur en te couchant rien n'est si essentiel pour ton âme que de pencer (sic!) à la mort et à Dieu.« (Sünder, der du zu Bett gehst, denke zur Rettung deines Seelenheils immer an Gott und daran, daß du sterben mußt.)

Neben Sinnsprüchen und magischen Symbolen zum Schutz findet man auf den alten Bauernmöbeln auch den Namen ihres Besitzers und den ihres Schreiners eingraviert. Dies war ebenso Ausdruck dafür, wie wichtig das unter großem finanziellen Aufwand erworbene Möbelstück für seinen Besitzer war, wie auch dafür, wie sehr die handwerkliche Kunstfertigkeit des Schreiners anerkannt wurde. Die meist vollständig ausgeschriebenen Signaturen auf dem Deckel einer Truhe oder an der Oberkante eines Schrankes wurden entweder mit

Alle Stellen, die besonders geschützt werden mußten, waren mit Kreuzen versehen: überall an alten Bauernhäusern findet man diese Symbole zur Abwehr von Dämonen. Sie sind mit Kreide gezeichnet, aus Holz geschnitzt, aus Eisen geschmiedet und in Stein geritzt. Über einem Türsturz in Burgund.

Tür in Gévaudan.

einem Messer oder einem glühenden Eisen eingraviert oder als Intarsien eingelegt. In der Bretagne – um das Gebiet von Rennes – findet man die Namen auch auf ein Stück Papier geschrieben, das in einem verglasten Medaillon über der Mitte des Möbelstücks befestigt ist. Daß auch der Name des Herstellers verzeichnet war, galt nicht nur als Beweis für die Qualität eines Möbelstücks, sondern auch als eine Art Talisman. Je kunstfertiger ein Schreiner war, um so größere übernatürliche Kräfte wurden ihm nachgesagt, denn er bearbeitete das Rohmaterial, das die Natur für ihn bereitgestellt hatte. Schreiner – übrigens auch Schmiede – genossen dadurch ein Ansehen, das sie weit über die übrige Dorfgemeinschaft stellte.

Jede Familie legte großen Wert darauf, daß alles, was ihr gehörte – also das Haus, die Möbel und der gesamte Hausrat – als persönliches Eigentum ausgezeichnet war. Name, Vorname, die Initialen des Ehepaares und das Datum der Eheschließung, aber auch das Herstellungsdatum jedes Gegenstandes waren gut sichtbar angebracht: entweder am Sims des Schrankes (im Baskenland an der Seitenwand) oder auf der Front- oder Seitenwand einer Truhe, auf der Rückenlehne eines Stuhls oder einer Bank, aber auch am Sturz oder an der Schwelle der Eingangstür.

Dieser früher hauptsächlich in den Alpen und den Pyrenäen übliche Brauch wird heute noch manchmal im Elsaß hochgehalten (12). Jeder Gegenstand – einschließlich dem Eimer und der Kelle, mit denen Wasser vom Bach oder vom Brunnen geholt wird – trägt dort noch den Namen seines Besitzers.

12. Im Elsaß werden diese Markierungen »Hofzeiche« genannt.

Aber nicht nur das Familieneigentum, auch das persönliche Eigentum jedes Mitglieds der Hofgemeinschaft war als solches gekennzeichnet. So konnte jeder seine Arbeitsgeräte, seine Holzschuhe und vor allem sein Eßgeschirr sofort wiederfinden. Meistens waren es ganz einfache Zeichen, die in den jeweiligen Gegenstand eingeritzt wurden, manchmal aber auch richtiggehende Kunstwerke. Besonders schöne Stücke wurden dann bei großen Zusammenkünften stolz vorgezeigt: da wurde der Löffel ins Knopfloch gesteckt und das Messer deutlich sichtbar aufgepflanzt. In der einfachen Version schnitt man meistens nur den Anfangsbuchstaben des Vornamens in sein Tischgerät oder den Platz, der ihm auf dem Geschirrbord reserviert war. Schließlich bleibt noch zu erwähnen, daß Familien, die keinen eigenen Back-

Sehr verbreitet sind Heiligendarstellungen in verschiedensten Ausführungen, so z. B. von einfachen Muttergottesnischen bis zu künstlerischen Reliefs mit Szenen aus dem Leben Christi. 1. Madonna an einem Haus im Roussillon. 2. Mariä Verkündigung an einem Haus in Barrois.

ofen besaßen, ihr Brot mit einem familienspezifischen Kennzeichen markierten, bevor es ins dorfeigene Backhaus gebracht wurde. Der Bäcker wußte dann gleich, wem welches Brot gehörte.

Besitzmarkierungen – meist die gleichen, wie auf Möbeln oder Türstürzen – waren in manchen Gegenden auch am Kamin oder am Kachelofen angebracht. Vor allem die gußeiserne Ofenplatte, die die Rückwand des Kamins abschirmte (früher war das eine Stein- oder Tonplatte), war ein besonderes Schmuckstück. Außer mit Namen und persönlichen Daten war sie auch mit traditionellen Symbolen verziert. Im Elsaß waren darauf äußerst kunstvolle und phantasiereiche Schäferszenen oder biblische Geschichten abgebildet.

Zum Schutz vor Brand und bösen Geistern mußte der Kamin – als Zugang von oben in das Haus – besonders abgesichert werden. Außer dem Kreuz an der Rückwand der Esse findet man an alten Kaminen die nämlichen Symbole zur Abwehr von unerwünschten Eindringlingen, wie sie auch über der Haustür angebracht sind. Die Verzierungen am Kaminsims, an Stützbalken und Verstrebungen zeigen deutlich, daß die Kaminöffnung als »zweite Haustür« angesehen wurde.

Die streng hierarchische Rangordnung, die das Leben auf einem Bauernhof bestimmt, macht auch vor den täglichen Mahlzeiten nicht halt. Jeder hat bei Tisch seinen genau festgelegten Platz; auch die Reihenfolge beim Servieren wird nach strengen Regeln befolgt.

Wir haben bereits wiederholt festgestellt, daß jeder Gegenstand in einem Haushalt neben seiner funktionalen auch eine symbolische Bedeutung hat. Die Ausstattung eines Hauses und die damit verbundenen Tätigkeiten sind für sich schon rituelle Handlungen, denen sich kein frischgebackener Hausbesitzer entzieht. Wir wissen um die apotropäische Bedeutung des Besens für den Schutz des Hauses vor Hexen und Dämonen. Aber wir wissen auch, welche große Rolle er bei den Hochzeitsriten spielte und heute noch spielt (13). So befestigte man im Baskenland an der Tür zum Brautgemach einen Besen und einen Handfeger, die eigens für diese Gelegenheit angefertigt worden waren.

13. Ein Besenstiel quer in der Türöffnung muß von der Braut übersprungen werden; der Besen, der von der jungen Ehefrau quer durch das Zimmer gezogen wird, zeigt ihre hausfraulichen Fähigkeiten; der Besen, den der Vater bei der Hochzeit seiner letzten Tochter mit sich trägt etc. Heute noch wird bei einem Hochzeitszug der Wagen der Brautleute mit einem Besen geschmückt. Wir haben das in der Normandie sehr oft gesehen.

Andere Haushaltsgegenstände besitzen im ländlichen Brauchtum einen ähnlichen Stellenwert. In allen Landstrichen ist zum Beispiel bekannt, daß die Überreichung eines Spinnrockens als Hochzeitsgeschenk ein Symbol dafür war, daß die junge Frau nun an einen eigenen Herd angebunden war. In der Auvergne überreichte man ihn, reich geschmückt, zusammen mit einer Bratpfanne.

Haushaltsgegenstände, die als Hochzeitsgeschenke dargebracht wurden – so auch die Spitzendeckchen in Velay –, wurden gewöhnlich mit den Initialen der Neuvermählten verziert. Alle diese Hochzeitsgaben waren als Erinnerungsstücke nur zum Anschauen bestimmt; sie erhielten bei der Einrichtung eines Heims einen bestimmten Platz zugewiesen.

Andere Haushaltsgegenstände waren dagegen ausschließlich zum täglichen Gebrauch bestimmt, selbst wenn sie sowohl mit persönlichen Daten wie mit einer Vielzahl von symbolischen Motiven versehen waren. Als Beispiel dafür, daß diese Motive nicht nur schmückende Elemente waren, sondern auch den Schutz für Leib und Leben garantieren sollten, sei der Wärmeziegel aus dem Elsaß angeführt: aus wohl welchem anderen Grund als zum Schutz des Bettes war er über und über mit Kreuzen, Hakenkreuzen und Herzen verziert? Oder auch die Markierungen auf den verschiedenen Buttersorten, aus denen man sehr wohl die Herkunft des Produktes ablesen konnte, wenn man wußte, von welchen Riten in welchem Landstrich die Butterherstellung begleitet wurde. Selbst im Muster der Waffeleisen tauchten die verschiedensten Symbole auf.

Wie soll man nun unterscheiden, was reines Schmuckelement und was Symbol zum Schutz des Hauses ist? Tatsächlich sind beide Funktionen immer eng miteinander verbunden. Ob es die Verzierung an Haus, Möbeln oder an Hausrat ist, immer sollen beide Wirkungen erzielt werden. Es bleibt also die Frage, ob die Verwendung von immer denselben Motiven ihnen im Lauf der Zeit den Charakter als Glücksbringer verliehen hat oder ob die magischen Symbole aus alter Zeit, die von den nachfolgenden Generationen übernommen wurden, als stereotypes Dekor nur noch ästhetischen Wert besitzen.

Es war am Abend des Brandsonntags. Die Bäuerin, die seit einem Jahr kränkelte und seit Mariä Lichtmeß nicht von ihrem Lager aufgestanden war, schrie plötzlich auf. Die Familie, die bei leiser Unterhaltung um den Kamin versammelt war, hörte sie rufen:

»Mein Gott, Kinder, was höre ich denn da?«

In das plötzliche Schweigen drang der Klageschrei des Totenvogels.

»Es ist nur die Scheunentür, die sich im Wind bewegt und in den Angeln quietscht«, antwortete der Groß-Peter, der als ältester Sohn Familienoberhaupt war. Dann gab er seinen Geschwistern ein Zeichen und fügte leise hinzu: »Redet ihr nur weiter, aber bitte etwas lauter.«

Mit diesen Worten nahm er sein Gewehr vom Kaminsims und ging eilends hinaus. Kaum im Hof angelangt, sah er im fahlen Sternenlicht den Unglücksvogel, der sich zwischen der Hauswurz auf dem Dachfirst zusammenkauerte.

Er riß das Gewehr an die Schulter und drückte ab: das Mündungsfeuer blitzte auf, das Geschoß pfiff durch die Luft ... doch nicht der geringste Knall war zu hören! ... Aber der Vogel schien tödlich getroffen, denn sein Körper rollte über das Dach und stürzte dem Groß-Peter zu Füßen. Der bückte sich, um ihn aufzuheben, aber ... da war nichts! ...

Wie er sich aufrichten wollte, da hörte er vom Dach erneut das klagende »Tod! ... Tod! ...« des Kauzes, der an der gleichen Stelle saß wie vorher. Ohne zu zögern legte der Groß-Peter das Gewehr an. Er drückte ab ... und wieder nicht der geringste Laut! ...

Wieder, wie beim ersten Mal, rollte der Vogel das abschüssige Strohdach entlang und fiel zuckend zu Boden. Und wieder, wie beim ersten Mal, bückte sich der Groß-Peter, um ihn aufzuheben und ... wieder nichts! ... Und ehe er sich aufrichten konnte, rief es vom Dach: »Tod! ... Tod! ...« Der unheimliche Vogel saß schon wieder in den Zweigen der Hauswurz und sang sein Klagelied.

Der Groß-Peter lud noch dreimal die beiden Läufe seiner Flinte, doch bei allen sechs Schüssen, die er abfeuerte, geschah das gleiche wie zuvor.

»Mein Gott«, sagte der Groß-Peter endlich voller Furcht, »was soll das bloß bedeuten?«

Dann fiel ihm ein, daß er in seiner Truhe ein paar geweihte Kugeln aufbewahrte, die jedermann brauchte, um den Windhund und den Werwolf und sonstiges gräßliche Getier zu erlegen. Also ging er ins Haus zurück und lud seine Waffe mit drei geweihten Kugeln.

Und die ganze Zeit waren von draußen die Klagerufe zu hören. »Tod! ... Tod! ...« Und der Hofhund stimmte heulend ein.

Voller Erregung ging der Groß-Peter wieder hinaus. Im Hof bekreuzigte er sich, sprach das Zaubergebet, legte die Waffe an, visierte sein Ziel an und drückte entschlossen ab.

Diesmal verlief alles, wie es sein soll; nur in dem Augenblick, als der Schuß losging, leuchtete genau an dem Platz auf dem First eine kleine Flamme auf, wo der unheimliche Sänger saß. Und gleich danach war nichts mehr von ihm zu sehen – weder in der Luft noch auf dem Dach, noch auf der Erde. Doch der Gesang war endlich verstummt.

Der Groß-Peter ging ins Haus und in die Kammer seiner Mutter. Er zog behutsam die Bettvorhänge auseinander – die Mutter war tot.

Laisnel de la Salle
(in: *Croyances et légendes du Centre de la France.*
Paris 1875, Band 1, Seite 226 ff.)

Schutz der Ernte,
Schutz des Viehs

Aussaat, Ernte, Scheunen, Mieten, Fleischkammern.
Hühnerhof, Bienenstöcke, Schaf- und Kuhställe.

In der langen Tradition der Landbevölkerung beschränkte sich das Streben nach Schutz in einer Welt, die gleichzeitig Feindin und Verbündete war, nicht nur auf die einzelnen Personen, sondern erstreckte sich auf ihr gesamtes Hab und Gut. In dieser Welt muß sich der Mensch vor den Eingriffen übernatürlicher Mächte schützen, die jeden Augenblick das Wohlergehen und das Gleichgewicht, das in täglicher Arbeit aufrecht erhalten wird, in Frage stellen können. Die Ernte, die seit der Aussaat ständigen Bedrohungen ausgesetzt war, wird unter vielen Mühen eingebracht, deshalb muß sie auch noch in der Scheune Gegenstand aufmerksamer Pflege sein. Und auch das teuer erworbene Vieh muß während der Arbeit und den Ruhestunden vor allen Gefahren bewahrt werden, denen es immer und überall ausgesetzt ist. In keinem Moment, an keinem Ort und aus keinem Grund läßt die Aufmerksamkeit nach, solange es gilt, daß in der Landwirtschaft alles Teil eines großen Ganzen ist, über das geduldig ein magisches Netz gesponnen werden muß. Dieses Netz reicht vom bebrüteten Ei im Hühnerstall über die Kühe im Stall, von den Bienen im Korb bis zu den Ähren auf dem Feld und soll die bösen Mächte hindern, Schaden anzurichten.

Diese Idee liegt einem elsässischen Brauch zugrunde: nach der Ernte wurden die Körner, die für die nächste Saat bestimmt waren, in Form eines Kreuzes ausgelegt. Darauf warf man dann ein paar Körner aus dem »Kritterwisch«, dem geweihten Erntestrauß. In dieses Kreuz grub man die Kreuzinschrift INRI und das apostolische Zeichen für das Kreuz des heiligen

Im alten Frankreich war der Schutz der Tiere fast wichtiger als der Schutz der Menschen. Nur so lassen sich die vielen prophylaktischen Schutzzeichen erklären, mit denen ein landwirtschaftliches Gut an allen Ecken und Enden ausgestattet war. Kreuze, Johanniskräuter, Knoblauchzwiebeln gegen Hexen, Hörner, Hufeisen und Reisigkränze sind die häufigsten Symbole, die an Stalltüren aufgemalt oder befestigt wurden. – Zwei Schutzzeichen aus Burgund: Kreuz über einer Stalltür, Duftkugel mit magischen Kräutern.

Andreas, um sich des Schutzes für künftige Ernten zu versichern. Ähnliches galt im Périgord. Dort mischte man unter die ersten paar Handvoll Saatgut Hühnerkot und die Schalen von Eiern, die während der Fastenzeit gelegt worden waren. In Lothringen hing man zum Schutz vor Mäusen und Ratten ein Heiligenbild in das Gebälk der Scheune. In allen Gegenden Frankreichs war es Brauch, zu Erntebeginn die ersten fünf oder sechs geschnittenen Ähren zum Schutz für künftige Ernten an die Haus- oder Scheunentür zu hängen.

In der Auvergne legte man große Steine auf die Getreidegarben auf dem Feld, damit sie vor Blitzschlag geschützt waren. In der Normandie war es ein Holzkreuz. In der Charente legte man zwei Eisenstücke in Kreuzform auf die Weinfässer, damit der Donner den Wein nicht »umkippen« ließ. Ebenfalls ein Eisenstück wurde in der Bretagne in die Fleischkammer gelegt, damit das Rauchfleisch bei Gewitter nicht schlecht wurde.

Auch die Tiere auf einem Bauernhof hatten Anspruch auf ständigen Schutz von dem Augenblick an, an dem sie geboren oder erworben wurden, wie auch über die ganze Zeit, in der sie arbeitsfähig waren. Ihre enge Mitwirkung am landwirtschaftlichen Leben machte sie nicht nur zu »Produktionsmitteln«, sondern auch zu Teilnehmern an allen Bräuchen auf dem Hof oder im Dorf. Das erklärt auch, weshalb es schließlich kaum noch einen Unterschied in den Zaubermitteln gab, die zum Schutz der Tiere oder der Menschen angewandt wurden. Die gleichen Gegenstände, die gleichen Pflanzen und die gleichen Heiligen halfen auch den Tieren, bewahrten sie vor Krankheit und Arbeitsunlust. Anläßlich eines Trauerfalls trugen sie Trauerflor wie die Menschen, und ihre Ställe wurden zum Zeichen der Trauer besonders markiert. Aus dem Beispiel der Windmühlenflügel, die beim Tod des Müllers in Kreuzform zum Stillstand gebracht wurden, läßt sich ersehen, wie stark auch die Umgebung der Menschen in die großen Augenblicke des Lebens miteinbezogen wurde.

Vor allem der Hühnerhof, der vorzugsweise Hexen und Raubtiere anlockte, bedurfte eines besonderen Schutzes. Wir konnten übrigens feststellen, daß alles Geflügel gleichzeitig verehrt und gefürchtet wurde, zum einen als Verkörperung des Guten und zum anderen als Verkörperung des Bösen: so war es wechselseitig Opfer und Idol. Das Ei war also logischerweise ebenfalls sowohl ein Instrument der Hexen und Dämonen wie ein Talisman zum

Allgegenwart des Kreuzes als Schutzsymbol. Türsturz eines Hauses im Périgord. 1. Speicher eines Hauses im Languedoc. 2. Speicher im Chablais. 3. Gebäude in der Limagne (Auvergne). 4. Brunnen in Cournouaille.

1

2

3

4

Schutz der Landwirtschaft, der seinerseits mit größter Sorgfalt umhegt werden mußte. So legte man zum Beispiel bei Gewitter ein Stück Eisen, Nägel, ein Hufeisen oder sogar einen Donnerstein unter das Nest, damit das Ei nicht verderben würde oder gar das noch nicht geschlüpfte Küken vor dem sicheren Tod bewahrt werden könnte. In Bresse wurden die Eier mit einem Zweig Efeu bedeckt, der von einer dem heiligen Denis geweihten Kirche stammen mußte. Im Béarn wurde etwas Wachs der an Lichtmeß entzündeten Kerze über die angebrüteten Eier gegossen. Aber nicht nur Gewitter, auch andere Schädlinge gefährden das Ei: die bloße Anwesenheit einer Kröte irgendwo auf dem Hof hält das Huhn vom Legen ab, oder sogar nur ein Strauß Primeln im Haus. In der Normandie, wie auch in anderen Gegenden, hängt man immer noch einen Raben an den Füßen in der Mitte des Hühnerhofs auf, um räuberisches Viehzeug fernzuhalten. Die Hühner in Beauce sollten besser legen, wenn man ihnen an Lichtmeß den ersten Pfannkuchen verfüttern würde. In Saintonge schütteten früher die Bäuerinnen am Fastnachtsdienstag vor Sonnenaufgang Wurstbrühe vor die Haustür: das würde den Fuchs vom Hühnerstall fernhalten. Umgekehrt aber würde Unheil über das ganze Haus gebracht, wenn die Hühner zu gewissen Jahreszeiten brüteten, wie zum Beispiel in der Karwoche oder ganz allgemein in der Zeit um die Johannisnacht.

Doppelte Aufmerksamkeit mußte gar den Tauben gewidmet werden. Wie der Hühnerhof, so mußte auch der Taubenschlag einerseits vor Raubtieren, Krankheit und anderem Unheil bewahrt werden. Andererseits aber mußte man alles versuchen, so viele Tauben wie möglich von außerhalb an den eigenen Schlag zu gewöhnen. Deshalb wurde der Taubenschlag mit Weihwasser besprengt und mit einem Palmzweig aus Buchsbaum besteckt. Der »Wolfskopf« – die runde Stielbürste zur Reinigung der Zimmerdecken – im Taubenschlag zum Schutz vor Schlangen, Ratten und anderem Klettergetier, war dagegen eher ein heidnischer Brauch. Ebenso der mit Dachsblut an alle vier Ecken geschriebene Name »Adam«. Darüber hinaus war es empfehlenswert, die Hirnschale eines menschlichen Schädels am Taubenschlag anzubringen. Sind vielleicht deshalb in zahlreichen Landstrichen die Dächer der Taubenschläge von einem kugelförmigen Stein gekrönt, oder ist dies einfach die Wiederaufnahme eines magisch-dekorativen Elements, das auch sonst beim Hausbau verwendet wird?

1

Wir haben bereits erwähnt, welche große Achtung den Bienen entgegengebracht wurde – was angesichts der Bedeutung des Honigs in einer Wirtschaft, in der Zucker Mangelware war, und wegen des großen Bedarfs an Kerzenwachs durchaus verständlich ist. Bienenstöcke wurden äußerst pfleglich behandelt, nicht nur, um die Bienen vor bösem Geschick zu bewahren, sondern auch, um sie möglichst lange an den eigenen Stock zu binden. In der Schwärmzeit zum Beispiel wurden sie mit Weihwasser besprengt. War auf dem Hof jemand gestorben, dann trug auch der Bienenstock einen Trauerflor; fand eine Hochzeit statt, dann wurde er mit einem Stück Brautschleier geschmückt. In allen Landstrichen war es üblich, zu Palmsonntag einen geweihten Buchsbaumzweig am Ausflug des Bienenhauses zu befestigen. In der Touraine war es sogar sehr wichtig, diesen Zweig ohne Umweg direkt von der Kirche zum Bienenstock zu bringen. So sollten die Bienen vor Gewitter geschützt und zur Steigerung der Honigproduktion angeregt werden. Sobald ein neuer Schwarm den Bienenstock bevölkerte, wurde am Ausflug ein kleines Holzkreuz befestigt.

Ebenso wie die Wohnhäuser wurden auch die Stallungen an Außen- und Innenwänden mit einem doppelten Schutz versehen; hier wie da wurden die gleichen Zeichen angebracht: Am Morgen des Johannistages wurden die Stalltüren mit Nußzweigen besteckt. Am Palmsonntag ließ man in der Kirche Lorbeer- und Buchsbaumzweige weihen, die dann zu Hause von der Bäuerin aufgeteilt und an den verschiedenen Gebäuden des Hofes angebracht wurden, um sie vor Blitzschlag zu bewahren. Außerdem sollte dadurch den Kühen das Kalben erleichtert werden. In der Sologne schnitt man am ersten Freitag eines Monats ein Eichenreisig, formte es zu einem Bogen und hängte es zum Schutz vor Kuhpocken in die Ställe (1).

Aber auch andere Elemente und Zeichen dienten dem Schutz des Viehbestandes: vielerorts wurden mit Kreide oder Mennige Kreuze an die Stalltüren gemalt, um die bösen Geister fernzuhalten. Für die Kreuze an den Innenwänden der Ställe nahm man das Wachs der Lichtmeßkerze. Manchmal trugen selbst die Stiere ein Kreuzzeichen auf den Hörnern. Im Elsaß waren die Stalltüren mit Drudenfüßen bemalt und mit Heiligenbildchen der heiligen Agathe beklebt, auf denen Gebete aufgeschrieben waren. Überall in Frankreich wurde unter der Türschwelle eines Stalles ein Donnerstein mit magischen Kräften eingegraben. Ein

1. Vgl. Bernard Edeine, a. a. O.

2

Die ständige Angst um die Ernte und das Vieh findet ihren Niederschlag in der Sorgfalt, mit der die an das Wohnhaus angrenzenden Gebäude verziert worden sind. Oft haben Öffnungen – wie z. B. Luftschächte, Türen und Fenster – zu gleicher Zeit funktionale und symbolische Bedeutung, wie die verschiedensten Motive an den Belüftungskaminen der Scheunen und Kornspeicher zeigen. Auch Einfluglöcher an Taubenschlägen sind ein Beispiel dafür, wie sich magisches Symbol mit ästhetischer Wirkung verbindet.

1. Taubenschlag in Auxois.
2. Belüftungskamin im Mâconnais.
3. Taubenschlag im Bourbonnais.

3

Da die meisten Gebirgshäuser aus Holz gebaut waren, boten die Fassaden und Balkone genügend Fläche zu reicher Verzierung. Was in anderen Gegenden in die Steinwände eingearbeitet wurde, wurde hier ins Holz geschnitzt: Kreuze, Kommata, Hakenkreuze, Sterne, Monde und Hörner. Diese Schutzsymbole findet man dort als Umrahmung für das Baujahr oder für die Initialen des Besitzers. Savoyen bietet besonders viele Beispiele. Motive aus Chablais und Faucigny.

2. Vgl. RTP 1904.

merkwürdiger alter Brauch wurde zu Beginn des Jahrhunderts im Bourbonnais festgestellt (2): dort wurden die Türschwellen der Ställe mit Menschenfett eingeschmiert, um die Hexen fernzuhalten. Wir haben schon weiter oben erwähnt, daß im Mittelalter menschliche Leichenteile sehr häufig zum Zweck der Abwehr von Krankheit und Unheil verwendet wurden. Etwas prosaischer war der elsässische Brauch, auf den Türschwellen eine Mischung aus Knoblauch und Stinkasant zu verteilen, die man »Teufelsmist« nannte, und deren fauliger Gestank jede Hexe vertreiben würde.

Von den Türschwellen bis ins Innere der Ställe waren die Tiere durch einen magischen Schutzschild abgeschirmt. Auf fast allen Fassaden fand man Kräuter und andere Glücksbringer; Donnersteine wurden nicht nur unter der Türschwelle eingegraben, sondern auch in die Krippen gelegt und in die Wände eingemauert. Die Kombination von vorbeugenden und unheilabwehrenden Symbolen findet sich in fast allen Bräuchen zum Schutz des Viehs. So entfernte man niemals Spinnweben – Symbol für das magische Netz – aus den Ställen. In der Franche-Comté blieb ein Stall von Krankheit verschont, wenn man eine Kröte an einem Fuß an einen Deckenbalken nagelte. In der Vendée war jedes Unheil ausgeschlossen, wenn nur ein Mistelzweig im Stall hing. Die Furcht vor Hexenzauber konzentrierte sich immer eher auf das Vieh als auf den Menschen: denn wie sollte man sich die plötzlich auftretenden Seuchen erklären, die die Herden dezimierten, oder das Versiegen der Milch bei den Kühen, das plötzliche Hammelsterben, die vergeblichen Versuche, einen Stier zu zähmen oder ein Pferd zuzureiten? Immer ließen sich Zusammenhänge herstellen zwischen den dämonischen Mächten und den Tieren, in denen sie sich verkörperten. Der Ziegenbock als bevorzugte Inkarnation des Dämons? Also stelle man einen Ziegenbock zu den Kühen oder den Pferden, um alle Angriffe abzuwehren. Und wie ist es mit Schlangen? Um diese Reptilien fernzuhalten, werfe man eine Handvoll Salz in die Streu, denn es ist ja bekannt, daß Salz ein vorzügliches Abwehrmittel ist. Übrigens waren die Schlangen nicht nur wegen ihrer Bisse gefürchtet, sondern man sagte ihnen auch nach, daß sie den Kühen die Milch entzöge. Als Maßnahme dagegen stellte man auf dem Misthaufen einen Maibaum auf und steckte Holunderzweige, manchmal auch Stechpalmen, an die vier Ecken des Stalls. Über den ständigen Schutz hinaus

Der Schutz der Tiere und d Ernten, durch viele heidnis Elemente gesichert, wurde durch den Segen der Kirche bestätigt. Segnung der Stier in der Provence.

Feier zu Ehren des St. Eligi Schutzpatron der Huftiere.

mußten aber Mensch und Tier in Abständen an den großen Reinigungsriten teilnehmen, um die bösen Geister auszutreiben, die sich möglicherweise trotzdem in Lebewesen und Gebäude eingeschlichen haben. Zu diesem Zweck goß man nach der Rückkehr aus der Kirche einige Tropfen Wachs von der Lichtmeßkerze in die Futtertröge oder auf die Joche, manchmal auch auf die Hörner, oder man zeichnete mit dem Ruß der Kerzenflamme ein Kreuz an das Gebälk des Stalles. Mit der gleichen Kerze brannte man in Lothringen ein Kreuz in die Stirnmähne eines jungen Pferdes, bevor es zum erstenmal als Arbeitstier eingesetzt wurde. In der Franche-Comté wurde die Lichtmeßkerze angezündet, wenn ein neuerworbenes Tier in den Stall gestellt wurde.

Diese Reinigungsriten waren sehr oft äußerst eindrucksvoll, manchmal nahm sogar die ganze Dorfgemeinde daran teil. In der Gegend um Arles zieht man am St.-Egilius-Tag mit einem Wagen durch die Straßen des Dorfes, vor den mindestens zehn mit Spiegeln und Bändern geschmückte Maultiere gespannt sind. Dieses Gespann wird von den Zuschauern mit lautem Geschrei begleitet, damit die bösen Geister verscheucht und der böse Blick abgewendet wird. Zum gleichen Zweck wurden früher im Bourbonnais in der Nacht zum 1. Mai große Feuer angezündet und mit Wagenrädern, lauten Schreien und Gewehrschüssen soviel Lärm wie nur möglich gemacht (3).

3. In der Nacht vor dem Heilig-Drei-Königs-Tag schellte man im Languedoc mit Kuh- oder Schafsglocken, um die Hexen zu verscheuchen.

Der 1. Mai war überhaupt überall ein wichtiger Tag: er war ein Angelpunkt im bäuerlichen Jahr. An diesem Tag schnitten die Hirten ihren Hammeln ein Stück Schwanz ab, damit sie schön fett werden sollten.

Die ganz großen Reinigungsriten fanden an Johannis statt: nicht nur das gesamte Dorf, auch das Vieh mußte an der Feuerprobe teilnehmen. So trieb man die Herden am nächsten Morgen durch die verkohlten Reste der Scheiterhaufen und streute die Asche vor die Eingänge der Stallungen. In Perche gingen die Tiere durch die »marolles«, die eigens für das Vieh entzündeten Johannisfeuer. Am häufigsten verbreitet aber war die Gepflogenheit, über den Flammen Eichen- oder Nußzweige zusammen mit Johanniskräutern hin und her zu bewegen und damit dann die Flanken und Köpfe der Tiere zu berühren. In der Touraine verbrannte man an diesem Tag die Farnstreu, die am Abend zuvor in den Ställen ausgebreitet worden war.

Neben diesen großen Riten, die die ganze Dorfgemeinschaft betrafen, wurden aber auch zusätzliche Vorkehrungen getroffen, um das Vieh vor Krankheit und Seuchen zu schützen. So durfte man unter keinen Umständen den Inhalt von Strohsäcken als Streu aufschütten, denn die Betten der Menschen wurden besonders gern verhext. Eine sehr merkwürdige Vorstellung herrschte in Bresse: dort dachte man, daß die Tauben auf ihren Flügeln Krankheiten herbeitragen und im Stall fallenlassen würden. Seltsamerweise galt das im Lyonnais für die Schwalben. In Anjou wurden die Ställe am Karfreitag besonders sorgfältig ausgekehrt, damit das Vieh nicht von Mücken und Bremsen belästigt würde.

Es kam natürlich trotzdem vor, daß die Tiere erkrankten. Selbstverständlich verfügte man über die geeigneten Mittel, die gegen die Krankheit eingesetzt werden mußten. In der Touraine zum Beispiel band man den Stallhasen ein schwarzes Band um den Hals, wenn im Stall eine Krankheit ausgebrochen war. Wenn im Poitou eine Schafherde von einer Seuche befallen wurde, räucherte man den Schafstall mit kreuzförmig zusammengebundenen Zweigen aus harzigem Holz oder stark riechenden Pflanzen aus und entzündete mit ihrer Flamme die Stallbeleuchtungen. Traten in der Auvergne die Schafpocken auf, dann begrub man unter der Schwelle der Stalltür eine Kröte, damit die kranken Tiere beim Überschreiten ihre Infektion loswürden: die Kröte würde nämlich die Seuche auf sich ziehen und sich dann in eine »pierre de pigote« oder in einen Donnerstein verwandeln. Wie dem auch sei, wir haben sehr häufig einen solchen Stein unter den Türschwellen gefunden. Der Donnerstein diente auch noch auf andere Weise zur Heilung der Schafpocken: in Lozère kochte man ihn in dem Wasser aus, das die kranken Tiere zu trinken bekamen. In anderen Gegenden nahm man dazu pockennarbig aussehende Steine, denen ebenfalls die Kraft zugesprochen wurde, die von der Seuche betroffenen Tiere zu heilen. Weihwasser und Neujahrswasser waren sehr gebräuchliche Heilmittel, desgleichen das an Gründonnerstag geweihte Salz. Aber auch gewöhnliches Salz, das man kalbenden Kühen in Kreuzform auf den Bauch streute, wirkte Wunder. In der Sologne bedeckte man Tiere, die beim Kalben Schwierigkeiten hatten, mit Spinnweben aus dem Stall. In der Touraine stach man aufgeblähten Tieren mit geweihten Stachelbeerzweigen oder Palmzweigen in den Bauch.

Die häufigste Krankheit, von der Paarhufer befallen wurden, war die Maul- und Klauenseuche, eine Infektion, die zwischen den Zehen beginnt und das Tier innerhalb kürzester Zeit verenden läßt. Je nach Gegend gab es verschiedene Varianten des gleichen Mittels dagegen: das kranke Tier wurde bei Nacht auf eine Kreuzung geführt, in die mehrere Wege einmündeten; dort wurde dann um die infizierte Klaue ein Kreis in die Erde gezeichnet. Es genügte dann, den eingekreisten Abdruck aufzunehmen und in eine Weißdornhecke zu werfen. Im Jura mußte das Tier mit dem kranken Fuß in ein Büschel Wegerich treten, das dann samt Erdballen im »tué« getrocknet wurde.

Diese Bräuche führen uns schon von den eigentlichen Gebäuden weg, aber sie zeigen, daß die gesamte Umwelt in das landwirtschaftliche Leben einbezogen wurde. Denn die Umwelt bestand für die Menschen von damals nicht nur aus Hof und Feld, sondern auch aus verschiedensten Kultstätten und allen magischen Elementen der Natur, die zur Aufrechterhaltung oder Zerstörung des allgemeinen Gleichgewichts beitrugen.

Der Mensch, die Ernte und das Vieh können nur mit Hilfe natürlicher Elemente und magischer Zeichen den vielfältigen Anfechtungen durch den Teufel, die bösen Geister und die Hexen widerstehen. Dabei spielte es keine Rolle, ob das Vieh draußen auf der Weide war oder im Stall stand: immer und überall muß darauf geachtet werden, daß es von einem undurchdringlichen Schutzwall umgeben ist. Fast überall in Frankreich befestigten die Schäfer einen Donnerstein im Vlies oder an der Glocke des Leithammels. Zum Schutz der ganzen Herde trug das Leittier manchmal auch richtige Halsketten aus Steinen um den Hals. Aber nicht nur prähistorische Gegenstände dienten als Talisman, sondern auch Monolithen, wie zum Beispiel eisenhaltige Geoden, die sozusagen als naturgeformte Schellen zum Schutz der Herden im Languedoc verwendet wurden. Aber auch der Schäfer selbst behängte sich während der ganzen Zeit, in der die Herde auf Wanderschaft war, mit Zauberkräutern und Glückssteinen, um so die Schafe noch zusätzlich zu schützen.

Muß man nicht auch in den verzierten Steinen, mit denen der Schäfer die Weide abgrenzte, die Verankerungen des magischen Netzes sehen, das Mensch und Tier schützen soll?

Verzierung am Schlußstein eines Türbogens in Corbières.

Verzierung am Schlußstein eines Türbogens in Tournès.

1780

Kontinuität und Umfang des Volksglaubens, der Bräuche und Symbole

---

Streben nach Gleichgewicht mit Hilfe von Ritualen.
Neue »Reliquien«.
Aufrechterhaltung und Allgegenwart des Glaubens.

25 FEVRIER 1920
MAI 1919
MERCI
Merci

Alles, was wir bis jetzt über Glauben, Bräuche und Symbole in der Tradition der Landbevölkerung erfahren haben, hat – wie wir feststellen konnten – in hohem Maß den Bauernhof und seine Zugänge betroffen. Die Gebäude tragen noch immer diese Spuren, und das Verhalten der Menschen zeigt, daß sie immer noch eine Rolle spielen. Es ist deshalb unmöglich, alle diese Dinge einer längst vergangenen Zeit zuschreiben zu wollen. Es wäre falsch zu sagen, daß durch die Aufklärung alles Irrationale weggewischt wurde, und daß die christliche Religion die Herrschaft der heidnischen Gottheiten gebrochen hat. Als irrational betrachtet wird doch nur die Denkungsweise, das Verständnis der Dinge einer Gesellschaft, die von einer anderen Gesellschaft mit anderer Weltanschauung und anderer Betrachtungsweise der Naturphänomene und der Menschen beurteilt werden. Die traditionelle Welt der Landbevölkerung ist nicht irrational zu nennen, nur weil sie versucht, ein Gleichgewicht herzustellen, das sie zum Überleben braucht. In der ständigen Wiederholung der rituellen Handlungen und Zeremonien versucht sie doch nur, sich dessen zu versichern. Nur durch eine Gesetzmäßigkeit in der Beziehung zwischen Mensch und Umwelt kann die Gelassenheit entstehen, mit der alle Situationen des täglichen Lebens gemeistert werden. Jedes Ereignis wird in ein bekanntes Schema eingeordnet und zieht eine Reihe von automatischen Reaktionen nach sich. Dabei wird nichts dem Zufall überlassen, da gibt es keinen Raum für persönliche Interpretation: jeder weiß, was er zu tun hat, um eine Krise zu überwinden oder um einem Angriff zu begegnen. Und jeder kennt die entsprechenden Abwehrparaden, denn sie sind Teil des überlieferten Wissens der gesamten Gemeinde.

Sei es nun Krankheit, Seuche, Tod oder Unfall: jeder weiß, wie er dem Ereignis zu begegnen hat, kennt seine Rolle in der Gruppe, um auf die Situation zu reagieren und sie schließ-

Der Kirche ist es im Lauf der Jahrhunderte unter großen Mühen gelungen, den Naturglauben der Landbevölkerung dadurch abzuschwächen – jedoch nicht gänzlich auszurotten –, daß sie an den alten Kultstätten (z. B. um Bäume, Quellen oder Steine herum) christliche Symbole wie Kreuze oder Madonnenstatuen errichtete. So hat sich im Lauf der Zeit Naturreligion mit christlicher Religion vermischt.

lich zu meistern. Nur so wird der Zusammenhalt und das Gleichgewicht in der Familie und in der Dorfgemeinschaft aufrechterhalten. So garantiert die Gemeinschaft die Wahrung und Ausübung der Bräuche. Die bäuerliche Gemeinschaft wurde besonders stark betroffen, als sich während der Zeit der Industrialisierung, im Verlauf des Ersten und besonders des Zweiten Weltkrieges, Zersetzungserscheinungen in der traditionsbewußten Landgesellschaft bemerkbar machten. Die Vorstellungswelt, die Ehrfurcht vor den Bräuchen und die Kenntnis der Bedeutung der einzelnen Symbole: all dies wurde durch die genannten Zeitläufe bis in seine Wurzeln erschüttert. Aber es verschwand nicht vollständig aus der Welt. Sitten und Bräuche, die von Wissenschaftlern zu Beginn unseres Jahrhunderts als längst vergangen bezeichnet wurden, erwiesen sich teilweise als noch durchaus lebendig. Mancher Glaube, der einer früheren Epoche zugerechnet wurde, ist immer noch weit verbreitet. Tatsächlich ist es eher die Manifestation des Glaubens, die sich gewandelt hat, als die Einstellung des einzelnen dazu. Wir haben zum Beispiel wiederholt aufgezeigt, daß Symbole mit früher magischer Bedeutung heute hauptsächlich wegen ihrer dekorativen Wirkung verwendet werden. Können wir aber mit Sicherheit behaupten, daß die Wildschweinpfote, das Wagenrad, die Hauswurz nur Dekorationswert haben, daß Palmzweig, Distel oder Brautkranz nur aus Gewohnheit im Gebrauch sind oder daß Regenprozessionen, Flurweihen, Gebete gegen Gewitter nur folkloristische Aspekte innerhalb der offiziellen Religion sind?

Wenn man insgesamt die Haltung der Individuen gegenüber der »Dekodierung«, der Interpretation von Vorgängen in der Natur betrachtet, stellt man fest, daß sich seit dem römischen Zeitalter nur wenig geändert hat. Der Steinkult, der Wasserkult, der Feuerkult und der Baumkult: sie alle sind noch immer vorhanden, auch wenn der Anlaß für ihre Manifestation ein anderer sein mag, selbst wenn die Gegenstände, auf die sich der jeweilige Kult bezieht, andere sind. Fälschlicherweise betrachten wir Häuser und ihre Zugänge lediglich als technische Umsetzung materieller Bedürfnisse, während eigentlich eine andere Interpretation erforderlich wäre. Mancher alte Glaube bezieht sich heute auf andere Dinge, manches Ritual verläuft unter anderen Begleitumständen, manches Symbol wird auf einen anderen Ursprung zurückgeführt. Wir haben in zahlreichen Gegenden festgestellt, wie sich diese Umwandlung vollzogen hat: die Plakette der Feuerversicherung, die an der Haustür befestigt ist, ist nicht nur Zeichen dafür, daß man gegen Feuerschaden versichert ist, sondern auch dafür, daß man gegen das Element selbst versichert ist. Die Plakette als solche wird so zu einem Schutzsymbol.

»... Wenn auch der Mensch die traditionellen Elemente, die er früher zur Aufrechterhaltung des Gleichgewichts benötigt hatte, nicht mehr verwendet, so versieht er sie doch insgeheim mit einer auf die Gegenwart bezogenen Bedeutung und integriert sie in den zeitgemäßen technologischen Rahmen ...« Mag es auch übertrieben scheinen, so müssen wir doch eine Beziehung herstellen zwischen der Plakette der Feuerversicherung und der Votivtafel an ein und demselben Gebäude, müssen wir uns Gedanken machen über die Bedeutung als Schutzsymbol, die jedem dieser Objekte zugesprochen wird.

HONNEUR
A
PAGES.R.MAIRE
SARTRE.C.AD
TARDIEU.R.AD
BERRONDE.R.CM
CONSTANT.C.CM
DALLE.J.CH

Wenn auch der Mensch die traditionellen Elemente, die er früher zur Aufrechterhaltung des Gleichgewichts benötigt hatte, nicht mehr verwendet, so versieht er sie doch insgeheim mit einer auf die Gegenwart bezogenen Bedeutung und integriert sie in den zeitgemäßen technologischen Rahmen. So gibt es im Zauberarsenal der ländlichen Welt noch immer verschiedene Glücksbringer, die ihre Wirkung niemals verloren haben: das Hufeisen, dessen Zauberkraft wir weit zurückverfolgt haben, gilt heute noch als Talisman. Kann man aber deshalb sagen, daß andere Glücksbringer, die wir beschrieben haben, ausschließlich der Vergangenheit angehören? Wer kann mit Bestimmtheit behaupten, daß ein früher verbreiteter und an diese oder jene Region gebundener Brauch oder Aberglaube nicht mehr existiert, solange man nicht ausschließen kann, daß er nicht doch – wenn auch in anderer Form oder weniger augenfällig – noch irgendwo lebt?

Und die bäuerliche Folklore lebt: das Interesse der Volkskunde am Bauernhaus ist größer denn je, Forschungsmaterial ist im Überfluß vorhanden. Die Naturreligion hat sich auf dem Land weder durch die offizielle Religion noch durch den Rationalismus verdrängen lassen. Sie existiert – wenn auch manchmal in abgeschwächter Form – nach wie vor. Wir konnten auch feststellen, daß einige Riten sich im Lauf der Zeit kaum gewandelt haben, manchmal nur in Details der Ausübung oder in der Weiterentwicklung der Form von Symbolen. Schutz des Anwesens vor Blitzschlag, Schutz von Mensch und Tier vor Krankheit, Erklärung der Naturelemente, Symbole für Glück oder Unheil, die Heil- oder Zauberkraft von menschlichen oder tierischen Relikten und gewissen Haushaltsgegenständen, die segen- oder unheilbringende Bedeutung bestimmter Gerätschaften oder die Schutzwirkung gewisser Markierungen, Zeichen und Figuren: all dies hat sich erstaunlicherweise seit den Anfängen der Geschichte bis in unsere Zeit erhalten. Hakenkreuz und Kreuz gelten seit der präromanischen Zeit bis ins zwanzigste Jahrhundert als magische Zeichen; der Donnerstein gilt seit dem Mittelalter bis in unsere Zeit als Talisman; die Kirche kämpft seit ihrem Bestehen gegen den Baumkult an; seit jeher wird vor Baubeginn eines Hauses ein Tier geschlachtet oder man vergräbt Geldstücke im Baugrund, und immer schon wird zum Richtfest ein Richtkranz aufgezogen. Aus fast allen Forschungsergebnissen über das Bauernhaus lassen sich ähnliche systematische Schlüsse ziehen. Wo dies nicht der Fall ist, wo es scheint, als sei die Linie unterbrochen, da ist es immer noch möglich, daß dies lediglich den Autoren des Altertums oder des Mittelalters entgangen ist, die ihre Zeit beschrieben haben.

Bei einigen dieser Symbole, Gegenstände, Sitten und Gebräuche wird deutlich, wie unver-

Wurde früher der Maibaum grundsätzlich in der Nacht zum 1. Mai errichtet, so wird er heute – entgegen seiner ursprünglichen Bedeutung – hauptsächlich dann aufgestellt, wenn im Dorf ein besonderes Ereignis gefeiert wird, so z. B. als Hochzeitsbaum, um anzuzeigen, daß die Gemeinde um eine künftige Familie vergrößert wurde. Oder als Gedenkbaum zu Ehren der Abgeordneten, die bei einer Gemeinde- oder Kantonalwahl gewählt wurden. Maibaum im Languedoc und im Burgund.

ändert der Mensch sie handhabt oder darauf reagiert. Das Hakenkreuz – das Sonnenrad – scheint neben dem Kreuz das älteste magische Zeichen zu sein. Es wurde auf Mauerresten des antiken Troja aus dem zweiten Jahrhundert vor Christus entdeckt, es erscheint auf Vasen aus allen griechischen Epochen, auf keltischen Schmuckstücken, auf Gegenständen aus römisch-gallischer Zeit, auf Runensteinen, auf Waffen der Westgoten und an mittelalterlichen Gebäuden. Aber auch in der Neuzeit ist es zu finden: wir haben festgestellt, daß es in zahlreichen Gegenden Frankreichs eines der häufigst verwendeten Motive zur Verzierung der Bauernhäuser des sechzehnten bis neunzehnten Jahrhunderts ist. Und obwohl der Sonnenkult seit langem nicht mehr existiert, hat es seinen Charakter als Zeichen des Schutzes bewahrt. Wie bereits erwähnt, wurde das Kreuz im gesamten Verlauf der Menschheitsgeschichte als apotropäisches und prophylaktisches Zeichen angesehen.

Ebenso erstaunlich ist es, daß der Donnerstein nichts von seiner Zauberwirkung als Schutzbringer verloren hat. Durch die Jahrhunderte hat sich der Glaube gehalten, daß Steinäxte und Pfeilspitzen nicht nur – wie ihnen ursprünglich zugesprochen wurde – vor Donner (sprich Gewitter) schützen, sondern darüber hinaus auch vor bösen Geistern und Krankheit. Auch dies ist als ein Aspekt der Manifestation des Steinkults zu sehen: Steine, die man als Talisman oder besonders als Grabbeilagen verwendete, wurden seit dem keltischen und romanischen Zeitalter in der armen Landbevölkerung ebenso verehrt wie in der »aufgeklärten« Oberschicht der Gesellschaft. Es gibt Zeugnisse dafür, daß bis kurz vor Ausbruch des Zweiten Weltkrieges kein Haus gebaut wurde, das nicht von einem Donnerstein geschützt war. Selbst wenn spätere Forschungsberichte nichts darüber aussagen, gibt es keinen Beweis dafür, daß diesen Steinen nicht heute noch magische Kräfte zugesprochen werden. Man muß es sogar annehmen, da wir in einigen Gegenden (Bourbonnais, Poitou und Burgund) feststellen konnten, daß Ammoniten und durchlöcherte Steine die gleiche Bedeutung wie früher haben, selbst wenn sie nur als »Dekoration« angebracht werden.

Auch die magische Kraft, die dem Ei zugesprochen wird, scheint längst versunkenen Kulturen zu entstammen: bei den Ägyptern war es Symbol für das Weltall, bei den Phöniziern verkörperte es das Göttliche, den Hebräern diente es als kultische Speise zu Ostern, die Römer trugen es bei Prozessionen zu Ehren der Göttin Ceres mit sich. Seit dem Mittelalter bis in die Neuzeit war das Ei bei uns ein magischer Gegenstand.

Wenn man die Zeit zurückdreht, kann man auch feststellen, daß im Volksglauben schon immer vom Eisen eine magische Kraft ausgegangen ist. Das trifft sowohl auf das Hufeisen zu

An Karneval wird die Erneuerung der Natur beschworen. Mit künstlichen Blumen an immergrünen Nadelbäumen soll der Sieg des Lebens über die winterliche Trauerzeit symbolisiert werden. Christianisierte Version des Baumkults.
Buchsbaum in der Normandie.

wie auf das Eisen, mit dem geweihte Pflanzen geschnitten wurden, oder das Stück Eisen, das vor Gewitter und dem bösen Blick schützte.

Was schließlich die Riten betrifft, so läßt sich feststellen, daß der Maikult durch die Jahrhunderte hindurch ein charakteristisches Beispiel für die primitive Verehrung des Baumgottes war. Die Verehrung von Bäumen hat in gewisser Weise nie zu existieren aufgehört, sei es nun die Eiche bei den Kelten, die Esche bei den skandinavischen Völkern oder die Bäume bei den Griechen und Römern, in denen ihre Götter verkörpert waren (z. B. Zeus in der Eiche, Apollo im Lorbeerbaum, Minerva im Olivenbaum). Die Geistlichkeit Karls des Großen forderte vergeblich das Verbot des Baumkults, und auf allen mittelalterlichen Konzilen der katholischen Kirche wurde er verdammt. Im 16. Jahrhundert forderte die Kirche noch einmal das Verbot der heidnischen Feiern zum 1. Mai, bei denen ein Baum mit großem Gepränge durch die Straßen der Dörfer und Städte getragen und auf dem Marktplatz oder vor dem Haus des Bürgermeisters aufgestellt wurde. Noch während der Französischen Revolution galt die größte Verehrung dem Baum der Freiheit. Bis heute ist der Maikult der verbreitetste Brauch in Frankreich: die Maigöttin ist noch nicht tot.

Daß die Bräuche noch immer aufrechterhalten werden, daß die Symbole noch immer Gültigkeit haben, ist eindeutig ihrer Universalität zuzuschreiben. Kein Element scheint – zumindest in seinem Kern – nur für eine bestimmte Gegend zu gelten, auch wenn seine jeweilige äußere Form mehr oder weniger große Variationsmöglichkeiten aufweist. Eine Landkarte, auf der dieser oder jener Aspekt der alltäglichen Bräuche aufgezeigt wäre, oder auch ein Verzeichnis aller verwendeter Symbole würde deutlich machen, wie weitverbreitet der Volksglaube in bezug auf den Bauernhof und seine Umgebung ist. Diese Feststellung ließe sich auch auf weitere Lebensbereiche ausweiten. Doch die Wissenschaft hütet sich davor, als allgemeine Tatsache anzuerkennen, was aufgrund von Untersuchungsergebnissen an einigen Orten in verschiedenen Gegenden festgestellt wurde, die weit entfernt voneinander liegen.

Die offensichtliche Vormachtstellung gewisser Regionen hinsichtlich der Verzierung mit symbolischen Zeichen oder der rituellen Gepflogenheiten darf nicht zu falschen Schlüssen verleiten. Oft beruht sie nur darauf, daß eben diese Regionen besonders intensiv erforscht wurden. Untersuchungen über das Elsaß, die Bretagne oder das Baskenland, Landstriche, die traditionell als Beispiel herangezogen werden, lassen sich nicht ohne weiteres auf das Bourbonnais, den Poitou oder die Franche-Comté anwenden. Ob es sich um Glauben und

Mehr oder weniger grotesk anmutende Karnevalsumzüge symbolisieren die Freude über das Ende der Todesruhe in der Natur. Puppen, die die bösen Wintergeister verkörpern, werden verbrannt. Im Norden Frankreichs existieren noch zahlreiche Karnevalsbräuche, in anderen Gegenden nur noch vereinzelte.
Karnevalspuppen in einem Dorf in Burgund.

Riten handelt, ob es um das Johanniskraut oder den Donnerstein und das Weihnachtsscheit geht, ob um den Hauskobold oder um die Achtung vor dem Brot und um den Eierbrauch am Karfreitag: in allen Regionen lassen sich verblüffende Analogien, wenn nicht gar exakte Übereinstimmungen in den Verhaltensweisen feststellen. Wir müssen uns also fragen, ob es überall die gleiche Furcht vor Naturphänomenen war, die zur Entstehung von Mythen, von Rezepten für Zaubermittel und von bestimmten Vorkehrungen beigetragen haben. Vielleicht kann uns die Rückverfolgung aller Sitten und Bräuche bis in die Zeit der Urbarmachung des Landes darüber Aufschluß geben.

Wenn man das Problem nicht nur national, sondern weltweit betrachtet, läßt sich in der Tat feststellen, daß sich bestimmte Vorstellungen, Riten und Symbole der verschiedenen Regionen des Landes auch außerhalb Frankreichs, ja sogar außerhalb Europas, in ähnlicher Form wiederfinden lassen. Nehmen wir zum Beispiel den Kult um die prähistorische Axt, der sich durch die Jahrhunderte hindurch überall in Frankreich systematisch erhalten hat. In seiner Arbeit über den prähistorischen Charakter der französischen Folklore zählt P. Saintyves alle die europäischen, afrikanischen, asiatischen und amerikanischen Länder auf, in denen dieser Kult existiert und in denen sehr oft sogar die Bezeichnung für diese prähistorischen Werkzeuge identisch ist: Blitzstein, Donnerstein, in Skandinavien »Stein des Thor«. Dieser Stein scheint überall eine ähnliche Faszination ausgeübt zu haben, überall werden ihm Zauberkräfte zugesprochen – manchmal böse, sehr viel öfter jedoch gute –, und man bedient sich seiner, um die Ernte zu schützen, das Unwetter fernzuhalten, Regen herbeizurufen oder auch Wunden zu heilen. Ebenso weitverbreitet ist das Sonnenrad, das Hakenkreuz als magisches Symbol des Schutzes. Man findet es in Indien und Südamerika ebenso häufig wie in Europa oder Afrika.

Besonders zu erwähnen sind allerdings die Vorstellungen und Riten, die mit dem Wohnen verbunden sind und die überall gewisse Ähnlichkeiten aufweisen. Die Riten anläßlich des Baubeginns oder Bauendes, die wir bereits beschrieben haben, finden sich praktisch identisch in Ländern außerhalb Frankreichs. Das Opferritual bei der Grundsteinlegung ist auch in Griechenland bekannt, wo zum Beispiel ein Hammel oder ein Hahn geköpft wird, mit dessen Blut die Fundamente des Hauses übergossen werden. In Afrika wird sehr oft ein Huhn geopfert und am Bauplatz vergraben. Wir haben bereits an anderer Stelle aufgezeigt, daß bis zum neunzehnten Jahrhundert in Frankreich auf einem künftigen Bauplatz ein Tier aus dem

Geflügelhof vergraben wurde. Ähnliches gilt auch für andere Länder der Erde: in weiten Teilen Afrikas kennt man den Brauch, Lebensmittel als Opfergabe zu verscharren. Ihr Verschwinden galt als Zustimmung der übernatürlichen Mächte zum Bau eines Hauses. Das Richtfest wird in Griechenland begangen, indem am Firstbalken zwei »paides« (Matten aus Maisstroh) befestigt werden und darüber ein Holzkreuz errichtet wird, das mit Zweigen und Blüten geschmückt ist. Auch dieser Brauch ist durchaus vergleichbar mit dem Richtstrauß, den man in Frankreich kennt.

In vielen Fällen haben die gleichen Gegenstände die gleiche Zauberkraft. Was sind die Steine, die in Marokko die Dachterrassen umsäumen und den bösen Blick abwehren sollen, anderes als die steinernen Giebel- und Kaminabschlüsse auf zahlreichen französischen Häusern? Was soll man aus dem Glauben an den guten oder bösen Einfluß gewisser Pflanzen schließen? In Albanien zum Beispiel meidet man ebenso wie in Frankreich den Schatten des Nußbaums; Johanniskräuter dienen in Rußland wie in Frankreich zum Schutz des Hauses; Holunder hält in Sizilien wie in der Bretagne Schlangen aus den Ställen fern; Ginster vertreibt Krankheit und böse Geister ebenso in Rußland und Italien wie im Poitou oder Limousin. Der Kult um das Wasser, das in der Johannisnacht geschöpft wird, existiert gleichermaßen in Portugal oder Schweden wie in Lothringen.

Alles in allem sind dies keine »Hirngespinste der Landbevölkerung, die vom allgemeinen Gedankengut abweichen«, oder gar »durch Verkalkung verursachte Ausgeburten der Phantasie«, mit denen sich Riten und Vorstellungen aus der ländlichen Tradition in Frankreich erklären lassen. Vielmehr ist zu erkennen, daß dieser Grundgedanke, diese Theorie einer engen Beziehung zwischen Mensch und Umwelt seit jeher für die gesamte Menschheit gültig ist. Die Reaktionen der Landbevölkerungen auf Naturgewalten und -phänomene lassen sich nicht auf örtlich begrenzte folkloristische Tradition reduzieren, sondern sie sind vielmehr Teil eines universellen Gedankenguts. Man muß also den Rahmen viel weiter stecken, wenn man das Verhalten des Landmenschen gegenüber seinem Wohnort näher betrachtet.

1

2

1. Prunkvolle Verzierung einer Haustür in Lothringen. 2. Einfach Verzierung an einem Türsturz im Périgord. Zahlreiche Bräuche ranken sich um das Wasser: Wasserkult zur Sonnwende, Trauerschmuck am Hofbrunnen zum Tod des Bauern, Blumenopfer am Brunnen zum Neujahrstag. Heiligenstatuen auf den Brunnen sind lediglich eine christianisierte Version dieses Kults.
Brunnen im Contentin.

Das Bauernhaus in der Tradition: eine Stätte des Brauchtums, eine Arche

Das traditionelle Bauernhaus zeigt sich uns in allen Details seiner Bauweise und Nutzung nicht nur als ein Ort des materiellen Schutzes seiner Bewohner, sondern auch als Stätte des Brauchtums im ständigen Bestreben der Menschen, ein Gleichgewicht zu den natürlichen und übernatürlichen Gewalten zu schaffen. Die bäuerliche Tradition, Glaube und Bräuche einer Landbevölkerung, die wir bis jetzt aufgezeigt haben, vermitteln uns das Bild von Menschen, die in ständiger Furcht vor Naturereignissen leben, die sich den Ereignissen ausgeliefert fühlen und nie sicher sein können, was die Zukunft bringen wird. Alles in allem ist das ein Bild des Ungleichgewichts. Dabei ist es nicht gesagt, daß dieses Bild korrekt ist. Sicher hat die Unwissenheit über die tatsächlichen Abläufe von Naturphänomenen bewirkt, daß die Bauern, deren tägliches Leben von klimatischen und erntebedingten Schwankungen abhing, sich ein Schema zurechtgelegt haben, in das sich jedes Ereignis nahtlos einfügte. Sicher hat die Unwissenheit über den Ursprung von Krankheiten dazu geführt, daß jedes Leiden als teuflisches Machwerk oder als Strafe Gottes angesehen wurde. So nahm die empirische Wissenschaft zunächst an, daß alle Gegenmaßnahmen nicht so sehr dazu dienten, das Übel selbst zu bekämpfen, als vielmehr dazu, den Dämon auszutreiben oder die Heiligen gnädig zu stimmen. Es ist aber eher richtig, daß der Mensch sich deshalb so wappnet, um auf alle Phänomene eine Antwort zu haben, auf alle Ereignisse reagieren zu können und sich so ein Gegengewicht gegen die äußeren Einflüsse zu schaffen. Hierin liegt die Logik ihres Verhaltens. Denn kein Mensch steht dem Unbekannten allein und verlassen gegenüber: er verfügt über ein ganzes Repertoire an Zeichen, Gesten, Worten und Rezepten, die innerhalb der Gemeinschaft entstanden und allen bekannt sind und die ihn in gewisser Weise doch selbst über seine Zukunft bestimmen lassen.

Innerhalb dieses Rahmens muß man untersuchen, welche Bedeutung das Wohnen für die Landbevölkerung hat. Die Wohnung ist immer mit in das Regelwerk aufgenommen, dem die

»... In der langen Tradition der Landbevölkerung beschränkte sich das Streben nach Schutz in einer Welt, die gleichzeitig Feindin und Verbündete war, nicht nur auf die einzelnen Personen, sondern es erstreckte sich auf ihr gesamtes Hab und Gut. In dieser Welt will sich der Mensch vor den Eingriffen übernatürlicher Mächte schützen, die jeden Augenblick das Wohlergehen und das Gleichgewicht, das in täglicher Arbeit aufrecht erhalten wird, in Frage stellen ...«

Haus in Chalosse.

gesamte Wirtschaft – und darüber hinaus die ganze Natur – unterworfen ist. So kann sie dem Menschen nie ganz gehören: er gelangt nur in ihren Nutzen, wenn alle anderen Mächte zufriedengestellt sind. Der Brauch, eine Parzelle des bestellten Feldes brachliegen zu lassen und darauf die Reste der Mahlzeiten auszugießen, hat diese Bedeutung. Jede Nutzung der Natur erfordert einen Ausgleich, jeder Ertrag muß geteilt werden. Das Haus wird dem Menschen erst dann übereignet, wenn er die Mächte, die früher dort hausten, darum gebeten und ihnen Tribut gezahlt hat. Selbst dann ist er nicht alleiniger Nutznießer dessen, was er sich errichtet hat. Im Gegenteil: jeden Augenblick steht er vor der Entscheidung, sich mit einer feindlich gestimmten Macht entweder auszusöhnen oder sie vertreiben zu müssen, indem er Gegenmächte eingreifen läßt. Mag es der Kirche in den zwanzig Jahrhunderten ihres Bestehens gelungen sein, alle bösen Mächte unter einem einzigen Begriff und Namen zu vereinen: dem Teufel, so mußte sie doch versagen, als es darum ging, alle guten Kräfte einheitlich zusammenzufassen. Die guten Götter, der Steingott, der Wassergott und der Waldgott, werden noch immer angerufen, wenn Haus, Mensch und Vieh des besonderen Schutzes bedürfen – auch wenn sich diese Götter mittlerweile unter dem Deckmantel der offiziellen Religion und in den Gewändern der Heiligen verbergen (1). Aber selbst ein Waldgott ist dem großen Zyklus der Sonne unterworfen, der Sommersonnwende und der Wintersonnwende, die den Rhythmus der Natur, die tägliche Arbeit und den Glauben der Menschen bestimmen.

1. Die Heiligenverehrung durch die ländliche Bevölkerung erinnert an die Verehrung des zweigesichtigen Gottes in der Antike: das Bildnis verkörpert zugleich das Gute und das Böse.

Die Beziehung zwischen Sonnenstand und dem Leben der Natur ist in der Überzeugung dieser traditionsbewußten Gesellschaftsschicht nicht auf die Nutzpflanzen beschränkt. Alles, was lebt und ist, der ganze Jahresablauf, hängt von ihr ab. Die Bräuche in Haus und Natur sind eng an die Jahreszeiten gebunden. Der Bauernkalender gibt Anweisungen für Felder, Menschen, Tiere und Wohnungen – wobei die Wohnung nicht als Fremdkörper in der Natur betrachtet wird. Selbst durch Bearbeitung verliert ein Rohmaterial nicht sein natürliches Leben. Ebensowenig verlieren Kräfte, die draußen wirken, innerhalb der Mauern eines Hauses ihre Stärke. Sie leben dort wie anderswo, bewohnen das Haus Seite an Seite mit dem Menschen. In der Vielfalt der Zeichen und Markierungen, die von der weiten Umgebung bis zum Bettpfosten reichen, zeigt sich der geschlossene Wirkungsbereich der Bräuche und das daraus resultierende Gleichgewicht der Kräfte. Der Schutz des Hauses und des Feldes, der Menschen und der Tiere wird durch dieselben »magischen Werkzeuge« und Rituale erbeten und sichergestellt: Johanniskräuter, Weihnachtsscheit, Steinaxt, geweihter Buchsbaum, Salz, Neujahrswasser, Eisen, Kreuz, Kreis, Stern, Sonnenrad, Hufeisen, Ammoniten, Karfreitagseier ... es gibt kein Element, das nicht dazu dient, jeden Ort, jedes Lebewesen und jedes Ding zu beschützen.

Seit Anbeginn versucht die katholische Kirche die Orte zu christianisieren, die als Tummelplätze für böse Mächte dienen sollen – wie z. B. Wegkreuzungen –, oder die durch einen geheiligten Baum oder eine Wunderquelle große heidnische Pilgerzüge anlockten. Sichtbare Zeichen dieser Christianisierung sind in Frankreich die besonders zahlreichen Kalvarien an Wegkreuzungen oder an den Stellen, wo früher heilige Bäume standen.
Wegkreuz im Poitou.

Jedes dieser Elemente vereinigt in sich wechselweise, je nach Gegebenheit, die Macht des Guten und des Bösen. Ein Mensch mit dem bösen Blick kann zum Beispiel Gewitter vertreiben, der Ziegenbock – sonst Verkörperung des Teufels – hält den Stall von Krankheiten frei, das Eisen, das als besonders negative Substanz gilt, verjagt Blitz und böse Geister, der Besen ist das Werkzeug der Hexen und vertreibt böse Geister, Wegkreuzungen sind ein Ort der Furcht und gleichzeitig der Teufelsaustreibung. Jedes Element ist zugleich Gift und Gegengift, teuflisch und göttlich, von extrem entgegengesetzter Doppeldeutigkeit. So ist auch das Haus Bestandteil dieser Doppeldeutigkeit im Leben der Landbevölkerung. Es ist zugleich Zufluchtsort und Kampfstätte der gegnerischen Mächte. Zum Schutz vor diesen Mächten wird das Haus hinter einem ganzen Wall von Zauberwaffen verbarrikadiert, und trotzdem sind Haus, Türen, Fenster und Kamine voll funktionsfähig für alle Tätigkeiten, die den Tagesablauf des Menschen bestimmen. Der Mensch weiß, wo sein Platz ist, kennt die Rolle, die er spielt. Er kennt sowohl Bedrohung als auch Schutz der Mächte, die dem Haus innewohnen. Ein Gewitter zieht auf? Er hat einen Donnerstein im Dachstuhl, die Hauswurz auf dem First, Johanniskraut im Herdfeuer, die Lichtmeßkerze, die Sense vor der Tür, Weißdorn an der Hausecke, Kesselhaken, die sich dem Unwetter entgegenrecken, Bittgebete an die heilige Barbara ... Er hat jedes Ereignis unter Kontrolle, aber er weiß auch, daß er ständig auf der Hut sein muß und daß er nie allein ist, selbst wenn Türen und Fensterläden fest verriegelt sind.

Die ständige Sorge des Menschen, seine Umgebung trotz dieser Ängste zu beherrschen, erstreckt sich auf das gesamte Gebäude, innen wie außen. Vom Maibaum im Hof bis zu den Dachziegeln, von den magischen Zeichen an Fassaden oder Tür- und Fensteröffnungen bis zur Verwendung des »richtigen« Baumaterials, von der Position des Bettes bis zu den Schnitzereien an den Möbeln: nichts wird dem Zufall überlassen, alles trägt zum Kampf gegen die bösen Mächte bei.

Angesichts einer so äußerst gewissenhaften Organisation muß man sich mit Recht fragen, ob nicht das Bauernhaus der Spiegel des Volksglaubens ist, in dem die von uns erwähnten Symbole lediglich ergänzendes Zubehör einer komplexen Struktur sind, die eine ganz bestimmte Weltanschuung ausdrückt – kurz gesagt, ob nicht das Haus ein »Teil des Schöpfungsmythos« ist.

Zur Bekräftigung dieser Hypothese sei angeführt, daß die Menschen dieser Gesellschaftsschicht nicht nur Gegenstände, Symbole oder Örtlichkeiten mit positiven oder negativen Werten belegten, sondern auch bestimmte Entfernungen. Wir haben bereits erwähnt, daß in manchen Gegenden eine Kuh, deren Milch versiegt ist, auf dem Feld ein Dreieck abgehen

Wegkreuz im Bourbonnais.

muß. Wir haben außerdem wiederholt über die magische Kraft des Kreises zum Schutz der Menschen, der Ernte oder des Viehs gesprochen. Die Nutzung eines Geländes und die Ausdehnungen des kultischen Raums mußten in einer eindeutigen Beziehung zueinander stehen. Haben denn die Baumeister von früher nie die Übereinstimmung des Wohnraums mit den vorhandenen Kultstätten untersucht? Die Anordnung und Aufteilung des Hausinneren folgt nämlich einem allgemeinen hierarchischen Plan. So befand sich zum Beispiel in einigen Gebieten die Herdstelle bis ins 19. Jahrhundert im Mittelpunkt des Gemeinschaftsraums. Die zentrale Lage zeigt, wie wichtig und symbolträchtig das Feuer war. Als in anderen Gegenden etwa ab dem 14. Jahrhundert die Feuerstelle vom Hausmittelpunkt zur Giebelwand verlagert wurde, mußte ganz sicher nicht nur die Einrichtung und Organisation des Raumes umgestellt werden, sondern auch die hierarchische Position von Menschen und Dingen neu festgelegt werden. Der Standortwechsel der Feuerstelle war wahrscheinlich schuld daran, daß die Hierarchie innerhalb der Hausgemeinschaft noch mehr erstarrte. Eine Rangordnung in einem Kreis auszumachen ist schwierig. Aber sie ist unmißverständlich klar in einem Raum, der die Form eines Rechtecks hat.

Die Geschichte der Menschheit zeigt noch weitere Tatsachen auf, die zum grundsätzlichen Verständnis der Verhaltensweisen beitragen. Sie zeigt aber auch, wie schwierig es ist, in einem determinierten Lebensraum für diese oder jene Erscheinung Beweggründe anzuführen, die durch jahrhundertelange Tradition Ewigkeitswert zu besitzen scheinen. Die enge Verbundenheit zwischen Mensch und Tier, die Rangordnung des Viehs im sozialen Gefüge, alles, was uns heute nur schwer verständlich erscheint, muß im Rahmen eines reibungslosen Zusammenlebens gesehen werden, das fast bis in jüngste Zeit, zumindest für die unteren sozialen Schichten, als Existenzgrundlage galt.

Bevor Kühe und Geflügel ein eigenes Domizil zugewiesen bekamen, lebten sie unter einem Dach mit der Familie, hatten denselben Tagesrhythmus, wärmten sich am selben Feuer, wurden mit denselben Nahrungsmitteln gefüttert. Um die enge Verbundenheit des Menschen mit der Natur verstehen zu können, muß man wissen, daß die Häuser lange Zeit überhaupt nicht »verkleidet« waren, daß die Erde als Fußboden diente und das Stroh- oder Steindach als Decke. Aus dieser Verbundenheit wird auch erklärlich, weshalb in manchen Gegenden die Wohnungen halb im Erdreich versenkt wurden: das Haus ist so Teil der Natur, nicht etwas künstlich Hinzugefügtes, es ist erdverbunden, es lebt aus der Erde. In diesem Kontext muß man die Beziehung sehen, die in der bäuerlichen Gesellschaft zwischen Wohnraum und Schöpfungsmythos hergestellt wurde.

Die Anordnung der Gebäude und oft des ganzen Dorfes richtete sich nach landschaftlichen und klimatischen Bedingungen. Aber ebensogut kann sie getroffen worden sein, um den Anforderungen der übernatürlichen Mächte gerecht zu werden. Die Proportionen der

»... Diese Weltanschauung verbietet es uns, das Bauernhaus lediglich als Anhäufung mehr oder weniger ›edler‹ Materialien anzusehen oder als mehr oder weniger kundige Zusammenstellung von Holz und Stein, von Erde und Stroh oder gar als mehr oder weniger bizarre Nebeneinanderstellung von Ausdehnung und Geräumigkeit. Die Verbundenheit mit seinem Haus ist für den Menschen ebenso eng, wie die mit seiner Landwirtschaft und seinem persönlichen Besitz ...«

Landschaft in Brie.

Gebäude werden – wie man weiß – von der Beschaffenheit der Baustoffe diktiert (besonders die Spannweite des Daches von der Länge der zu Dachbalken verarbeiteten Bäume). Aber genausogut können sie eine symbolische Sprache sprechen, die sich unserer Kenntnis entzieht. Der Bereich, der im Haus den Gegenständen und Tätigkeiten zugewiesen wird – der übrigens regional bemerkenswert unverändert seit jeher Übereinstimmungen aufweist –, spiegelt wahrscheinlich mehr wider als funktionelle Raumaufteilung, zumal auch in anderen Agrargesellschaften ähnliche Einteilungen festgestellt wurden. Die Übereinstimmung von Gedankengut, Bräuchen und kultischen Gegenständen, die wir schon weiter oben festgestellt haben, erlaubt uns, hinsichtlich des Konzepts der Raumaufteilung die gleichen Schlüsse zu ziehen.

Baufälliges Gehöft in Caux.

Im Augenblick kommen wir über dieses hypothetische Stadium noch nicht hinaus. Aber es scheint uns an der Zeit, den Rahmen zu sprengen, in dem das Bauernhaus nur als technisch-funktionales Gebilde dargestellt wird. Gewiß hat die Anpassung an die Beschaffenheit der Umwelt diese oder jene spezifische Form oder Technik zur Folge, die eine Analyse wert ist. Ganz bestimmt wurde aufgrund des ethnischen Ursprungs der Bevölkerung in dieser oder jener Gegend eine bestimmte Bauweise entwickelt. Aber der Glaube der Menschen, ihre Ängste und ihre stummen Fragen an das Universum, ihre Erschaffung und ihr Werden, drücken sich auch in der Art und Weise aus, wie sie wohnen und leben. Das Bauernhaus ist also nicht nur »Produktionsmittel«, »landwirtschaftliches Zentrum« oder »Zufluchtsort«, sondern auch ein Mikrokosmos innerhalb der Gesellschaft, eine Stätte des Kults, eine Arche.

ÜBERSICHT ÜBER EINIGE BEDROHUNGEN FÜR DAS BAUERNHAUS UND DIE JEWEILIGEN GEGENMASSNAHMEN

GEGEN	SCHUTZMASSNAHME
FEUER	Beifuß; magisches Quadrat auf Teller, der ins Feuer geworfen wird; am Johannistag gepflückte Distel; auf den Kamin gezeichnetes Kreuz; Milch von schwarzen Kühen; Karfreitagsei; Himmelfahrtsei; Holzscheit vom Johannisfeuer.
BLITZ	Beifuß; Weißdorn; entrindete Zweige, die am Bittsonntag geweiht werden; Weihnachtsscheit; Holzscheit vom Johannisfeuer; Lichtmeßkerze; Kreuz auf dem Kamin; Kreuz auf der Getreidemühle; Blatt vom Nußbaum (gepflückt vor Sonnenaufgang des Johannistags); Versteinerungen; Mistel von einer Eiche (ins Feuer geworfen); Hauswurz; Lorbeer; prähistorische Gegenstände; Eier vom Karfreitag, von Himmelfahrt oder Weihnachten; Steine auf der Getreidemühle; geweihter Zweig (ins Feuer geworfen); Glockenläuten; Heiligen- oder Madonnenstatuen; Distel vom Johannistag.
UNWETTER	Geweihter Buchsbaum; Lichtmeßkerze; Kirchturmgeläut; Nägel unter bebrüteten Eiern; Fußtritt des Pfarrers gegen die Wolken; Werfen von Kesselhaken gegen die Wolken; Weihwasser; umgedrehte Sense; Eisen unter bebrüteten Eiern; Hufeisen unter bebrüteten Eiern; Axt; Steinaxt unter bebrüteten Eiern; Johanniskraut; Eier von Himmelfahrt; Kesselring; Zwillingsäpfel; Gebete an die heilige Barbara; Gebete des Priesters; Salz; Kreuzzeichen; Schwenken von geweihten Kuhglocken; Weihnachtsscheit.
INSEKTEN UND NAGER	
Raupen	Ammoniten; Zauberformel auf um Baum gewickeltem Papierstreifen; durchlöcherte Steine; Gebete an die heilige Gertrud; eine Parzelle auf der Gemarkung für sie freihalten.
Ameisen	Kreuz aus Buchsbaum am Türstock.
alle Insekten	Gebete des Priesters.
Fliegen	Sardinenkopf am St.-Markus-Tag annageln; am Karfreitag Stall reinigen.
Flöhe	Blatt vom Nußbaum; am Johannistag mit einem Haselstock auf das Kopfende des Bettes schlagen; Holzscheit vom Johannisfeuer.
Wanzen	Mit Rinderleber oder Zwiebel über Bettpfosten streichen.
Ratten	Ihnen Brot vom Nachbarn geben; Blumen von der Fronleichnamsprozession in die Rattenlöcher; Papier mit der Aufschrift »heute ist Eutropius-Tag« in die Löcher; eine Ratte über die Flammen halten und sie freilassen.
Mäuse	Blumen von der Fronleichnamsprozession in die Mauselöcher; Heu unter die Streu mischen.
Bremsen	Am Karfreitag Stall reinigen.
Maulwürfe	Eine Parzelle auf der Gemarkung für sie freihalten.
Würmer und Maden	Geweihter Buchsbaum im Viehfutter; Asche vom Johannisfeuer (im Käse); Johanniswasser (im Käse).

GEGEN	SCHUTZMASSNAHME
SCHLANGEN	Weißdorn; Basilikum; Esche (Zweig); Milch von einer zum erstenmal gemolkenen Kuh an Weißdorn oder einen Markierungspfahl gießen; Maibaum auf dem Misthaufen; Dachsblut; Salz auf die Streu streuen; Holunder; Plafondbürste.
KOBOLDE	Geweihter Buchsbaum unter dem Kopfkissen; Stein auf der heißen Herdplatte; Lichtmeßkerze; offenes Messer auf der Brust des Schlafenden; Kreuzzeichen auf dem Bett; mit überkreuzten Armen schlafen; Pflugschar; sie ansprechen; Hirse, Schnupftabak, Hafer und Getreide ausstreuen.
HEXEN ALPTRÄUME	Knoblauch; Beifuß; umgedrehter Besen; Stecken vom Mispelstrauch; Bildchen der heiligen Agathe; entrindeter und am Bittsonntag geweihter Zweig; Lärm am Dreikönigstag oder 1. Mai; Heidekraut; Buchsbaum; krähende Hähne; Katze (ein Stückchen vom Schwanz abschneiden); Lichtmeßkerze; rote Farbe; weißes Kreuz auf der Fassade; Kreuz aus Strohhalmen am Bett; rotes Kreuz über der Tür; Unterhose am Türschloß mit einem Eimer Wasser darunter; Weihwasser; Fenchel; Farn; Johanniskraut; Stechpalme; Lorbeer; geopferte Amsel; Eisenstück; nach Sonnenuntergang ausgebrütetes Ei; Maulwurfknochen; Salz; Eisenkraut.
BÖSER BLICK UNHEIL	Beifuß; Weißdorn; umgedrehter Besen; Basilikum; Eschenzweig; Tannenzweig; Lärm am 1. Mai; Schreie von angebundenen Katzen; Fledermaus (angenagelt); Käuzchen (angenagelt); Lichtmeßkerze; Kreuz aus dem Ruß der Lichtmeßkerze; Ulmenrinde; blühender Ginster; Menschenfett auf der Türschwelle; Johanniskraut; Uhu (angenagelt); ungeweihte Hostie; Hauswurz; Fühler von Hirschkäfern; Fenchelomelette; Hirschzehen (angenagelt); Wildschweinklauen (angenagelt); Salz; Salz im Feuer; Holunder; duftender Klee.
KRANKHEIT FIEBER und statt Amulett	Weißdorn; Butter von Himmelfahrt; Ziegenbock im Stall; Erntestrauß; Strauß vom Johannistag; Buchsbaum; geweihter Buchsbaum; Asche vom Johannisfeuer; Asche vom Weihnachtsscheit; Lichtmeßkerze; Halsband aus Eierschalen; Kronen aus Geißblatt; Kronen aus Akazienblüten; menschliche Hirnschale (im Taubenschlag); vergrabene oder angenagelte Kröten; Schleier an Schrank oder Kamin; auf die Fassade gemaltes Kreuz; Wolfszähne; letzte Getreidestengel der Ernte; Weihwasser; Weihnachtswasser; Neujahrswasser; Wasser vom 1. Mai und vom Johannistag; Heckenrosen; Hufeisen; Eichenlaub; Zauberformeln auf Papierkugeln; Versteinerungen; Farnkraut; Farnkraut vom Johannistag; Kräuter von Himmelfahrt; Schwalben (im Stall); Stechpalme (im Stall); Binsenkreuz; Hauswurz; Lorbeer; Haselstrauch; Weihnachtsbrot; Maulwurfpfoten (bei sich getragen); geweihtes Salz; Salz und Brot auf einem Weißdorn; Holunder; Holzscheit aus dem Johannisfeuer; Spinnennetze (im Stall); vierblättriges Kleeblatt.

Bildnachweis

Hervé Fillipetti: 48, 54, 55, 58, 61, 62, 63, 66, 68, 73 (D), 75, 83, 84, 88, 93, 95, 98, 99, 100, 107, 110, 111, 113 (G), 115 (B), 120, 125, 126, 128, 130 (G), 134, 136 (2), 137, 140, 141, 144, 145, 149, 150 (H, BG), 151, 152, 154, 155, 156, 157, 158, 159, 164, 165, 169, 172, 173, 174 (2, 6, 7), 175 (9, 10), 176, 177, 178, 179, 188 (HD), 189, 191, 192, 193, 196, 197, 199, 200 (1, 2), 201, 203, 209, 213, 242, 259, 268, 270, 271 (1, 4), 272, 273, 274, 275, 281, 294, 295, 298, 300.

Janine Trotereau: 38, 50 (Musée Historique lorrain, Nancy), 51 (Musée Historique lorrain, Nancy), 52, 65, 70, 72, 73 (G), 74, 77, 78, 94, 96, 97, 105, 109, 112, 113 (D), 114, 115 (H), 121, 122, 124, 127, 130 (D), 131, 136 (1, 3 Musée Basque, Bayonne), 138, 139, 146, 147, 148, 150 (BD), 153, 160, 161, 170, 171, 174 (1, 3, 8), 175 (4, 5), 186, 187, 188 (HG, B), 190, 194, 195, 198, 200 (3), 202, 207, 219, 221, 229 (Musée Basque, Bayonne), 230 (1 und 3 Musée Historique lorrain, Nancy) 231 (2 Musée Historique lorrain, 4 Musée Basque), 235, 238, 240 (Musée de Folklore et du vieux Moulins), 241 (Musée de Folklore et du vieux Moulins), 252, 255 (Musée Basque), 256–257 (1 und 3 Musée Historique lorrain), 2, 4, 5, 6 (Musée Basque), 258, 260, 261, 269, 271 (2, 3), 278, 280, 286, 287, 288, 289, 290, 291, 292, 301, 302.

Bibliothèque nationale: 20, 30, 31, 80, 81, 206, 207 (D), 208, 210, 211, 212, 214, 215, 217, 218, 220, 228, 245, 246, 262.

Jean-Loup Charmet: 14, 23, 28, 29, 35, 36, 39, 40, 41, 42, 43, 44, 45, 90, 102, 224, 237, 248, 250.

Anne-Gaël: 304–305.

Jean-Louis Germain: 49, 64, 76, 116, 123 (B), 239, 253.

Guy J.-M. Jouhaud: 32 (H), 33, 249.

Jacques Verroust: 277.

Roger-Viollet: 16, 17, 18, 21, 24, 25, 32 (B), 34, 37, 103, 104, 118, 123 (H).

Harlingue-Viollet: 276, 291.

Christian de Rudder: 284.

Christian Zuber-Rapho: 232.

Inhalt

Mit
esotera
zu neuen Dimensionen des Bewußtseins
Seit fast vier Jahrzehnten ist esotera die führende Zeitschrift für Esoterik und Grenzwissenschaften. Nur einige wenige Stichworte aus der einzigartigen Thematik, die Ihnen zeigen, warum Sie esotera regelmäßig lesen sollten:
Psi in der Praxis: Die Entwicklung der paranormalen Fähigkeiten des Menschen und ihre praktische Nutzanwendung im täglichen Leben
Ganzheitliche Gesundheit: Die vielfach erprobten Verfahren und die enormen Erfolge alternativer Behandlungsweisen
Wege des Körpers und des Geistes: Die uralten und die neuesten Techniken zur Selbstvervollkommnung
New Age: Die zukunftsweisenden geistigen, wirtschaftlichen und sozialen Entwicklungen unserer Zeit
Außergewöhnliche Erfahrungen: Berichte über unglaubliche Begegnungen mit anderen Wirklichkeiten und unerklärlichen Erscheinungen.
Neben ausführlichen Beiträgen zu außergewöhnlichen Themen bietet esotera jeden Monat auf vielen Extraseiten hochinteressante Kurzinformationen über Erkenntnisse, Erfahrungen und Ereignisse aus aller Welt, die Sie sonst nirgendwo finden werden. Außerdem: Die neuesten Bücher und alle wichtigen Veranstaltungen – Vorträge, Kurse, Seminare – zu dieser Thematik in Deutschland, Österreich, Schweiz.
esotera erscheint monatlich. 96 Seiten. Einzelheft DM 6,–, Jahresabonnement DM 60,–. esotera erhalten Sie bei Ihrem Buchhändler.
Verlag Hermann Bauer, Freiburg
M 5402 E
esotera
Neue Dimensionen des Bewußtseins
„Geomantie"
IN HARMONIE MIT DER ERDE LEBEN
„New Age"-Schule
GEIST MIT HERZ
„Rebirthing"
ATMEND NEU GEBOREN WERDEN
„Wiederentdeckt"
DAS WAHRE YOGA
Exklusiv in esotera: Adreßbuch
ASTROLOGEN
NEU

Verlag Hermann Bauer · Freiburg im Breisgau

Bauer-Fachkatalog Grenzwissenschaften und verwandte Gebiete

Seit Erscheinen der ersten Auflage des inzwischen zu einem Begriff gewordenen »Bauer-Fachkatalog Grenzwissenschaften« ist das Interesse an dieser Thematik ständig gewachsen. Dies schlägt sich nicht zuletzt auch in der Vielzahl der Bücher nieder, die zu diesem Themenbereich ständig neu erscheinen: Über 1200 Bücher von mehr als sechshundert Autoren sind mit Text und teilweise Abbildungen beschrieben. Damit ist der »Bauer-Fachkatalog Grenzwissenschaften« seit acht Jahren der umfangreichste Literatur-Katalog auf diesem Gebiet. Er ist einfach unentbehrlich für die Suche nach Büchern, die sich mit allen Gebieten der Grenzwissenschaften beschäftigen.
Sie finden Bücher zu folgenden Themen: Alchemie · Amulette · Astroarchäologie · Astrologie · Autogenes Training · Besessenheit · Biorhythmik · Chiromantie · Edelsteine · Freimaurer · Geheimgesellschaften · Graphologie · Handlesen · Hexen · Hypnose · Kabbala · Karma · Kulturgeschichte · Leben nach dem Tod · Lebenshilfe · Lebensphilosophie · Magie · Meditation · Mystik · Östliche Weisheit · Okkultismus · Paramedizin · Parapsychologie · Pendel · Präkognition · Prophezeiungen · PSI · Populäre Psychologie · Radiästhesie · Reinkarnation · Romane · Rosenkreuzer · Selbsthypnose · Spiritismus · Spiritualismus · Spuk · Talismane · Tarot · Theosophie · Träume · Ufologie · Wiedergeburt · Wünschelrute · Yoga · Zen-Buddhismus

Gegen eine Schutzgebühr erhalten Sie den Katalog beim

Verlag Hermann Bauer · Freiburg im Breisgau